乡村振兴战略
与农产品流通行业研究

徐柏园 ◎ 编著

中国商业出版社

图书在版编目（CIP）数据

乡村振兴战略与农产品流通行业研究 / 徐柏园编著. -- 北京：中国商业出版社，2022.9
（全国城市农贸中心联合会农产品批发市场理论丛书）
ISBN 978-7-5208-2213-8

Ⅰ.①乡… Ⅱ.①徐… Ⅲ.①农村－社会主义建设－研究－中国②农产品流通－研究－中国 Ⅳ.① F320.3 ② F724.72

中国版本图书馆 CIP 数据核字 (2022) 第 164085 号

责任编辑：孔祥莉

中国商业出版社出版发行
（www.zgsycb.com 100053 北京广安门内报国寺 1 号）
总编室：010-63180647 编辑室：010-63044798
发行部：010-83120835/8286
新华书店经销
三河市天润建兴印务有限公司印刷

*

710 毫米 ×1000 毫米 16 开 20 印张 310 千字
2022 年 9 月第 1 版 2022 年 9 月第 1 次印刷
定价：68.00 元

****

（如有印装质量问题可更换）

2007年参加世界批发市场联合会大会

2008年获改革开放30年农批风云人物奖

2017年获全国商品交易市场发展终身贡献奖

徐柏园研究员与全国城市农贸中心联合会马增俊会长合影

序 一

农业是国民经济的基础，农村经济是现代化经济体系的重要组成部分，推动乡村振兴是建设现代化国家的关键。党的十九大提出实施乡村振兴战略，是党中央着眼党和国家事业全局，深刻把握现代化建设规律和城乡关系变化特征，顺应亿万农民对美好生活的向往，对"三农"工作作出的重大决策部署，是新时代做好"三农"工作的总抓手。在中华大地已全面建成小康社会，正向着全面建成社会主义现代化强国的第二个百年奋斗目标迈进，实现中华民族伟大复兴的征程中，最艰巨最繁重的任务、最广泛最深厚的基础、最大的潜力和后劲仍然在乡村。

乡村振兴，包括产业振兴、生态振兴、组织振兴、文化振兴和人才振兴等诸多方面。其中，产业振兴是乡村全面振兴的基础和关键，发展乡村产业是促进乡村振兴的根本所在。当前我国乡村产业现状还不够乐观，主要表现在：一是受小农经营的影响，农业现代化水平低，农业生产尚未实现大规模机械化，智能化生产，农业整体效益低；二是产业链延伸不够，大部分地区缺少对农产品的深加工，对农产品附加值的挖掘不够；三是服务业发展滞后，缺少规模化、专业化的农业生产服务组织。因此，乡村产业振兴主要有三个方向：第一个方向是推动乡村种植业的产业化、现代化；第二个方向是实现农产品深加工，提高农产品的附加值；第三个方向是促进一、二、三产业的融合发展。

在产业振兴过程中，农产品流通特别是农产品批发市场的重要作用不言而喻。农产品批发市场、批发商的流通产业推动，不仅能够发挥流通的先导作用，以销定产，以销促产，逐步实现农业生产的产业化、规模化和标准化，有效提高农产品经济效益，切实增加农民的经济收入，而且能够使广大农民利用本身的农业资源，形成深加工等产业，并通过农产品冷链、包装等服务业的发展，带来更多就业的岗位，拓宽农民增收的渠道，增加稳定的收入。此外，发展现代化产业还可以打开农民的思路，带来更多现代化的生产经营理念和生产、生活方式的转变和提升，精神风貌也能上新的台阶，达到小康社会水平，这也正是乡村振兴的终极目标。而在乡村振兴战略的视域下，对于乡村产业振兴与农产品流通行业的关系进行全面梳理和深度研究十分必要，意义重大。

国务院特殊津贴专家、农业农村部农村经济研究中心研究员徐柏园先生是农产品流通行业的资深专家，也是全国城市农贸中心联合会专家委员会专家，一直致力于农业现代化、农产品批发市场、农产品流通和消费、农产品质量安全等专业研究。对"三农"事业抱有深切情怀的他，近年来，更是深入研究新农村建设与农产品市场的关系，探寻中国乡村振兴的出路，提出农产品市场建设是乡村振兴的"总开关"、农业产业化兴旺是乡村振兴的核心力量等观点。此次，由全国城市农贸中心联合会与徐柏园研究员联合推出的《乡村振兴战略与农产品流通行业研究》一书，作为全国城市农贸中心联合会理论丛书系列的又一新力作，目的就是要提升乡村振兴必须以加快构建乡村产业体系，夯实乡村全面振兴的物质基础为前提的认识，针对乡村当前产业现状，提出在做大、做强农业的基础上，大力发展依托农业农村资源的二、三产业，形成农业全产业链的有效对策措施。

在徐柏园研究员的这本《乡村振兴战略与农产品流通行业研究》专著中，他系统梳理了乡村振兴的难点、热点和重点问题，鲜明提出了农产品市场建设和兴旺产业是乡村振兴的必由之路。从乡村振兴的重要内容、乡村振兴的核心力量两方面，围绕着农业供给侧结构性改革，阐释了公益性市场建设、农产品批发市场立法、农产品产业链延伸、农产品质量安全管理、农产品流通标准化建设、农产品国际竞争力提升与乡村振兴的深层次关系，提出全面改造和提升乡村产业的生产经营体系，加快健全农产品流通体系，完善农产品质量安全监管体系，积极推进农产品加工流通规模化、标准化发展，以市场最终消费需求倒逼农业转型升级。同时，围绕发展农民专业合作社、创新农产品流通方式、推进农业产业化，以及在国际视野下重新认识农产品流通对生产和消费的促进带动作用，给出了实现农产品小生产与大市场的有效对接的解决答案；围绕农产品生产与流通、市场供给与价格平衡问题，提出了"市场决定、政府作为"，建有效市场、有为政府的统筹城乡发展的顶层设计方案。植根于徐柏园研究员深厚的学养和多年研究成果的积淀，本书站位视野开阔，调研资料翔实，观点精辟独到，具有很高的学术价值和实践价值，是从农产品流通角度，对农产品市场建设与乡村产业发展、乡村全面振兴关系进行系统分析与专业研究的"第一书"。

另外，值得一提的是，全国城市农贸中心联合会积极响应实施"乡村振兴"战略，2020年10月，发起成立乡村振兴促进中心。该书还收录了中心成立以来依托全国农产品批发市场和批发商，发挥农产品流通渠道优势，在组织引导产业延伸，通过流通带动农业产业化发展，实现全面脱贫与乡村振兴无缝衔接方面开展的创新探索实践，并甄选收录了有代表性的农产品相关企业发展产业、助力乡村振兴的典型范例，为徐柏园研究员的理论研究，配以了来自当前乡村振兴最基层、农产品流通最前线的生动而鲜活的实践注脚。

我国幅员辽阔，各地乡村资源迥异，乡村振兴任务艰巨，面临的问题也很多，解决发展的路径也不会完全相同。但无论怎样，最核心的一点，一定是要让农业成为有奔头、能致富的产业，要加快转变农业发展方式、进一步优化调整农业产业结构，升级农产品流通业态，健全畅通农产品产业链，充分利用现有资源，充分激发农业发展内生动力。只有构建现代农业产业体系、生产体系和经营体系，提高农业核心竞争力，延展产业链，促进一、二、三产业融合，推动农业生产和流通的相关服务业发展，才能真正实现产业兴旺，为农业强、农村美、农民富提供持续有力的保障，也才能满足城乡居民对农产品稳定供应和品质价值提升的需求。这也是全国城市农贸中心联合会推出《乡村振兴战略与农产品流通行业研究》专家专著的初衷和愿景。

2022年，中国共产党第二十次全国代表大会将隆重召开，中华民族的复兴，国家的全面现代化，都离不开乡村振兴。本书也是我们向党的二十大的献礼。唯愿通过本书，全国各地乡村振兴党政领导决策部门能够更加重视农产品流通行业带动乡村产业发展的作用，作为宏观战略参考；高等院校或研究机构人员能够开阔乡村振兴研究思路；更愿广大有志和投身于乡村振兴事业的人士，包括乡村基层干部、农产品生产和流通龙头企业，来自乡村、回报乡村的农产品经纪人和批发商，乡村农业专业合作社和基地负责人，有所启悟，因地制宜，探寻到独树一帜、富有成效的乡村产业振兴策略，成为典范。

全国城市农贸中心联合会
2022年6月

序 二

徐柏园研究员是我国农产品市场流通领域的资深专家。1991年,徐柏园同志从北京社会科学院调至我中心,任市场流通研究室主任。1993年被评为国务院特殊津贴专家。他为人谦和、治学严谨,在中心任职以来,聚焦农业现代化、农产品批发市场、农产品流通和消费、农产品质量安全等领域开展了大量深入研究,取得了丰硕研究成果,形成了一批高质量、高价值的决策参考建议,为深化我国农产品流通体制改革、推动现代农产品市场建设作出了积极贡献。

近三十年来,徐柏园研究员密切关注经济、社会和民生重点问题,积极发挥研究专长,承担了"八五""九五"时期的多项国家社科基金项目以及中共中央政策研究室课题,包括"农产品批发市场研究""确保(解决)粮食生产中的问题与对策研究""社会主义市场经济体制下的农业宏观调控"等重点课题。研究成果在新华社《内参》《光明日报》上发表,得到了高层领导关注和肯定。"1997年粮食产销体制改革中的新探索及几个突出问题和解决思路"得到了中央领导同志的批示;"民以食为天、食以安为先——北京食品问题和建议"得到了北京市领导同志的批示。在推动我国农产品市场建设和规范发展方面,徐柏园研究员也作出了积极贡献。多次参与审定国家及部颁标准,包括《农贸市场技术管理规范》《农产品批发市场食品安全操作规范》及商业联合会制定的《农产品市场食品安全员条例》。2002年,徐柏园研究员担任北京农经学会会长后,继续在农业经济研究领域发光发热。陆续出版了《加入WTO,海峡两岸农产品批发市场的二次创业》《绿色农副产品生产、流通、消费指南——21 世纪的食物安全》《新农村建设与市场热点研究》等理论著作。2014 年以来，近耄耋之年老先生仍手不释卷、笔耕不辍，在期刊上发表了数篇有关乡村振兴战略、农产品流通政策环境建设、公益性批发市场建设、食品安全事件等问题的真知灼见。

《乡村振兴战略与农产品流通行业研究》收录了徐柏园研究员近三十年来的调研报告、文章和论述观点，部分研究成果在当时理论界、学术界和决策层面产生了较大的影响，具有一定的理论创新性、研究前瞻性和实践探索性。时至今日，其观点和判断对构建现代流通体系、建设高水平市场体系仍有启示借鉴意义。书中收录的"建立、健全我国农副产品批发市场制度研究"和"对日本农产品批发市场考察和启示"对国内外批发市场进行了系统全面分析，并对我国建设完善批发市场以及深化农产品流通体制改革提出了观点鲜明的思考判断和切实有效的政策建议，这两篇文章也得到了有关部门的高度肯定，被收录在中共中央政策研究室、国务院研究室主办的《学习 研究 参考》杂志社主编的《政策 研究 荟萃》专著中。

揽月行舟赋韵海，织锦裁云作篇章。徐柏园研究员的这本专著不仅是其个人学术研究、理论思考、实践经验的成果精华汇集，也是他几十年来矢志不渝、潜心钻研、严谨专注、笔耕不辍的治学精神体现，值得读者学习和共勉。是以为序。

农业农村部农村经济研究中心主任 金文成
2022 年 6 月于北京

前　言

本书于 2022 年完成。本书围绕乡村振兴战略的实施，紧跟农产品流通行业发展重点、难点与热点，将乡村振兴和农产品流通问题结合在一起进行梳理研究，探讨中国乡村振兴的出路。目的是供政府决策及大中院校培养新型乡村振兴、农业经济和农产品流通复合型人才，以及从事乡村振兴和农产品流通工作的各级管理和市场人员参考。

本书共分六篇，第一篇乡村振兴的难点、热点和重点，提出市场建设、兴旺产业是乡村振兴的必由之路，农产品市场建设是乡村振兴的"总开关"。第二篇农业供给侧结构性改革——乡村振兴的重要内容，围绕农产品市场的公益性，从加快立法，建设公益性市场是乡村振兴的主推力，市场和市长齐发力，发挥公益性市场作用，公益性农产品批发市场性质正本清源是解决农业生产和流通矛盾的有效办法，解决城市"菜篮子"问题也是振兴乡村的关键一环，需要加快农产品批发市场立法等方面，强调增强农产品批发市场公益性，市场决定、政府作为，深化改革创新，加快公益性农产品市场建设创新探索，公益性批发市场试点先行，市场上下游延伸，是解决"三农"问题瓶颈的关键。同时从加大农产品质量安全管理，确保农产品有效供给，农产品质量安全管理全方位分析与对策，市场把关，保安全、促消费，积极创建和发挥绿色农产品市场作用，加快农产品市场标准化建设，带动农业生产，提高流通效率、创新贸易方式，增强农产品国际竞争力等农业发展全方面提出乡村振兴的思路。第三篇农业产业化兴旺——乡村振兴的核心力量，立足统筹城乡发展、发展农民专业合作社、农业产业化、创新农产品流通方式、农产品市场体系建设，阐述开展乡村振兴的认识，农村合作社对农业经济转型的意义及作用，提出推进农业产业化，实现小生产与大市场对接，全面创新农产品流通方式，提高"菜篮子"供给效率，并在国际视野下重新认识农产品流通对生产和消费的促进带动作用。第四篇"治国安邦的一条基本经验"，主要谈建立健全我国农副产品批发市场制度研究和对日本农产品批发市场考察和启示。第五篇公益性批发市场应试点先行。第六篇农产品市场建设与乡村振兴典型范例，汇总了近年来我国一些地区农产品相关机构、企业探索乡村振兴的成功经验。

这些内容基本都是作者多年来研究成果的结晶，也是与全国城市农贸中心联合会近年来共同开展研究探索的乡村振兴问题解决思路。本书中有关农产品市场建设与乡村振兴的关系，农产品批发市场、农产品绿色市场、农产品标准化市场研究、食品安全有关方面的问题研究等，都是在我国"三农"和现代化农产品流通中具有前沿和开创先河的研究内容，供有关部门决策参考，值得各级政府特别是主管乡村振兴，农业和流通宏观决策部门的领导和工作人员，批发市场、农贸市场、超市管理者和工作人员，以及大专院校，特别是经济类院校师生和有关研究单位研究人员一读，更是农村基层干部、致富能手、三八红旗手、农村经纪人，农村专业合作社工作人员等致力于乡村振兴的各类人员有益的培训教材。

谨以此书为农产品市场流通管理献策计议，迎接党的二十大胜利召开。

作　者

2022 年 6 月

目录

第一篇 乡村振兴的难点、热点和重点

乡村振兴与农产品批发市场建设
　　——农产品市场建设是乡村振兴的"总开关" …………… 3

第二篇 农业供给侧结构性改革——乡村振兴的重要内容

供给侧结构性改革与公益性农产品批发市场建设要以立法为前提 …… 17
海南蔬菜批发市场被罚1000多万元的警示
　　——公益性农产品市场立法刻不容缓 ……………… 23
公益性：农产品批发市场性质正本清源
　　——建议尽快出台《国家批发市场法》及法规部分要点设计分析
　　……………………………………………………………… 31
解决城市"菜篮子"问题也是振兴乡村的关键一环
　　——一位年过八旬的农产品流通专家对北京"菜篮子"的建议 … 52
加快农产品批发市场立法　增强农产品批发市场公益性 …………… 56

期待"顶层设计" 农产品批发市场应具有公益性 ………………… 59
深化改革创新 推动试点建设
　　——加快公益性农产品市场建设创新探索 ………………… 66
农产品质量安全管理全方位分析与对策 ………………………… 75
积极创建绿色农产品市场
　　——发挥绿色市场的保安全、促消费作用 ……………… 101
大力推行农产品批发市场标准化 ……………………………… 108
食品安全问题应警钟长鸣
　　——关于上海福喜等食品安全事件的分析与建议 ……… 120
加入WTO提高农产品国际竞争力和创新贸易方式 …………… 130

第三篇　农业产业化兴旺——乡村振兴的核心力量

开展乡村振兴，统筹城乡发展
　　——对开展社会主义乡村振兴的几点认识 ……………… 147
农民合作社对农业经济转型的意义及作用 …………………… 152
推进农业产业化 实现小生产与大市场对接 ………………… 168
创新农产品流通方式 提高"菜篮子"供给效率
　　——对2012年中央一号文件农产品流通部分解读浅析 … 184
在国际视野下重新认识农产品流通对生产和消费的促进带动作用
　　——加入WTO我国农产品市场体系建设与发展目标 …… 195

第四篇　"治国安邦的一条基本经验"

建立健全我国农副产品批发市场制度研究 …………………… 207
对日本农产品批发市场的考察 ………………………………… 217

第五篇　公益性批发市场应试点先行

加快立法、建设公益性市场是乡村振兴的主推力
　　——探析当前农产品流通政策环境 …………………………… 227

第六篇　农产品市场建设与乡村振兴典型范例

发挥行业优势　整合各方资源
　　——全国城市农贸中心联合会助力乡村振兴 …………………… 235
发挥肉食品行业龙头企业带头作用
　　——雨润集团强化产销衔接助力乡村振兴发展 ………………… 242
充分发挥国家级公益性市场优势
　　——兰州国际高原夏菜中心全力助推乡村振兴发展 …………… 246
爱乡助乡　致富一方
　　——湛江千护宝生物有限公司的乡村振兴之梦 ………………… 251
昔日"农批人"　今日"追梦人"
　　——中蓝三农实业成都有限公司架乡村振兴桥梁 ……………… 257
守正笃实　久久为功
　　——广东犹九集团站在时代潮头助力乡村振兴 ………………… 262
主动作为　全力助推乡村产业振兴
　　——云南龙城农产品经营股份有限公司精准定位服务三农 …… 268
炽热年华投身流通事业　满腔热血促进乡村振兴
　　——无锡天鹏菜篮子工程有限公司巾帼展担当 ………………… 270
助力乡村振兴与共同富裕
　　——沈阳地利农副产品有限公司扛鼎时代担当 ………………… 273

3

任务艰巨　使命光荣
　　——百大周谷堆公司为全面推进乡村振兴贡献力量 …………… 277
附录1　徐柏园主要成果 ……………………………………………… 282
附录2　我与共和国农业风雨六十年 ………………………………… 286
附录3　我与农研中心 ………………………………………………… 294
附录4　全国城市农贸中心联合会 …………………………………… 296
附录5　全国城市农贸中心联合会乡村振兴促进中心 ……………… 298
后记 …………………………………………………………………… 299

第一篇

乡村振兴的难点、热点和重点

实施乡村振兴战略是党的十九大作出的重大决策部署，是新时代做好"三农"工作的总抓手。各地区各部门要充分认识实施乡村振兴战略的重大意义，把实施乡村振兴战略摆在优先位置，坚持五级书记抓乡村振兴，让乡村振兴成为全党全社会的共同行动。

习近平总书记指出，要坚持乡村全面振兴，抓重点、补短板、强弱项，实现乡村产业振兴、人才振兴、文化振兴、生态振兴、组织振兴，推动农业全面升级、农村全面进步、农民全面发展。要尊重广大农民意愿，激发广大农民积极性、主动性、创造性，激活乡村振兴内生动力，让广大农民在乡村振兴中有更多获得感、幸福感、安全感。要坚持以实干促振兴，遵循乡村发展规律，规划先行，分类推进，加大投入，扎实苦干，推动乡村振兴不断取得新成效。

乡村振兴与农产品批发市场建设

——农产品市场建设是乡村振兴的"总开关"

一、农业产业化兴旺是乡村振兴的关键核心

习近平总书记在党的十九大报告中明确提出实施乡村振兴战略,这是党中央着眼于全面建成小康社会、基本实现现代化、全面建设社会主义现代化国家作出的重大战略决策,是新时代做好"三农"工作的总抓手。

乡村振兴需要乡村农村市场化,其关键是"货往哪里卖,钱从哪里来,人往哪里去";乡村振兴的核心问题是地、人、钱的问题。地的问题可以通过深化农村土地改革,加快释放农村土地改革红利解决;人的问题可以通过智力、技术、管理下乡,建立人才培育机制,培养乡土人才解决;而钱从哪里来则是问题的关键。乡村振兴战略与乡村产业是否兴旺、贫困地区脱贫攻坚解决"钱从哪里来"的问题密切相关。

乡村振兴战略明确提出了"产业兴旺、生态宜居、乡风文明、治理有效、生活富裕"的总要求。产业兴旺之所以列在首位,因为这是最为基础、最为关键的任务。只有产业兴旺,才能真正解决农民就业,增加农民收入,实现生活富裕,让广大农民在乡村振兴中有更多获得感、幸福感、安全感。产业兴旺,乡村才能真正发展起来。

从国家层面看,乡村问题是全党全国当前的重中之重,而加强党的领导是实现乡村振兴战略的根本保证。习近平总书记在2018年中央农村工作会议上强调,办好农村的事情,实现乡村振兴,关键在党。必须切实提高党把方向、谋大局、定政策、促改革的能力和定力,确保党始终总揽全

局、协调各方，提高新时代党领导农村工作的能力和水平。各级党委和政府要提高对实施乡村振兴战略重大意义的认识，真正把实施乡村振兴战略摆在优先位置，把实现乡村振兴作为全党的共同意志、共同行动，做到认识统一、步调一致。要把农业农村优先发展原则体现到各个方面，在干部配备上优先考虑，在要素配置上优先满足，在资金投入上优先保障，在公共服务上优先安排，确保党在农村工作中始终总揽全局、协调各方，把党管农村工作的要求落到实处，为乡村振兴提供坚强有力的政治保障。习近平总书记在不同场合特别强调，农业农村工作，说一千、道一万，增加农民收入是关键。要加快构建促进农民持续较快增收的长效政策机制，让广大农民都尽快富裕起来。

2018年，时任农业农村部党组副书记、副部长，中央农村工作领导小组办公室副主任韩俊在《关于实施乡村振兴战略的八个关键性问题》中提出，完善党的农村工作领导体制机制，建立实施乡村振兴战略领导责任制，实行中央统筹、省负总责、市县抓落实的工作机制。县委书记要下大力气抓好"三农"工作，当好乡村振兴的"一线总指挥"。要加强各级党委农村工作部门建设，充分发挥其在乡村振兴中决策参谋、调查研究、政策指导、推动落实、督导检查等方面的作用。各省（自治区、直辖市）党委和政府每年要向党中央、国务院报告推进实施乡村振兴战略进展情况。建立市县党政领导班子和领导干部推进乡村振兴战略的实绩考核制度，将考核结果作为选拔任用领导干部的重要依据。

从市场层面看，过去乡村发展主要靠接受政策和项目，单纯依靠政府财政，主要是"输血"，现在看来这种方式不能从根本上解决乡村落后问题。乡村振兴战略强调"发挥农民主体作用"与"着力激发贫困人口内生动力"，这也是多年来农村工作思路的一大转变。不能只靠"输血"，要"造血"，这就要发展农业产业化生产。所谓"造血"就是自力更生、自己找钱，而钱只能从农产品市场中卖得出优质绿色农产品中来。

农业产业化是指以市场为导向，以农户为基础，以龙头组织（企业或准企业）为依托，以经济效益为中心，以系列化服务为手段，通过实行种养加、产供销、农工商一体化经营，将农业生产过程中的产前、产中、产后诸环节联结为一个完整的产业体系，是引导分散农户小生产转变为社会大生产的组织形式，是各参与主体自愿结成的利益共同体。农业产业化的目标就是解决农民小生产和市场经济所要求的大市场之间的矛盾。农业产业化是由传统农业转变为现代农业的演进过程，也是实现农业现代化一种有效途径。通过农业产业化的各种形式实现，如"批发市场+农户""中介服务组织+农户""社区性服务组织+农户""龙头企业+农户"等，可以将千家万户联合起来，形成在风险共担基础上的利益共同体，可以有效地解决农业产前、产中、产后严重脱节问题，减少农民的生产风险，是在更高层次上对农业资源的配置。可以说，农业产业化是我国农业改革的方向，也是农业发展的方向，是增加农民产品供给和提高农民收入的有效途径。

农业产业化作为运用现代工业管理模式，组织管理农业和农村经济的一项重大引导工程，其积极作用就在于它对传统农业概念的更新拓展，对农业资源进行综合开发、优化配置、合理利用。一些发达地区的实践经验证明，推进农业产业化是引导农业走向市场、加速农业向现代化迈进的最佳形式，是解决农业效益低的好办法，是继联产承包责任制后，推动农村经济实现跨越的又一重大举措。新时代，推进农业产业化是我国乡村振兴的必然选择。

第一，推进农业产业化是实现小生产与大市场对接的有效途径。由于农业生产难以进行有效的横向、纵向分工，生产环境复杂多变，劳动的质和量只能从最终产品体现等特质，决定了农户家庭生产经营还是一种最基本的效率很高的农业生产经营形式。在这种形式下，农民集决策与生产经营于一体，根据农业生产的具体条件，以灵活措施应付复杂多变的情况。农民是直接的"剩余索取者"，在市场调节下从事生产经营活动。对于市场而言，其配置资源的方式是在价格机制、供求机制和竞争机制的自发调节下实现的，有时在不完全竞争、信息不完备和不对称、不确定性等条件下会导致形成较高的交易成本，因此，完全靠市场调节难以解决目前中国的小农生产方式与大市场的矛盾。另外，由于农业生产分散，土地经营规模狭小，投入能力有限，农业资源和生产资料的集中度很低，信息不灵，农民抵御风险能力差，收入不稳定，对农业的进一步发展构成了障碍。因此，中国实行家庭联产承包责任制后，千家万户所形成的分散化、小规模、低效率经营不能适应农业的市场化、国际化发展趋势，要解决小生产与大市场的矛盾，必须将千家万户组织起来。农业产业化经营是缓解乃至解决小生产与大生产矛盾的有效形式。农业产业化中的种种准企业组织的制度安排，是介于企业和市场之间的一种配置资源的组织形式。准企业与农户之间的关系既非完全的市场交易关系，也非完全的企业内部组织关系。较之于纯粹的市场交易，准企业内部由于共同计划，企业—农户之间相互依赖和长期关系的多样性契约安排，使其具有较低的交易成本；较之于纯企业的内部科层制度，由于参与准企业的各经济主体并不损失独立性，还有相当大的剩余控制权和剩余索取权，因而具有较低的内部组织成本。

第二，推进农业产业化是实现生产要素合理流动的最佳形式。由于农村各种资源利用转化程度低，以及城乡二元经济结构影响，城市许多生产要素不向农村流转，农村的生产要素更难流向城市，结果导致生产要素的大量闲置浪费，城乡优势得不到互补。推进农业产业化，可以突破城乡分割、条块分割的局限，促进主导产业尽快形成规模优势，加快资源与生产要素跨地区、跨行业、跨所有制流动。一方面，城市的先进技术、科技人才、资金、设备、土地等合理流向农村，将会大大提高农民的劳动效率；另一方面，也促使农业剩余劳动力向城市非农产业不断转移。一些富裕农民为寻求剩余资本的滚动发展，资金趋向城乡二、三产业。客观上促进城市和农村生产要素的双向流动，实现城乡优势互补，优化配置，互相渗透，联动发展，加快城乡一体化进程。

第三，推进农业产业化是提高农业科技含量的内在要求。由于农民群众文化素质相对偏低，思想观念转变较为缓慢，大多数人对科技投入的风险性估计过高，仍然沿袭传统的耕作方式，加之一家一户的分散小规模生产，在一定程度上直接影响着农业科技大面积的推广，导致农业科技含量低。推进农业产业化，集农、科、教于一体，科技进步的推广力度将会明显增强，龙头企业必定要适应市场激烈竞争的要求，积极引进优良品种和先进的技术设备，加快新技术的推广应用，以高起点来提高产品的商品率和附加值。通过最大限度地注入科技因素，充分发挥多因子、多学科的综合效能,使其逐步替代对传统资源投入的单纯依赖,真正成为农业发展的主动因,必将大幅度提高农业初级产品和精深加工产品的质量和档次,进而迅速把潜在的科技生产力转化为现实的生产力,不断提高农业技术水平,实现对传统农业的根本性改造。

第四,推进农业产业化是提高农村社会化服务水平的迫切需要。随着农村经济的飞速发展,越来越多的商品生产者由封闭式经营转向开放式经营,有关涉农部门往往生产环节服务多,系列化服务少;产前、产中服务多,产后产品加工、销售服务少。因此,农业向深层次发展显得滞后,导致专业化生产与社会化服务不匹配的矛盾日益突出。推进农业产业化,龙头企业为了获得稳定的货源,要求原料生产相对集中,形成适度规模。而农民依托龙头企业的配套服务,也想尽可能扩大生产能力,获得规模效益。产业化的龙头企业,一方面,可为以户为基础的小规模生产向专业化、集约经营发展提供服务,并由产前、产中服务向产后服务延伸;另一方面,又可与其他经济技术部门和乡、村合作经济组织紧密衔接,按照"配套、有效、及时"的原则,发挥各自的优势,从技术、物资、资金、运销等方面为农户和生产基地提供社会化服务。

第五,推进农业产业化是提高农业自身效益的有效措施。农业是弱质产业,社会效益高,自身效益低。长期以来,农业向社会供给出售原料多,加工增值少,造成后续利益严重流失,致使农业积累不足,发展后劲不强,制约着农业和农村经济的发展。推进农业产业化,就要坚持以市场为导向,遵循经济价值规律,调整、优化农业产业、产品结构,培植主导产业和产品。这样必然导致农村各类经济产业链的崛起,从而增加农产品的社会有效供给。同时,在寻求共同利益的前提下,产业内又要按照专业分工生产,各方自愿建立利益均沾、风险共担的经济利益共同体,形成贸工农一体化的良性产业链,来推动农产品的精深加工,实现多次转化增值。这样就可以将过去流失到非农部门的经济效益保留在本系统内,进而提高农业的自身效益。

可以说,农业产业化是我国农业经营体制机制的创新,是现代农业发展的方向。农业产业化龙头企业综合利用资本、技术、人才等生产要素,带动农户发展专业化、标准化、规模化、集约化生产,是构建现代农业产业体系的重要主体,是推进农业产业化经营的关键。

乡村振兴的钱从农产品市场流通中来,从将优质农产品卖出去、卖得好中来,这样才能满足乡村全面振兴的资金要求。这其中又有两大关键要素:农民专业合作组织和龙头企业。

农民专业合作组织可以解决分散、弱小的农户经营与千变万化的大市场需求之间的矛盾,减少农业的市场冲击和风险。通过合作经济组织,不断提高农民的组织化程度,从更高层次、更大范围进入市场,实现小生产与大市场、小群体与大规模的有机整合,实现农业的科学化和专业化。农民专业合作组织可以提高农民的组织化程度,有效解决农业的弱质性和发展的滞后性问题,推进农业的经营制度创新。

农业产业化的龙头企业主要指专业的农产品批发市场。作为经济实体,专业的农产品批发市场可以引导所在地区的农户,以及市场辐射作用所覆盖地区的农户,按照市场需要调整产业结构,及时提供质量合格、数量足够的农产品。同时,龙头企业要做好农业产前、产中、产后服务,包括提供市场信息、优良种子和农用生产资料,做好生产技术服务等工作。

二、农业供给侧结构性改革是乡村振兴的重要抓手

近年来,我国农业发展取得了长足的进步,但每年农产品滞销的新闻仍屡见不鲜,"丰产"却难"丰收",成为全国广大农民脱贫和农业发展的最大阻碍。民以食为天,农业根本上是为了解决好吃饭问题。当前,随着城乡居民消费结构加快升级,农产品消费已从解决一日三餐的温饱食材购买,升级到对农产品的品质、安全、健康、生态环保等消费品质的要求,人们不仅要求吃得饱,而且要求吃得好,吃得安全、营养、健康。一方面,农业生产的农产品要卖出去;另一方面,消费者要吃到绿色优质农产品,这就对农业供给侧结构性改革提出了迫切要求。

深入推进农业供给侧结构性改革是实施乡村振兴战略必须要着力推进的一项重要任务。长期以来,农产品供给总量不足是我国农业发展的主要

矛盾,增加产量是农业政策的重心所在。发展到今天,国家粮食安全和重要农产品供给得到有效保障。农业的主要矛盾已经由总量不足转变为结构性矛盾,突出表现为阶段性供过于求和供给不足并存,农产品过剩和优质农产品数量严重短缺现象并存,矛盾的主要方面就在供给侧。只有进行农业供给侧结构性改革,才能形成真正有效的农产品供给;只有农产品保质、保量,才能真正实现农民增收、消费者愿意购买。从农业供给体系看,市场需求旺盛、适销对路的高品质农产品,国内生产供给不足,加之我国农业生产成本持续攀升,农业低成本优势明显削弱,国内外主要农产品价格全面"倒挂"。中高端农产品进口显著增加;而一些大路货品种,虽然国内生产供应充足,但卖不上价,甚至积压滞销。顺应国内食品消费结构升级趋势,迫切需要把增加绿色优质农产品供给放在更加突出的位置,促进农产品供给品种和质量更加契合消费需要,使农业供需关系在更高水平上实现新的平衡。

要适应市场需求,优化产品结构,把提高农产品质量放在更加突出的位置。这不仅需要在农业结构上进行调整,还需要生产方式的转换,更需要从源头到流通对整个产业链进行重塑。我国现在约有2.2亿农户,人多地少、一家一户小规模经营是我国的基本国情。小农生产长期存在是中国农业生产的基本现实,要实现小农户和现代农业、大市场的有机衔接,是制定一切有关农业农村和农民发展政策的立足点和出发点。

深入推进农业供给侧结构性改革,是整个供给侧结构性改革的重要一环,也是我国农业农村自身发展思路的一个重大转变。乡村振兴离不开农产品市场化和农产品流通,在农村经济发展过程中,乡村振兴的落脚点就在建设好农产品市场上。不是简单地少种点什么、多种点什么,或寻求总量平衡、数量满足,而是一场全方位变革,主攻方向就是以农产品消费市场需求为导向,提高农业供给质量,紧跟消费需求变化,不仅要让人们吃饱、吃好,还要吃得健康、吃出个性,满足人们对优质农产品的需求,同时激活农业农村发展的内生动力。

农业供给侧改革不能只抓生产,更要下大力气抓市场。要充分发挥市场的作用,整合更多的商业资源和流通渠道,对接全国品牌农产品产销、推动产销对接专业化、常态化,是深入贯彻乡村振兴战略、深化农业供给侧结构性改革、实现农业全面升级的必然要求,是解决农产品上行难题,提高农民收入、打赢扶贫开发攻坚战的主要途径,也是满足美好生活时代人民对高品质安全食品需求、提高安全食品服务水平的重要手段。

农产品市场化与农业现代化:发挥农产品流通对生产的先导性作用,推动农业生产围绕市场需求,顺应市场需求变化,优化产品品种结构和产业布局,增加适销对路农产品供给,压减供过于求的"大路货"品种。提升规模化、标准化和信息化水平,逐步形成具有较强竞争力的优势产业和品牌,推动农业走质量兴农之路,农业发展由总量扩张向质量提升转变,实现农业绿色化、优质化、特色化、品牌化,加快农业现代化进程。

农产品市场化与一、二、三产业融合发展:一、二、三产业的融合,其实就是农业的产业化,主要是市场力量的作用,市场机制和现代农业发展的结果,是农产品生产、加工和销售服务业的融合。一、二、三产业融合发展,就是质量发展、绿色发展和高效益发展,是现代农业的新发展。要着眼于做强一产、做优二产、做活三产,推进一、二、三产业融合发展,加快发展现代食品工业,发展产地初加工、精深加工,提高农产品加工转化率和附加值,多渠道拓展农产品消费需求,完善农产品销售市场体系,提升农业产业链价值链。因为一、二、三产业的融合,建立全产业链,最适合的就是小农规模方式,农民不但进行生产,还通过农民专业合作社,既搞加工,又搞流通,也搞销售,让农民深度参与社会分工分业,更多分享农业全产业链增值收益;对消费者而言,可以实现农产品的有效追溯,产品质量得到保证,对生产者、消费者都有益。

因此,农业供给侧结构性改革是乡村振兴的重要抓手,主要目标是增加农民收入、保障有效供给。紧紧围绕市场需求变化,以增加农民收入、保障有效供给为主要目标,以提高农业供给质量为主攻方向,以体制改革和机制创新为根本途径,加快实现农业农村发展由过度依赖资源消耗、主要满足"量"的需求,向追求绿色生态可持续、更加注重满足"质"的需求历史性转变。改革成不成功,不仅要看供给体系是否优化、效率是否提高,更要看农民"钱袋子"是否鼓起来。供给体系优化,最终目的也是让城市消费者和农民实现双赢。

三、农产品批发市场建设是乡村振兴的主要力量，是乡村振兴的"总开关"

《半月谈》2018年第11期刊载李文哲的文章《解决农产品滞销不能光靠电商》中写道："今年4月，云南大蒜大量滞销的消息通过网络传播后，杭州、成都等地电商看到了商机，连忙赶往云南收购大蒜，在云南某县一家电商平台几天时间就收购了上百吨大蒜。在一些基层干部看来，电商介入让他们找到了一个解决农产品滞销的利器。但当地蒜农认为，电商没有解决低价亏损问题，而且带有占便宜的目的。笔者走访发现，今年种什么能赚到钱明年就多种什么，这是农民逻辑；哪里出现滞销就出现在哪里，这是电商的逻辑；不管价格高低，尽快卖出去，先缓解了滞销再说，这是当地政府的逻辑。上述三层逻辑有可能成为今后再次出现农产品滞销的隐患。专家认为，供需失衡是导致农产品价贱卖难的主要原因，电商销售只是解决了短期内市场供需矛盾，不能指望通过电商化解农户盲目种植的问题。深化供给侧改革才是关键，加快发展产地精深加工，加强产业监测和信息发布，推广农产品价格保险机制，政府在这些方面应该有所作为。"

可见，在农产品产销流通方面，由于农产品的易腐性等特点，电商并不是万能的，只是一种新型的流通手段，并不是一个农产品完整的供销机制。在乡村振兴战略下，农村电商与精准扶贫结合，与产业体系、人才需求、服务、资源、产业带、创建示范县活动等结合，能够助力乡村振兴战略的实现。但重要的还是要有地方政府的指导，可以利用互联网的思维，借鉴日本农产品价格机制形成模式，使农民或者农民专业合作组织能够快速对比价格，了解哪个市场的价位高就去哪里销售。这就要求加快立法，推进农产品基地标准化、产品品牌化、营销现代化的"三化"建设，健全农民专业合作社，打造产加销密切衔接的农产品全产业链条，形成产业融合发展、产销渠道畅通、生产消费双赢的新型农商关系。在这种新型农商关系中，作为农产品流通主渠道的农产品批发市场，是乡村振兴的主要力量，将乡村和城市紧密联系在一起。

农民是农产品流通的主力军。农民富不富在于收入高不高，加强产销衔接，关系到农产品能否从生产顺利走向市场、满足消费。发展农产品批发市场，是建立现代农业流通的中心环节。发挥农产品批发市场对促进农业生产和保障居民消费的重要作用，让农产品产得出、产得好，更要销得出、销得好，将有利于推进农业供给侧结构性改革，推动农业农村现代化，促进农民增收，助力精准扶贫和乡村振兴产销衔接。

加强农产品市场建设为核心应成为政府对农村市场化建设加强宏观调控的主要措施。制定农村市场化发展规划，建立完善的宏观调控体制，政府运用财税、金融、法律、行政等宏观调控手段，引导市场主体、农村经济各产业、涉农部门朝着国家预定的目标发展。

当前，农产品批发市场发展迎来了新时代，加快农产品批发市场建设，以商助农，助力乡村振兴，应从以下几个方面着手发力。

加快农产品批发行业立法，坚持依法立市，依法兴市，依法治市，依法兴农。要在《中华人民共和国农业法》确立的宏观调控法律框架下，尽快制定农产品批发市场法，依法办事，加强对各级市场的监管，建立起一支高素质的执法队伍，加大执法力度，提高执法水平。否则，便背离了世界批发市场发展的一般规律，国外农产品批发市场都是公益性，都有立法，推动立法是共同的责任。同时，要发挥行业协会管理作用，加强行业自律，建立行业准入退出机制。

加快农批市场升级改造，智慧化转型。农批市场和农产品批发商需要向上、下游延伸。上游是农产品生产领域，引导农业以销定产，实现农业生产的精准化，建立无公害的、有特色的、有品牌的生产基地，生产出可信度高，消费者需要的优质品牌农产品。下游是建立连锁超市（包括配送中心）、便民菜店、农贸市场、直通车，农产品流通行业的个体商贩大部分是进城农民，是搞活商品经济的主体，要适当放宽个体商贩在不影响市容交通的情况下摆摊设点，以便实现国有、集体、个体经济价格竞争机制，避免三方各自的价格垄断行为，减轻政府补贴负担。改革开放早期，

第一篇　乡村振兴的难点、热点和重点

曾经北京市政府每年为补贴冬季大白菜要耗费3000万元，相当于建设一座城市立交桥的费用。发展国有集体个体多元化的流通渠道有利于发挥市场作用有利于价格竞争机制的形成，就解决了补贴的问题，降低了零售价格，减轻了国家财政负担和实惠了城镇居民，从而改变了政府只用行政补贴手段而更多运用经济价格竞争手段。同时，也方便了城镇居民便捷购菜，毕竟城市市容不仅需要整洁的面子，还需要整体零售便民利于民生的暖心工程。农产品批发市场还应与服务商、金融体系等合作，与互联网相结合，加快创新模式，实现线上线下融合，配套建设分级、包装等农产品商品化处理设施，实现"互联网+农业"。加强农产品冷链流通基础设施建设，完善农产品储藏、加工、运输和配送等物流服务和产销对接等信息服务平台，加快特色农产品电商平台建设，加强农产品产地、销地市场信息采集、处理和应用，提升农产品流通信息化水平。未来远期交易和远程交易将成为农产品批发市场交易的主体内容，市场也要结合特色农产品大力发展专业进出口服务。

完善农产品市场体系建设。农产品市场整体规划是乡村振兴战略的"造血"总开关和引擎，农产品流通是生态链问题，绿色市场是农产品市场的发展方向。针对乡村市场化被遗忘、农村市场假冒伪劣产品多、违法成本低，亟待规范和整顿的问题，要大力推行农副产品绿色批发市场、农副产品绿色零售市场，严格农产品批发市场技术与规范管理，加强农产品市场体系建设。政府应将发展农产品产销组织与促进农业产业化、一体化经营结合起来，鼓励农产品批发市场等产业化龙头企业组织和带动农民开拓市场，引导农产品批发企业参与农产品交易公共信息平台、现代物流中心建设，支持建立健全农产品营销网络，促进高效畅通安全的现代流通体系建设。落实鲜活农产品运输"绿色通道"政策，结合实际完善适用品种范围，降低农产品物流成本。通过税费减免、土地使用支持、专项补贴等政策，支持核心市场主体建立农产品产销对接平台。政府应发挥在政策引导、公共服务和监管保护等方面的作用，制定相关财政政策，发挥财政资金引导作用，支持企业参与生鲜农产品供应链体系建设，新开或扩建农产品仓储、冷链物流、销售门店等。

构建长期稳定的农产品产销对接机制。政府应引导建立紧密、长期、稳定的农产品产销对接机制，支持农产品批发市场等农业龙头企业以及有规模、有实力、有社会责任感的电商主动承担社会责任，对接产地资源，深入乡村，发挥农产品批发市场的资源优势，帮助乡村发展特色、优势农产品产业，发展订单农业。积极探索切实有效的农产品产销对接措施，对应乡村精准扶贫，可在市场开辟专属扶贫特色农产品展示和售卖区域，拓展销售渠道。政府要建立监督激励的长效机制，以实现精准扶贫的目的。

打造全产业链条标准体系。建立覆盖农产品种养加工、检验检测、质量分级、标识包装、冷链物流、批发零售等各环节，国标、地标、团标、企标有机结合的全产业链标准体系，推动农产品批发市场等农产品流通企业加强标准的推广应用，提升农产品生产和流通的标准化水平，推广流通标准化，提高流通效率。

总之，乡村振兴与农产品批发市场建设密切相关。必须发挥好流通对生产的先导性作用，发挥好流通连接城乡纽带作用，通过构建以农产品批发市场为主体的畅通、安全、高效的农产品销售渠道，打造一、二、三产业融合的农产品全产业链条，推动农产品按照消费需求进行生产，增加绿色优质农产品供给，提升农产品供给质量，促进农产品消费升级，推动农业供给侧结构性改革，优化农产品品种结构和产业布局，提升规模化、标准化和信息化水平，实现农业绿色化、优质化、特色化、品牌化，培育农产品品牌，提升农产品附加值，加快农业现代化进程，拓宽农民增收渠道，为产业兴旺的乡村振兴注入发展活力和动力，促进城乡融合发展。

（原文见《中国批发市场》2018 年第 8 期）

参考文献：

[1] 中央农村工作会议报道精神. 2017.12.28-29.

[2] 韩俊. 解读 2018 年中央一号文件：乡村振兴须抓住钱、地、人. 光明日报，2018.2.9.

[3] 徐柏园. 乡村振兴与市场热点研究. 中国商业出版社，2012.12.

第二篇

农业供给侧结构性改革
——乡村振兴的重要内容

农业供给侧结构性改革，是打开现代农业发展的"金钥匙"，是牵动现代农业产业链的"牛鼻子"。深入推进农业供给侧结构性改革，能够不断巩固提升全面脱贫成果，进一步夯实全面建成小康社会基础，积极将农业农村现代化、实施乡村振兴战略和全面建成小康社会相结合，加快形成工农互促、城乡互补、协调发展、共同繁荣的新型工农城乡关系。

坚持依托农业、立足农村、惠及农民的方针，积极培育新型经营主体，建设公益性农产品批发市场，推进农业内外联动，延伸产业链、打造供应链、提升价值链，把现代产业发展理念和组织方式引入农业，实施农村一、二、三产业融合发展，有效整合产业链，加快建立集生产、加工、流通和服务于一体的农业供应链体系。积极推进覆盖农业全产业链的标准化和品牌化建设，通过加工增值、品牌塑造、功能拓展等多种途径，着力提升农产品价值，增强农产品国际竞争力，是乡村振兴的重要推动力。

供给侧结构性改革与公益性农产品批发市场建设要以立法为前提

一、供给侧改革是2017年农产品流通的重要任务

2017年,中共中央提出了供给侧结构性改革和战略部署,中央一号文件《中共中央 国务院关于深入推进农业供给侧结构性改革 加快培育农业农村发展新动能的若干意见》指出,推进农业供给侧结构性改革,要在确保国家粮食安全的基础上,紧紧围绕市场需求变化,以增加农民收入、保障有效供给为主要目标,以提高农业供给质量为主攻方向,以体制改革和机制创新为根本途径,优化农业产业体系、生产体系、经营体系,提高土地产出率、资源利用率、劳动生产率,促进农业农村发展由过度依赖资源消耗、主要满足量的需求,向追求绿色生态可持续、更加注重满足质的需求转变。推进农业供给侧结构性改革是一个长期过程,处理好政府和市场关系、协调好各方面利益,面临许多重大考验。必须直面困难和挑战,坚定不移推进改革,勇于承受改革阵痛,尽力降低改革成本,积极防范改革风险,确保粮食生产能力不降低、农民增收势头不逆转、农村稳定不出问题。习近平总书记重要讲话指出,全面建成小康社会,在保持经济增长同时,更重要的是落实以人民为中心的发展思想,想人民之所想,急人民之所急,解人民之所困,保持经济增长速度,推动经济发展,根本还是要不断解决好人民群众普遍关心的突出问题。

推进农业结构性供给侧改革,首先要把农业结构调好、调顺、调优,要适应市场需求,优化产品结构,把提高农产品质量放在更加突出位置。

要坚持市场需求导向，主攻农业供给质量，注重可持续发展，加强绿色有机无公害农产品供给，提高全要素生产率，优化农业产业体系、生产体系、经营体系，形成农业、农村改革综合效应，推进城乡发展一体化，就地培养更多爱农业、懂技术、善经营的新型职业农民。供给侧结构性改革最为通俗的表述就是从吃饱到吃好。从够不够吃的角度看，长时间以来，我国粮食不存在重大缺口，但有一个问题还没有引起足够重视，就是我国农产品供应大路货多、精品少，能够让消费者产生信任的精品更是少之又少，如何打造知名品牌的精品农产品，可能是当前我国农业面临的最大挑战。因此，压减低端供给，增加高端供给，顺应国内食品消费结构升级趋势，为市场提供更多的绿色优质农产品和农业生态服务，在保证吃饱的同时，更多地考虑如何让人们吃好。这些极为实际的问题，其实正是农业供给侧结构性改革宏大主题的现实基础。

二、公益性农产品市场对推动供给侧改革的作用

全国人大代表、北京市农林科学院蔬菜研究中心研究员高丽朴在 2017 年全国两会上指出，我国 1984 年建立第一家农产品批发市场以来，农产品批发市场发展迅速。截至 2015 年，全国共有农产品批发市场 4500 多家，70%是产地市场，其中亿元以上的约有 1600 家。经过 30 年的快速发展，我国已基本建立起以批发市场为中心，以城乡集贸市场、连锁超市和其他零售网点为终端的农产品市场体系，为我国农产品小生产与大市场的连接发挥了重要作用，承担了约 70%的商品农产品流通任务，形成了目前小生产、大市场、大流通的格局，对促进农业发展、农民增收、保障市场供应发挥了重要作用。但目前我国农产品批发市场的组织化和管理规范化程度都比较低，其中最重要的原因是批发市场法规建设严重滞后。从法规建设的现状来看，我国于 1983 年 2 月 5 日颁布实施了《城乡集市贸易管理办法》，此后国家再也没有出台有关农产品市场的法律、法规。

高丽朴认为，农产品批发市场是大规模集散农产品的场所，在市场选址、设施建设、投资规模、运行管理、交易主体等方面都不同于一般的集

第二篇 农业供给侧结构性改革——乡村振兴的重要内容

贸市场，因此，《城乡集市贸易管理办法》的内容已远不适应农产品批发市场的要求。

笔者认为，改革开放40多年来，农产品流通取得了巨大成绩，但农民卖农产品难，城乡居民买农产品贵、买鲜活农产品难的问题没有得到根本解决。特别是北京等大城市在人口疏解大任务的背景下，问题较为突出。原因是：农产品批发市场执行的还是30多年前的《农贸市场管理条例》，较为突出问题是公开透明的价格机制始终没有健康形成，在某些地区、某些市场，价格垄断行为屡屡出现。在农产品零售上，很多城市也是一枝或几枝独秀，比如城市中一些蔬菜直通车、便民菜店、蔬菜直销店、超市，价格垄断现象等层出不穷。如何解决这些迫切问题，需要制定农产品批发市场法或公益性农产品市场体系法。

农产品批发市场是经过一二百年的业态。笔者先后考察了美国、日本、澳大利亚、法国、荷兰以及我国台湾、香港等地区，了解到在近200年的历史中，农产品批发市场依然是农产品流通的主渠道，是社会民生的重大基础设施，不可或缺。我国现在还未完全实现市场公益性功能和载体平台作用、交易手段落后、农产品缺乏标准化，交易规则缺乏法制化。例如，日本农产品批发市场市场价格拍卖时价格搞串通或垄断是要判刑的，都是有法文条例的，非常严格。

我国农产品买贵与卖难现象并存，农产品利润成本提高，公益性批发市场的迫切性增强，历史赋予公益性市场立法的出台，刻不容缓。而把目前由于我们认识不到位、立法滞后，一股脑地将其称为"传统的农产品批发市场"并不准确。实际上，我国还是处于大集贸市场状态或是农产品批发市场发展的初级阶段。

现在批发市场法律处于真空状态，正是缺乏相关的法规，缺少市场准入、退出机制，一方面批发市场的恶性竞争事件不断发生，另一方面批发市场的垄断行为也频频出现。

因为缺乏竞争，一些批发商抬高价格，而国外同品种蔬菜、水果都不是单一的批发商经营，同一个市场三四个摊位的批发商竞争，现在国内一些市场中却出现了批发商的价格垄断。恶性竞争和垄断行为频发，交替出现，造成价格不是高就是低，缺少良性竞争机制。只有加快农产品批发市场立法，规范市场行为，才有利于农民增收，改善城乡居民优质农产品的供应。

促进农民增收和扩大城乡人民在农产品供应的品种、结构、数量、品质改善上的需求，以满足需要、健康、增绿为重点，是中央对全国城乡人民的厚礼，是一项迫切的最重要的民生工程，是全国人民的迫切需要。时不我待，作为公益性农产品市场体系的立法应该责无旁贷。

三、发挥公益性农产品市场作用需要立法做保障

(一) 公益性农产品市场体系法有两个基本原则

第一，该明确农产品批发市场的性质和地位，为理顺政府与市场开办者的关系、市场开办者与经销商的关系创造条件；明确农产品批发市场的设立必须事先经过政府主管部门的审批，纳入统一规划，防止重复建设。

第二，建立农产品批发市场经销商资格审核登记制度和经营准入制度，解决市场交易秩序混乱问题；明确入市交易农产品的信息披露和质量安全检测及溯源制度；明确政府支持农产品批发市场建设的责任和义务，为政府投资农产品批发市场建设开辟渠道；统一农产品批发市场的税费收取标准和收取方式，以减轻市场开办者和经销商负担；明确管理市场的政府主体，防止管理交叉、缺位或错位等。由于没有法规，批发市场关键机制缺失，大集贸市场、大批发市场、大批发商有垄断行为，农民增产不能增收，老百姓买不到优质平价实惠的农产品。

(二) 公益性农产品批发市场体系法应该规定如下内容

第一，构建培育新型农业经营主体政策体系。目的是要通过完善政策体系，促进与农户家庭经营为基础，合作联合为纽带，社会化服务为支撑的立体或复合型现代农业经营体系，加快发展，这是帮助农民，提高农民，富裕农民的重要途径。运用市场的办法推进生产要素向新型经营主体

第二篇 农业供给侧结构性改革——乡村振兴的重要内容

优化配置,发挥新型农业经营主体对普通农户的辐射带动作用。

第二,要体现政府是主导或主体。政府是开办农产品批发市场的主体,可以借鉴日本的经验,日本早在1921年就制定了《中央批发市场法》,规定各级批发市场都是政府主导、政府出资建设,每5年修改立法一次,国会通过。1992年9月,笔者随团考察正值5年修改后的条文出台,日本东京、农林水产省的官员做了详细介绍:一是中央及地方农产品批发市场及场内批发商的开设要经过农林水产大臣和京都道府县的批准;二是制定法规作为对农产品批发市场管理的根本工作,这些法的规定使交易活动具有公共性、公开性、公正性,因此很少发生违反法规现象;三是对农产品流通的调控作用,特别是对价格的管理实行的是一种安定指标价格制度。以乳制品为例,当现价跌到安定指标价格10%时,由畜产振兴事业团买进,上涨超过40%卖出,对蔬菜、仔牛、鸡蛋、加工用果等由国家地方政府和生产者团体三者出资建立安定基金,在必要时进行价格补偿。日本在农产品流通的价格管制上相当精细,我们可以借鉴参考。

第三,要体现加快建设完整统一的国内市场体系。全国的农产品市场体系首先应该明确工作思路,概括地说,全国农产品市场体系发展的整体目标是建设一个统一开放竞争有序,以农产品期货市场为先导,以批发市场为中心,以连锁超市、集贸市场、便民零售店为基础,形成网络化。既覆盖面广,又节约流通时间,保证农产品质量和鲜度(健康绿色食品),做到高效率低成本;既能提高生产者经营者的经济效益,又能把天天平价的农产品送到消费者手中的农产品市场体系。因此,要特别重视期货市场在市场体系中的价格导向作用,并与国际农产品市场接轨。这是立法的最后目标。要明确农产品市场体系不同层次市场的最终结构。一个健全完善的农产品市场体系应是农产品初级、中级、高级三种层次并存的市场体系,并在不同市场层次上形成最佳比例结构,从而解决现阶段市场规模过大,布局不够合理,大多数市场交易设施和交易手段落后,流通成本高,市场效率低,以及一些地方存在的有市无场和盲目过度发展引起的有场无市等问题。

第四,价格机制的形成。推进农业供给侧结构性改革关键在完善体制，创新机制，加快深化农村改革，理顺政府和市场的关系，全面激活市场、激活要素、激活主体，推进粮食等重要农产品价格形成机制和收储制度改革，深化农村产权制度改革，改革财政支农投入使用机制，加快农村金融创新，健全农村创业创新机制（经纪人等，农民专业合作社，供销系统业态产业的创新）要坚持市场需求为导向，主攻农业供给质量。价格机制改革的最终目的是满足需求，根本途径是深化改革，最终目的是深入研究市场变化，理解现实需求和潜在需求，在解放和发展社会生产力上更好满足人民日益增长的变化要求。要减少无效供给，扩大有效供给，着力提升整个供给体系质量，提高供给结构对需求结构的适应性。根本途径是深化改革，就是要完善市场在资源配置上起决定性作用，体制机制深化行政管理体制改革，打破垄断，健全要素市场，使价格机制真正引导资源配置。要加强激励鼓励创新，增强微观主体内生动力，提高盈利能力，提高劳动生产率，提高全要素生产率，提高潜在增长率。要把增进绿色优质农产品供给放在突出位置，狠抓农产品标准化生产，品牌创建，质量安全监管。

第五，完善农业市场体系的宏观调控。政府对农业的宏观调控和农产品市场的宏观调控，连同自主经营、自负盈亏的家庭承包主体和竞争性的市场体系一起共同构筑成为我国农村社会主义市场经济体系的三个基本要素，他们之间相互联系相互制约，组成一个有机整体，实现有效配置农业资源的功能。社会主义市场经济条件下的农业宏观调控绝不是计划经济体制下的指令性计划调节，也不是浓厚行政命令色彩的指导性命令控制，而是以社会公开为原则的政策导向与灵活经济杠杆有机结合的综合性调控。由此可见，在走向市场中加强对农业宏观调控和农业市场体系的调控，也就是说要按照市场经济要求，从农业和农产品流通要求出发，建立和完善以经济法律手段为主的宏观调控机制，以能动驾驭市场促进农业和农村经济的健康发展。

（原文见《中国批发市场》2017 年第 6 期）

海南蔬菜批发市场被罚1000多万元的警示

——公益性农产品市场立法刻不容缓

菜价上涨是老百姓最关注的民生问题之一。2016年春节前夕，海南省菜价一路飙升，海口市一斤蔬菜最高的卖50元，最低的也要10多元，原因是菜霸垄断当地蔬菜市场16年。海南省成立了专案组对全省唯一的进岛蔬菜批发市场——海口南北蔬菜批发市场立案调查，市场开办者和批发商被罚1000多万元。但是，这家本应被查封的菜霸市场，政府主管部门却只能罚款了事，理由是找不到"替身"，若强行关闭，将导致岛内百姓无处买菜，原因是全省仅此一家。

从2016年2月中旬以来，除海南外，很多城市的菜价一路高歌猛进。据《北京晚报》2月16日消息报道，在深圳，每公斤香菜卖出47元的"天价"；在广州，菜心这样的普通蔬菜甚至一度涨到了每公斤40元，菠菜、生菜等每公斤也都要20元以上；在福州，常见的绿叶菜平均批发价为每公斤8元，平均零售价格每公斤12元，其中菜心每公斤卖30元、小白菜20元、菠菜40元。

据媒体报道，北京3月下旬菜市场菜价为大葱7元一斤，茄子5元一斤，叶菜4~5元一把，蒜薹4元一把，香椿苗30元一斤。最新统计的新发地市场蔬菜加权平均价是每公斤3.73元，比去年同期的每公斤2.41元上涨54.77%。可见，相比去年同期，菜价上涨明显。《北京晚报》4月7日报载，北京菜市场西红柿每斤6元，菜心每把4元，秋黄瓜每斤5元，大白菜每斤2.5元。菜价预判仍将在上位继续运行一段。

特别是"蒜你狠"时隔6年卷土重来。4月10日，北京新发地蔬菜批发市场大蒜批发价格达到了每斤6.5元，对比2015年7月大蒜入库之时，每斤仅2.5元，九个月上涨160%。据《北京晚报》文章《"蒜你狠"时隔六年卷土重来？谁是祸首？》报道，在新发地市场，蒜商表示，去年囤大蒜的今年都赚到了钱，每吨最少也能净赚4000多元钱。他说，把蒜收上来后，将蒜存入冷库，到了出库期，如何有节奏地把控出库是有技术含量的。有业内人士表示，炒蒜的人一般都是行业内的大户，在大蒜的供求失衡里看到了商机后，就会通过鼓动蒜农使其惜售、借贷资金大批量囤货等办法，人为抬高价格，再伺机抛售牟利。山东金乡一名蒜商去年收蒜时，每斤干蒜大约在2.5元。他的冷库有7000吨容量。蒜进了冷库之后，陆续出货。出货的最高价格在每斤4.5元左右。如此算下来，7000吨大蒜赚了1000多万元。当然，如果是在最高点出货，利润就远不止1000万了。

对于此次菜价上涨，有菜贩称，过去20年都没见过这么高的菜价。对此，有关部门应认清蔬菜价格上涨波动的原因中，虽然有倒春寒等极端天气情况影响等因素，但供需失衡是主因。而且与以往菜价暴涨类似，通胀预期下的囤货行为和游资炒作可能也是菜价飙升的推手。观察山东蔬菜批发价格指数可知，耐储存的葱姜类、根茎类，比如胡萝卜、土豆、红白薯、豆类等农产品价格上涨最迅猛。如果不能通过合理的市场调节和正确引导给菜价降温，很可能让农户错判市场走势，盲目扩大种植，进而埋下菜贱伤农和菜价过山车的隐患。针对上述情况，笔者建议，农产品批发市场立法刻不容缓。其中应包括以下几方面内容。

一、占当地20%~30%以上供求关系的农产品批发市场都应该纳入公益性农产品市场的范围，进行转制

此次涨价中受罚的海南海口南北蔬菜批发市场，16年来一家独大，市场份额占了海南全省的75%以上。该市场中有300多个摊位，但可经营外省蔬菜的大型档口只有49个，由33家一级批发商经营。海南岛内其他蔬菜经营者经营的所有外省蔬菜，均需从这些档口采购。据专案组的调查深入，这家市场存在缺斤短两、哄抬物价、限制竞争、违规收费、财务混乱等问题。比如，部分一级批发商长期将包装皮和蔬菜一起过秤、计价，每

箱菜多出4~8斤冰瓶重量，一并按菜价卖给二级批发商。后者为此多承担的成本通过层层转嫁，最后由消费者承担。针对该蔬菜批发市场存在的问题，工商部门于2016年3月对市场开办者和33家批发商分别罚没303.315万元和828.29万元罚款。海南省工商部门表示，若要严格执法，应该吊销其营业执照，查封涉案档口，但全省蔬菜批发市场独此一家，今天关闭了，明天市民到哪里买菜？这种窘迫凸显了公益性批发市场的必要性和紧迫性。建议占当地20%~30%以上供求关系的农产品市场都应该纳入公益性农产品市场的范围，进行转制。唯有如此，才能有效地调控农产品价格和保障农产品供应。

二、公益性农产品批发市场的核心点是维护公平竞争

海南海口南北蔬菜批发市场的开办者以签订租赁合同的方式，限定了每个档口经营的蔬菜品种，明确经营范围，限制彼此间的竞争，固化利益共同体。对外，该市场以不正当手段排挤竞争对手。这才导致了市场常年的"一家独大"、价格垄断。因此，要清理废除妨碍统一市场和公平竞争的各种规定和做法，健全竞争政策，完善市场的竞争规则，实施公平竞争审查制度，放宽市场经销商准入，健全市场经销商退出机制。健全统一规范、权责明确、公正高效、法制保障的市场监管和反垄断执法体系。严格农产品安全质量、安全生产、物资消耗、环境损害的强制性标准、建立健全市场主体行为的规则和监管办法。健全社会化监管机制、畅通投诉举报渠道。强化互联网交易监管。严厉打击制假售假行为。明确农产品市场应该搭建创造维护公平竞争的平台。市场本身不以盈利为目的，市场正常的运转和基础设施建设可以制定和遵循相应的公益性市场投资建设办法。

三、推进价格形成机制改革

要减少政府对价格形成的直接干预，全面放开竞争性农产品竞争环节的价格，同时要建立健全农产品价格联动机制，建立健全公用事业和公益

性服务政府投入与价格调整相协调的机制，规范定价程序，加强成本监审，推进成本公开。

菜价畸形会导致蔬菜价格大大高于同类优质粮食品种价格，比如小麦、面粉每斤2元多，稻米每斤3元多，而2016年6月3日新发地直通车在北京太平桥莲花池南里发售点白薯每斤5元、土豆每斤3元、老蒜每斤8元。如果整个农产品品种结构价格整体失衡，会给农民放大错误的信号，将来最大的隐患是农民为了利益都去种蔬菜、土豆、白薯等，造成生产品种结构的失衡，也会危及粮食安全。因此，必须引起各级政府的高度重视！

四、市场和市长两只手都要发挥作用

菜价一头连着市民的菜篮子，一头连着农民的菜园子，两头都是大民生。保持价格稳定在一定的合理水平，是一道考验管理者智慧的民生必答题，菜价上涨深层次反映出的是农产品供给的结构性问题。近年来，我国蔬菜生产呈现出大生产大流通的格局，从生产环节来看，蔬菜产区由城市郊区向农村集中，生产方式由露天向设施转化，生产组织结构也趋向专业化和规模化，这些都带来了蔬菜成本结构的变化，土地人工等生产资料价格的不断上涨推动生产成本明显增加，流通环节的链条过长，环节过多等情况依然大量存在，都在无形中推高了蔬菜价格。以海南省为例，物价部门数据显示，近几年海南省蔬菜价格在全国持续处于高位。菜价畸高为何竟成了当地"老大难"的民生问题？据调查了解，海南省本地蔬菜淡季自给率仅为40%左右，旺季自给率也只有60%上下。海南省因其气候独特，叶菜种植成本偏高，农企、农民更多选择种植瓜菜，大量叶菜需从岛外补充。每年海南省从岛外调入的蔬菜总量约80万吨，占全省全年蔬菜消费量的47%。提稳菜篮子需要市场和政府两只手都发挥好作用。蔬菜对市场供应反应灵敏，最有效手段是加强对生产的支持力度，从政策补贴、保险等环节入手，加强对民生菜的扶持，依靠市场来推动生产，进一步看，推动蔬菜产业的升级才是治本之策。

特别要明确并大力贯彻执行粮食省长负责制、菜篮子市长负责制的一贯政策。要让菜价回归合理区间，当务之急是增加有效供给，在时令蔬菜大量上市之前，政府可以通过减免市场交易费等措施刺激蔬菜供应，尤其对跨地区的蔬菜供销，可有适当的政策倾斜。为了给市民菜篮子减负，物价补贴机制要发挥应有的作用，目前有一些城市正根据物价监测情况，通过价格调控基金，对困难群众发放了价格补贴。在推出一些临时的菜价调控措施的同时，更要进一步理顺菜价形成机制和供需机制，对影响菜价的合理涨跌因素进行控制。比如，近年来讨论比较多的流通环节问题就需要进一步分析解决，探索尝试当前出现的一些新的业态，减少中间环节，降低物流成本，打通菜价的"最后一公里"。

五、创新农产品流通模式

（一）农产品电子商务

当前农产品电子商务发展如火如荼，国家高度重视，各地政府也陆续出台相关政策扶持。例如，2016年5月11日，广东省人民政府印发《大力发展电子商务 加快培育经济新动力的实施方案》，其中就发展农村电子商务提出了具体要求，加强农村电子商务基础设施建设，深化农村流通体制改革，创新农村商业模式。推动一批基础较好的县（市、区）建设具有当地特色的农村电子商务产业基地，加快乡镇电子商务创业园及人才孵化基地建设。引导电子商务企业与社区便利店等传统商贸企业合作，提升生鲜农产品网上销售服务水平。引导电子商务服务企业为农村电子商务发展提供仓储物流、代运营等专业化服务。鼓励各类经营主体建设涉农电子商务平台，拓宽农产品、民俗产品、乡村旅游等市场。引导知名电子商务平台建立农村电商县级服务中心和村级服务站，构建连接农产品龙头企业、农产品批发市场、农产品和日用品配送中心、农资流通企业的新农村电子商务服务体系。

在大力推行"互联网+"农产品流通新模式的形势下，现实却是国内鲜有做大的农产品电子商务平台，业内曾有99%的生鲜电商都亏损的论断，农产品电商普遍遇冷。这不仅和生产农产品的特殊性对货源选择、质量监管、冷链物流等都有非常高的要求有关，有多道难关需要跨越，也与当前农民还暂时不认可，熟悉农产品市场和电子商务的人才欠缺有很大关系。笔者提醒更要注重以下三个问题。一是夯实两个实体农产品市场（批发和零售）的建设和布局，重点是要培养好既熟悉电商又熟悉农产品供销的供销队伍，即经纪人队伍。当前这类人才严重不足，要大力培育。二是加快农产品标准化、规格化和品牌化建设。电子商务的一个重要特征是商品的品牌化和标准化，我国农产品尤其是鲜活农产品的品牌和标准化生产体系建设一直相对滞后。为适应发展电子商务的需要，一方面，要大力推进相关农产品标准的制定，加快实施农产品包装化、标准化，实施农产品品牌战略；另一方面，政府应当尽快引导广大农民加快执行国家的有关农产品质量等级标准、重量标准和包装规格等标准体系，确保农产品的新鲜度和品质，为实现农产品的电子交易奠定基础。三是诚信体制的建立。要研究互联网流通模式下出现的食品安全等问题，明确互联网平台应负有的连带责任，这就需要在商品流通领域大力推动诚信体制的建立。

笔者认为，只有在这几方面都建立健全后，"互联网+"农产品流通模式才能健康发展，才能使互联网的信息流功能得到最大限度的发挥，降低流通成本，实现信息对称，使信息能很快传达到各个供需方，农产品电商才能健康发展。

（二）发展多元化的农产品流通渠道

当前，北京等大城市都面临着城市功能改造，人口疏解等问题，菜市场也遭遇了疏解搬迁问题。2016年4月中旬北京市农村工作会议消息透露，北京市领导公开表示，北京在疏解其他市场和人口中也疏解了71家菜市场。无论批发还是零售，这些年有个总的模式就是一档垄断，造成价格上涨。而城市中农产品市场的减少必然造成一些流通模式对菜价形成的垄断。据笔者观察，有一点垄断地位的菜市场的菜价都比社区固定菜贩的菜价高。最近几年出现的蔬菜直通车也逐渐对菜价产生了垄断地位，例如，

2016年4月27日蔬菜直通车菜价：白薯4元/斤、土豆3.8元/斤，胡萝卜3元/斤。比较而言，菜价最低的还是城市中小区内的一些固定摊贩，他们反而起到了稳定菜价的作用。回顾城镇居民改革开放后解决吃菜难买菜贵的问题，农民兄弟起到了不可磨灭的功劳。

事实上，农贸市场还是很多普通老百姓最喜欢的购买鲜活农产品的场所，要加强对城市农贸市场的布局，遵循一刻钟便民服务圈设置，补齐零售市场的短板，让城市社区都能有自己的菜市场、农贸市场。要大力推行和规划农产品市场建设，不能只是简单的疏解。当然，现存农产品市场也有两个问题还需要整顿：一是缺斤短两问题，二是网点少居民买菜难的问题。实际上要稳定菜价，必须做到两点：一是农产品批发市场是流通中心，形成价格；二是推广多渠道的零售市场形式，推动超市、便民菜店、农贸市场、蔬菜直通车、固定或流动摊贩的发展，实现多元化竞争形成价格的流通局面。

六、加强监督和充分发挥行业协会的作用

公益性农产品市场要严格农产品质量，加强对环境的保护，保障食品安全。无论对产地、销地、交易场所都要有强制性的标准，建立健全市场主体行为规则和监管办法。健全社会监管机制，畅通投诉举报渠道，强化互联网交易监管，严厉打击制售不安全农产品的行为，生产或流通环节严厉打击制假售假囤积居奇哄抬物价行为。

面对全国几千个农产品批发市场和几万个农贸市场的汪洋大海，毕竟监管部门人力、精力有限，更重要的是要充分发挥行业协会的作用。之前商务部倡导推行的绿色市场建设取得了良好的效果，其核心就是以"诚信"为亮点的市场体系制度的创立。应该继续大力推动和加强运转。在绿色市场的培育中，可以更好地发挥行业协会的作用或第三方监督的作用，建议继续大力贯彻两个绿色市场标准，充分发挥行业协会在全国级评价的引领作用，更好地推行建立农产品绿色市场的制度体系。

总之，笔者认为，上述内容都应该纳入公益性农产品市场立法的范

围。加强公益性农产品市场立法工作,有事可做,大有可为。

(注:被罚的海南南北市场份额占全省75%以上。2016年3·15前夕对市场开办者和33家批发商分别罚没303.315万元和828.29万元。)

参考文献:

[1] 中华人民共和国国民经济和社会发展第十三个五年规划纲要. 新华社,2016.3.17.

[2] 徐柏园,李蓉. 农产品批发市场研究. 中国农业出版社,1995.8.

[3] 徐柏园. 新农村建设与市场热点研究. 中国商业出版社,2012.12.

[4] 徐柏园,刘富善. 面对WTO海峡两岸农产品批发市场的二次创业. 中国物价出版社,2003.7.

[5] 稳菜价要市场和"市长"齐给力. 新民晚报,2016.3.28.

[6] 京城各种菜价上涨缘由细解. 北京晚报,2016.2.17.

[7] 低温阴雨南方缺菜 北京菜价居高难下同比涨54%. 北京晚报,2016.3.21.

[8] 人民时评:提稳菜篮,需用好两只"手". 人民日报,2016.4.6.

[9] 为什么海南过年一斤蔬菜卖50块?. 新京报,2016.3.29.

(原文见《中国批发市场》2016年第5期)

公益性：农产品批发市场性质正本清源

——建议尽快出台《国家批发市场法》及法规部分要点设计分析

一、我国农副产品批发市场产生的背景、农业的特殊性、发展概况和作用

（一）背景：经济体制改革与经济发展的内在要求

1. 小生产与社会化需求的矛盾

家庭联产承包责任制是我国农村改革的一大创举。党的十一届三中全会以后，我国2.4亿农户、74万个村，99%是承包到户，只有约7000个村是其他责任制形式。承包制的实施，实现了农村微观经营体制的变革，突破了传统的统制式的集中经营，取得了土地使用权、经营自主权，极大地调动了农民的积极性。但农户细小经营与生产社会化之间的矛盾突出出来，迫切要求社会利用现代化手段为他们提供信息、技术、供销、信贷、储运等方面的服务，特别是在农产品流通领域的服务尤其迫切。实质上是为适应以家庭经营为基础的商品生产发展而进行多方面的组织和制度创新。农户力量的弱小，使其在联合的谈判中处于不利地位，只希望另一方发扬经济以外的社会姿态，多给自己扶持。在大力发展社会化服务事业的环境中，国有企业也会照顾农民利益，但这是非经济因素的压力，而不是由内部各方权力对等而形成的分配格局终究是不稳定的。它在很大程度上影响了产销的联合和发展。因此，迫切需要实现农业组织职能结构和运转

机制合理化，以协调各方面力量，形成和发展农业综合生产力，维护和增进农民的物质利益和民主权利。除了农贸市场外，建立和举办从事较大宗贸易，有较固定交易场所的农产品批发市场，产品实行买断、卖断，买主与卖主之间，只是一次性关系，买卖之间的竞争完全取决于多方制衡基础上形成的市场自律规则和政府部门的监督与管理，其目标是保证一次性交易的公平场所，是农村社会化服务体系的重要组成部分，是农村改革深化的要求。

2. 多种经济成分并存，不仅限于农村变革，而是社会主义生产关系的自我完善

国有、集体、合作、股份、私人以及"三资"企业等多种经济成分蓬勃发展，充满活力。国有企业一家专有、专卖的垄断地位被彻底打破，而构成多成分市场经济发展主体，其经济联系是立足于等量劳动等价交换的市场原则基础之上的。目前，缺乏引导的市场交换大多处于比较放任的状态，市场不甚透明，交易环节摩擦很多，供需之间没有有效的组织制衡机制，造成市场波动频率过高，幅度过大。因此，在大多数农产品已经退出计划购销的今天，有效地催育市场交换的组织体系，以保证公平交换的实现，保证国家的宏观调控，已成为农村流通改革中的当务之急，即寻求一种环节少、经营方式灵活、产销双方均有较大选择余地的公平交易形式。因此，以产销双方直接见面，对等谈判、自主成交为特征的批发交易市场就成为必然选择，这也是多种经济成分并存形式的内在要求。

3. 计划经济向市场经济变革的需要

对农村经济来说，计划指标范围缩小，取消统派购，向合同订购迈进，这为农产品的经营选择解除了最大的桎梏。农民与国家的关系不再是统派购的指令性计划关系，而是一种合同关系，但仅此还不够，与农业改革的市场化方向还不够协调。因农民有经营上的自主权，有必要通过农产品专业市场予以有力补充，或者成为农民实现经营自主权的主要场所；另外，跨地区、跨省市的农产品，主要是粮食的买卖，大多是通过签订购销合同来实现的，但履约率很低，且由于采购人员满天飞，大多单线联系，没有形成交易网络，对价格形成极为不利，实际是一种市场的分割。因

此，迫切需要建立比较统一的农产品专业市场，既能纲举目张，又能为国家的宏观调控提供较准确的依据。

4. 财政补贴制度改革的客观要求

人为制定农产品的价格，必然导致财政补贴的大量增加。1986年，我国的价格补贴（主要是食物补贴）为1978年的4倍多，为全年基建总额的1/2，为支援农村生产支出和各项农业事业费的2倍；1988年，物价补贴已占当年国家财政收入的1/3。前些年，北京市仅大白菜一项，每年补贴居民需三四千万元。日益庞大的价格补贴使国家财政不堪重负，只有市场化才能正确定价，从根本上解决财政补贴问题。我国财政补贴大都补到消费者和经营者身上，没有补到最需要补贴的农民身上，结果造成生产不足和浪费过多并存的状况。解决这一问题根本办法是实行农产品商品化、经营市场化。因此，建立批发市场是农村经济体制改革的内在要求。

(二) 农业生产特殊性的必然结果

1. 农业生产的特殊性决定的

一方面，因农业受自然条件影响大，生产周期长，直接生产过程不能分解为工厂化的生产，因而分散的家庭经营适应因作物制宜、灵活自主的操作；另一方面，农业生产又要依赖工业和现代科技成果，市场流通、储运加工等要由农村社会化服务体系来适应完成。

2. 农业为社会经济服务的两重性决定的

农户经营农业，既有农民劳动就业，获取收入的一面，又有满足社会参与农产品特殊需要的一面。包括流通领域服务的完善的社会化服务，才能跳出家庭经营的局限，走向市场化、现代化。

3. 农业生产和流通矛盾的解决办法

农业生产中，流通不畅、价格不顺严重地制约着农村经济的发展，突出表现在"买难""卖难"现象。其原因是农业生产的产品结构已经不能恰当地满足市场需要，温饱前低水平生产方式已不适应温饱后消费者对质量的选择，"买难""卖难"的症结是价格不顺，行政性的定价造成市场需求的扭曲。特别是国合商业独家垄断的领域更加突出，比如粮食生产的过剩和短缺就是其表现。要根本解决生产与流通的矛盾，单纯依靠原有国合商业主渠道，已无法满足农业商品生产的需要，必须塑造和培育与生产相适应的新的流通体制。

4. 农业周期性波动要求农产品批发市场建设进一步深化

农产品由于与自然联系紧密，生产周期长，价格始终具有不稳定性和不确定性，由此而来的高风险只由生产者来承担，显然不利于农业稳定增长，价格的大起大落即使采用强有力的行政手段也会无济于事。而分摊风险，发现价格，平衡供求，不仅要依靠即期现货交易市场，而且要依靠远期市场（包括期货、期权交易市场）。这是农产品生产本身的不稳定性要求的，农业的特点及其频繁波动，必然要求市场的高级化。

根据上述四点分析，由于农业的两重性特点及其周期性波动，"小"承包制与社会化大生产的矛盾，跳出家庭经营的局限，只能寻求市场做中介；以多种经济成分生存为基础的市场角色日渐重要，市场范围日益扩大，经济约束不得不融入市场中来，这样才能真正实现经济平等和社会公正；农业生产发展与流通的滞涩落后的矛盾，要求彻底改造流通机制，构建专业批发市场。

事实上，以家庭联产承包责任制为代表的农村经济改革，极大地促进了农业生产的发展和商品率的提高，因而在总量扩大的基础上，农产品的交易出现了批量成交的要求，为批量成交的专业市场提供了充足的商品货源。农村产业结构的逐步优化，专业化分工的逐步深化，为农产品专业批发市场提供了广泛的可能性和比较灵活的经营队伍。

（三）发展的概况和作用

1. 概况

从1984年起，我国农产品批发市场相继建立，起步较早的是蔬菜批发市场。山东省寿光市的蔬菜批发市场1984年成立，被誉为"江北第一家"，这是产地批发市场的典型。粮食批发市场是从1988年开始的，1990年10月在郑州开办了我国第一家粮食批发市场。中央级肉类批发市场于1991年10月在成都开业。在农产品产区和销区先后建立了一些较规范或自发形成于市的批发市场。10多年来，农产品批发市场发展迅猛、农产品批发市场由1986年的892个发展到1998年的4243个。2010年，国家工商局统计达4681个，12年增加了438个。

2. 批发市场在我国农产品流通中的作用

我国以批发市场为中心的农产品流通体制初步形成，明显地表现出这样几个特点。

（1）拓宽了农副产品的集散渠道。按商品经济自然流向形成了多种经济成分参与的新型交易中心，由地区性、封闭性的商品交换，发展成为面向全国开放式的商品流通网络，并具有流程长、环节少、集散快、效益高的特点。批发市场是城乡居民的"大菜篮子"，已形成南菜北运，水果和水产品流通全国的格局，大大提高了农产品的成交率，促进了农业生产商品化的进程。

（2）满足了买卖双方扩大运销规模和交易空间，节省交易成本的需求。

（3）利用市场机制，充分发挥了价值规律的作用。突出表现在鲜活农产品，如畜产品、水产品、蔬菜、水果等，形成市场决定价格的格局。

（4）为商品生产者提供服务，尤其是销售、信息服务。使农民可以按照市场需求来安排生产，从而促进了农村产业结构的调整和农产品生产的快速发展。对于农村劳动力转移，进入流通领域，农副产品批发市场是个很好的载体。

（5）促使国合商业批发机构转变经营机制。一方面，不受旧体制的干扰，尽早转变经营机制，搞好批发企业。比如，在用工、价格、经营及分配四个方面放开来搞好批发业务。另一方面，参加到工商或其他部门办的服务批发市场中去经营。

（6）创新组织，发展贸工农、产供销一体化是把农民引向市场的最佳选择。只有代表农民整体利益的流通组织参与市场竞争，参加到批发市场中来，才能形成健全的市场体系。西方一些国家的合作社、日本的农协组织都是类似的组织。

二、目前阶段状况和原因

(一)目前阶段状况

《北京晚报》2011年1月30日第8版刊载新华社记者周正平、王存福调查报告《海南收购1斤杭小椒6.9元运北京翻至15元谁在抬高蔬菜价格?》,报道如下。

摘要:3天3夜,2800公里。从海南省澄迈县"出发"的杭小椒,运销到北京,价格从每公斤13.8元翻至30元,价格涨了1倍多。从海南田间地头到北京餐桌,小小的椒价背后,在生产、收购、运输、批发、零售各个环节价格是如何递增的?记者历经3天,搭乘一辆运输辣椒的大货车从海南进京,全程追踪采访。

农民:去年4角没人收

春节临近,北京市场对海南生产的冬季蔬菜需求量大增,每天有约1500吨的蔬菜从海南运抵北京。海南省澄迈县潭城村,正在地里采收辣椒的村民吴钟宾告诉记者,家里种了3亩杭小椒,之前已经采摘了半个月。杭小椒的收购价变化很大,最低价每公斤4.4元,最高价每公斤17.8元,收购价总体上大大高于往年。

运销户:千里运北京1斤只赚0.14元

记者梳理了一下这批杭小椒的运销费用:包装纸箱每个6元,冷库包装、预冷、装卸费每件2元,租车费11500元,新发地中央批发市场代销费每件5元,摊到每公斤辣椒的费用分别为0.6元、0.2元、0.62元和0.5元,共计1.92元。也就是说,运销户谢宏义从海南往北京运销这批辣椒,每公斤只赚0.28元。欣慰的是,黑MJ0692大货车从海南进京,途经广东、广西、湖南、湖北、河南、河北等省区,记者一路看到,各地均能严格遵守蔬菜运输绿色通道政策,对运输瓜菜的货车一律免过路过桥费。

第二篇 农业供给侧结构性改革——乡村振兴的重要内容

北京市场：批零差价超过 80%

菜价缘何涨势不止？不少运销商向记者反映，进入销区的批发市场，往往要缴纳高额的入场费、管理费等杂费用，有时还会遇到当地市场的批发商串通起来，以各种手段压价收购，导致运销商要么向菜农压价收购，要么提高销售价格，以转移成本压力。

澄迈县果菜协会反映，海南瓜菜进入北京新发地农产品批发市场特菜大厅，要按箱重向代销商缴纳 5 至 10 元不等的代销费，否则，只能拉到大厅外按普通菜处理，卖不出好价钱；代销商还经常以各种借口拖欠运销商的销售款，加大运销商资金压力。瓜菜运销本来就本大利薄，有不少海南运销商因多年亏损，退出了运销行业。

一批辣椒从海南运销北京，2800 多公里距离，平均收购价每公斤 13.8 元，以每公斤 16 元的价格进入北京市场。每公斤增值 2.2 元。但经过北京市场各个环节层层批零加价，走完最后几公里到市民的菜篮子里，每公斤价格上涨 14 元，批零差价超过 80%。

专家表示，即使在市场机制作用下，商品批发和零售的合理价差也应控制在一定范围，特别是在关系到民生基本需求的商品方面，政府管理部门应该加强调控手段，实行购销差价、批零差价管理。

（二）原因

1. 农产品批发市场"企业来办，谁投资，谁受益"的状况一直未能改变，违背了大型批发市场设立之初的属性——公益性的市场经济规律性。

据笔者观察，目前，影响大的销地几家大城市的大型批发市场，最初都是按照公益性性质的属性来创办，它们的连锁超市或直销店打出"天天平价，天天新鲜"的口号，并且努力实践，因而得到各级政府的支持而兴旺起来的，且推广开来。政府在土地的审批、税费、食品安全仪器设备等方面给予优惠和减免等。他们为了吸引购销客户，收费都不高。通过竞争，击垮一些市场，这些市场站住脚后，就完全按照企业性质来办（按照法律、政策没有错），因而出现批零差价超过 80%。从批发市场到零售市场，环节过多，导致"最后一公里"菜价翻番成常态。

2. 一些市场完全按股份制公司性质经营上市，资本运作以追逐利润为主要目标，而且别的市场进行效仿。

3. 以办市场名义，而搞房地产之实。市场用地动辄几千亩，市场的土地成本非常高，从而加大了农产品的成本。有的地方政府为了拉动地方经济，一般都给予支持。

4. 全国对批发市场建设没有统一规划，仅仅是部门制定。制定后，依然是各行其是。

5. 农贸市场过高的摊位费、超市过高的进场费及其他税费，造成零售商无利可图或加重消费者负担。笔者于2011年8月28日调查：丰台区太平桥农贸蔬菜水果市场的某商户讲，摊位费占据他总支出的三成以上。该商户算了一笔账，摊位费900元/月，房租700元，生活费1000元，摊位费占总支出的35%。商户认为，如果摊位费降下来，对于他们来说是好事。这样一来，不但减少了开支，还可以降低一部分菜价。但他同时也担心，政府降低摊位费，但市场还会有其他对策再收回降低的费用。笔者曾在上海农贸市场调查摊贩撤离的经济临界点是：零售商（如农民经营户）收入不够维持一家人生计或不是略高其在本地的收入，他们会撤摊离去。

6. 过路过桥费。这一项，一般每斤农产品价格，平均增加10%的费用；物流费用总体增加20%左右。

三、解决上述问题的建议

当前最迫切的是国家制定《国家批发市场法》。

（一）法律法规的理论依据

从我国这些年来批发市场的建设来看，批发市场是在市场经济条件下，实现商品流通计划化、合理化的最佳组织形式，这是建设批发市场的理论依据。其主要作用如下。

1. 调节社会商品供求的计划功能

在市场经济条件下，社会商品供求平衡依赖于市场信息的引导，但由于零售市场面广而分散，常处于此处脱销而彼处积压的状况。而批发市场对同类（种）商品具有在较大地域内的聚集和辐射作用，对商品供给"引缺泻溢""短线""长线"产品可通过市场的信息来调整，从而引导生产者调整产品结构、产业结构、进出口商品结构。这样，市场商品供求不仅能实现近期平衡而且会形成良性循环，实现长期平衡。

2. 决定商品均衡价格，使其成为刺激、抑制某些商品生产的经济杠杆

当众多的厂商和批发企业进场交易，必然产生商品质量和价格的竞争，批发市场的价格不仅能趋近于均衡价格，而且由于价值规律、供求规律、竞争规律的作用，必然使商品的生产者、经营者"优胜劣汰"，刺激技术进步，降低生产及交易成本。

3. 促进全国统一市场形成和国内外市场接轨

全国性、高层次的批发市场，其会员、经纪人连接全国大中城市的生产经营企业集团，他们在批发市场的交易活动，打破了地区、部门、行业的界限，促使经营企业参加批发市场的交易，促进了国内产品的国际化和国内外市场接轨。

4. 为国民经济的协调发展提供市场依据

由于批发市场的价格，包括现货、远期合同和期货标准合约的买卖价格的形成，包含了众多生产者、经营者参加的广泛、大量的市场调查预测因素，能较准确地反映国民经济结构的长线、短线部位及变化趋势，这就给国民经济规划的制定和调整提供了依据，指导国民经济协调发展。

5. 批发市场是零售市场建立正常商品流通秩序的基础

进入批发市场的商品，具有同类可比性，容易与厂家和批发企业建立比较稳定的市场关系，质次价高和伪劣商品难以进入零售市场。批发市场形成的趋近均衡价格又是零售商定价的基础，促使零售市场的价格跟随批发市场的价格变动，因而能使零售市场的价格保持趋势性稳定。

（二）法律法规的实践建设目标

法规关于批发市场建设的目标形成总体上结构合理的布局，关键是处理好批发市场建设的结构合理化的问题。

1. 规模结构要有层次梯度

批发市场的规模大小要根据其市场辐射半径区分，不应以主办单位的行政级别和交易量来划定。其有效经营在于，以最小费用及最小损失，以最节约的时间把农产品顺利准时地供给消费者。按照辐射半径划分，批发市场有三种规模类别：一是全国性中央批发市场，其进场交易应以全国大中城市的大中批发商、厂商为主，购销者的活动半径超出本省、市、区；二是区域性中心批发市场，市场辐射范围主要是本省、市、区及周围省、市、区的大中型商户或经营户；三是市区性批发市场，是以中心城市为经济区的批发市场。

2. 批发市场的地理布局应该"大集中，小分散"

批发市场的地理空间要服从进场客户的要求，并且以商品流向和交通便利为主要依据。全国性和区域性批发市场不能分散在各个城市，而应集中在一两个中心城市，在这样的中心城市形成各类优势产品的高中层批发市场群。市区性批发市场主要应为零售服务的鲜活农产品、副食品等日用消费品集散地，在一个城市内适当分散，布局在城市的不同方位，以避免短途运输拥挤，方便分散的零售客户进场。总之，要把批发市场与城市的总体规划融为一体，把它作为发挥城市经济中心作用的重要组成部分。

3. 建设农产品批发市场，必须仔细研究它形成的条件

一般来说，应该具备这样几个要素，即周围农村地区商品生产比较发达，能够提供充足的货源；靠近消费集中的城市或集镇，且交通方便，大批量农副产品能够就地集散或转口运销；城乡经济比较开放和发展，具有一大批贩运专业户和个体商贩组成的批发商和零售商队伍；有一个宽敞的交易场地，并附设必要的服务设施；有一个高效率的工商管理机构和杰出的市场创办者和管理者队伍。批发市场的设备组合要适应服务对象的结构。批发市场的层次不同，服务对象各异，其市场建设的设施也应不同，不要一味追求建大楼，搞巨额投资，脱离实际。各种批发市场的服务对象大致有零售商、批发（厂）商、消费户、经纪人等。在市区性批发市场中，主要是零售商和批发（厂）商之间的现货交易，一般应有货场、质量检测、备用库、短途运输等设施。区域性和全国性批发市场中，除一部分

无法标准化的小商品类进行现货交易外，大部分应是近、远期合同交易。因其商品品种单一，质量标准易统一，只需设有一定样品的展室及交易、结算、信息等办公性设施，而不需大面积的商品陈列场地和房屋设施。

4. 批发市场的专业结构要适应生产和消费需要

已建成的专业批发市场占绝大多数，应肯定其发展方向，但还要处理好专业结构合理性问题。其要点如下：一是专业性和层次性问题的关系。高层次、市场交易半径大的批发市场，其专业性应更强些，交易品种不宜繁杂而包罗太多；市区性专业批发市场的专业性程度不宜过高，可包括一个或几个大类商品。二是数量多少关系。主要是符合商品流通需要，讲究经济效益和社会效益，批发市场的目标模式和过渡措施清晰。因此，建立每个批发市场，都必须有充分的考察预测。

（三）法律法规要明确批发市场公益性的经济性质，从而确定政府的管理体制

1. 批发市场公益性的法律保证

农产品批发市场是供交易双方从事农产品批发交易的场所，以服务为唯一宗旨，是社会的公益事业，属于行政事业单位编制。中央和区域性中心批发市场的建设投资应以政府为主体并组织有关部门筹资主办。

借鉴日本的经验，政府是开办农产品批发市场的主体，政府必须用法律的形式固定，保证其公益性质的属性及其所起的作用及职能。

一是日本农产品批发市场的开设要经过农林水产大臣或经都、道、府、县的批准。中央批发市场，需经农林水产大臣批准开设，开设者为地方政府部门、公共团体。地方批发市场开设也要经都、道、府、县批准而开设，开设者为地方公共团体、株式会社、农协、渔协等，也要经都、道、府、县知事许可。

二是制定法规作为对农产品批发市场管理的根本工作。日本政府为了有效地组织蔬菜、瓜果、肉食、水产等生鲜食品的流通，在1971年修订了1923年颁布的《中央批发市场法》，并改名为《批发市场法》。以后每隔五年修订一次；各地方的批发市场也要以《批发市场法》为准绳，修订地

方批发市场的规定和执行细则。该法严格规定了交易原则，使交易活动具有公共性、公开性、公正性，很少发生违反法规现象。我们所参观的几个批发市场秩序良好，给我们留下了深刻的印象。为了进一步提高批发市场的水平，1992年10月，日本正在施行自下而上的整备计划，对其硬件和软件建设，以及进一步改善流通的状况将起很大的促进作用，整备计划一经通过，也将起到立法的作用。至1992年10月，日本47个都、道、府县的56个地区已建立有中央批发市场88个，地方批发市场1611个，不具备规定面积的市场902个。

反观我国有的省会城市，在不足一公里的地方，要建设三个同样类型的大型批发市场实在没有必要。这需要根据我国的实际情况对中央级、省（市）级、地区级、县级以经济发展区域、辐射力为条件，以四级的批发市场统筹规划，由国家主管部门如国家发改委，会同有关部门及省市在布局上作出妥善安排。

我国批发市场存在的问题原因，是没有把批发市场问题提高到法律的高度。批发市场的重要地位必须得到国家的法律保护，其正常运行需要得到法规的指导。但是，大型批发市场必须保证其公益性质所起的作用。主要表现为：拓宽农副产品的集散渠道；满足买卖双方扩大运销规模和交易空间，节省交易成本的需求，为商品生产者提供服务，尤其是销售、信息服务，使农民可以按照市场需求来安排生产；利用市场机制，充分发挥价值规律的作用，突出表现在鲜活农产品，如畜产品、水产品、蔬菜、水果等，形成市场决定价格的格局，最重要的是把"天天新鲜，天天平价"的农产品提供给消费者。

从批发市场的作用功能看，组建批发市场是政府对商品流通领域进行宏观间接调控的有效手段，抓批发市场就是抓商品流通的"纲"，能达到"纲举目张"效果，政府通过运用经济、法律、行政手段调节市场—市场引导企业—企业调整资源配置、优化产品产业结构—实现国民经济良性循环的路子，转变政府职能。因此，批发市场应该是政府组织建设的企业化管理的事业性经济组织。根据批发市场的性质，应建立符合以下原则的政府管理体制。

2. 大型批发市场保证公益性须政府组织投资建设

（1）政府投资建设的原则

由于批发市场是社会公益事业，在建设与完善过程中，国家财政必须无偿投入资金，特别是中央和区域性中心批发市场，政府才能取得批发市场公益性的支配权。

① 借鉴日本经验。由于投资数额巨大，即使在发达国家全部资金由国家解决也是不可能的。批发市场是社会搞活流通，满足消费者需要的公益事业的场所，日本政府资金投入是无偿的。但是投入资金的比例有所区别。新建市场，国家在房屋、仓库、场地、道路等主体设施建设费上出资2/5，在冷暖房、电气、通信等关联设施上出资1/3，在加工设施、管理事业等附属设施出资1/4。对于我国市场建设上，特别是中央级批发市场的建设，政府必须提出足够的资金进行硬件创建，并在土地的征用、税收的减免、贷款等方面都要给予优惠的政策。日本的批发市场就是在目前的整备改建中，日本政府在资金上也都是给予补助，改建的则在上述项目中分别出资1/3、1/4和1/5，其余的通过银行贷款和发行债券以及民间团体集资等办法解决。建设批发市场的投资很大，个人是无力解决的，更何况我国的批发市场是处在创建开始阶段。

建议我国在批发市场建设上，国家资金的无偿投入上作出切实的安排，并参照日本集资办法拓宽渠道，筹集资金进行市场建设。中央或区域性中心批发市场及中型批发市场，应纳入政府建设规划，作为公共事业的一个组成部分，由政府统一安排。

根据国外批发市场的经验，批发市场的开设，不以盈利为目的，对进场客户实行低收费。以日本蔬菜批发市场为例，据1989年统计，批发商向市场交的销售手续费，按条例规定，分别为批发金额的水产品5.5%、蔬菜8.5%、水果7%、肉类3.5%、花木9.5%等，此外再也没有其他费用。用以维护设施折旧，人员开支，市场正常运转。

上述日本政府的投资占日本批发市场建设总投资的40%左右，起着启动资金和吸引其他资金的作用。可以借鉴日本的经验对我国大型中心批发市场进行部分国家无偿投资，才能使农产品低成本流通。

②"农超对接"问题。政府应把投资重点放在中央和区域中心批发市场，这类市场是搞活国家农产品流通的核心；对批发市场交易活动进行有效管理，合理收取各种费用，政府投资完全可以在一定时期内收回；批发市场建设中集资入股也是可行方式；对市场投资总量应有一个估算，政府投资份额应明确，在有限财力下，分别主次、轻重给予投资，注重投资结构的合理性。

由于无形市场（如"直销"），贸、工、农一体化的发展；超级市场及其"连锁店"的发展，或目前推广的"农超对接"，地方批发市场日渐衰落成为普遍趋势。借鉴国外的经验，我们对设在产地的批发市场，不应片面追求上规模、上档次，应努力节约建设投资。

"农超对接"虽然减少了流通环节，但"农超对接"有一个农民生产者价格谈判权的问题，并没有解决好，因为超市是强势，而农民生产者是弱势，超市过高的进场费，使农民利益受损。一方面，需要国家从法律层面或经济手段解决；另一方面，各级、各地区批发市场的设立，恰恰解决了这个问题，农民生产者或农民专业合作社可以用脚来投票，看看那个批发市场价格合适，而决定卖给谁，从而使批发市场之间展开得到货源的良性竞争局面。从这个意义讲，农产品批发市场将会在很长时间内存在。

③对中、小型批发市场也可以由集体、个人集资或企业出资兴办。小型批发市场只需向有关主管部门申报注册就应允许开办，其兴建不应有排他性。只有"天天平价，天天新鲜"才能站得住脚，允许竞争和淘汰，但也应符合城市总体规划的布局。其投资无须无偿投资，所需投资一般应是有偿使用。

（2）对解决我国农产品批发市场建设资金问题的建议

①成立一个由政府管理官员、流通专家学者、批发商、生产者共同组成的"全国批发市场建设咨询委员会"，对全国各类农产品批发市场总体布局、规模档次、资金需求进行调研、论证，提出权威性意见，以保证决策的科学化、民主化。对建中央和区域性批发市场，由该委员会进行可行性论证，认可后，方能提交有关部门决策，决定兴建或改建。

②重视批发市场的地位和作用，明确其性质，对中央和区域性中心批

第二篇 农业供给侧结构性改革——乡村振兴的重要内容

发市场,政府给予更多的资金支持。中央和地方财政设立"市场建设专项基金",以此作为引导性投资。可以采取以下几种方式:一是可从财政支农资金当中划出一部分为"市场建设周转金",实行有偿无息发放,定期收回,周转使用;二是国家信贷资金支出,国家农业政策性银行应优先为这种社会效益大的批发市场项目提供贷款,利息上应予优惠或贴息;三是在政府资金投入不可能大幅度增加的条件下,应考虑在市场建设征地、税收等方面给予政策优惠;四是为了节约投资,应坚持在新建、改建、扩建中,以改建、扩建为主,新建为辅;五是对现有批发市场的社会、经济效益进行全面评估,择其重点给予优先支持;六是对与全局关系不大的批发市场,继续贯彻"谁投资、谁受益"的原则,鼓励多方投资进行建设。

在国家未出台《国家批发市场法》以前,应先制定《国家批发市场建设投资暂行管理条例》,以解决目前投资的混乱局面。

3. 法规应明确规定"五分开"

即主办者、经营者、投资者、服务者、管理者"五分开"。

(1) 主办者

批发市场的主体是组织商户进行买卖撮合全过程的市场交易主办者,其活动应体现"事业性"的特点,收取撮合交易的服务费,自收自支自养,享受免税待遇。

(2) 经营者

进场交易的商户,享受税费等优惠待遇。

(3) 投资者

批发市场的投资者可以构成资产经营实体,投资者应该得到合理的投资报酬,通过出租、出售批发市场场地取得经济效益,并按章纳税。

(4) 服务者

服务者是指设在批发市场提供配套服务的各种机构。其服务项目包括食宿,短途运输,仓储设施,法律、会计咨询,信息通信设备等,应按照商品交换、独立核算原则自成实体,收取费用,照章纳税。

(5) 管理者

管理者包括的是政府机构如税务、物价、卫生、质检、公安、工商行政管理等派驻市场的管理机构和人员。其基本任务是创造公开、公正、公平的市场竞争环境,制定市场规则,维护正常的批发市场秩序。

4. 农产品批发市场本身的法规内容

(1) 性质和组建程序

农产品批发市场是供交易双方从事农产品批发交易的场所,以服务为唯一宗旨,是社会的公益事业,属于行政事业单位编制。中央和区域性中心批发市场的建设投资应以政府为主体并组织有关部门筹资主办。中小型批发市场也可以由集体、个人集资或企业出资兴办。中央或区域性中心批发市场及中型批发市场,应纳入政府建设规划,作为公共事业的一个组成部分,由政府统一安排。中小型批发市场只需向有关主管部门申报注册就应允许开办,其兴建不应有排他性,允许竞争和淘汰,但也应符合城市总体规划的布局。其投资无须无偿投资,所需投资一般应是有偿使用。

(2) 交易方式

公平、公开和效率是批发市场坚持的基本原则。公开货源的品种、规模、等级和价格,要在集中设置的显示装置上公布、公平交易。在规定的时间内公开叫价拍卖或集体协商议价出售。成交后的现货商品不得在场内二次交易(期货和远期合同除外)。禁止市场外交易,一经发现,就要取消会员资格或进行处罚。在中央或区域的中心批发市场,应实行会员制,进场商户必须携带批发市场会员证,佩戴有标志性的符号。对进场交易者进行必要的资格审查,交易活动必须交纳履约保证金。其他的批发市场,应由目前的"大集贸市场"状态,逐步规范到会员制的交易行为,使批发市场同集贸市场在交易方式上有本质的区别。在农产品流通状况正常以及相应的管理措施建立健全后,应对农产品批发市场的交易实行规范化。其规范化的具体内容如下。

① 拍卖、招标。批发业者在批发市场进行批发业务,都必须采取拍卖、招标的成交方式,对个别量少的也允许买卖双方议价成交。

② 委托集中上市。批发业者对生产者上市的产品,多采取委托销售的方式。同时,也允许生产者直接卖给批发市场。

③ 不准场外交易。批发业者不得在批发市场外从事同类批发业务,或

在场内从事指定业务以外的买卖活动。

④ 要一视同仁。批发业者对生产者、场内的中间批发商、买卖参加者都应一视同仁、公正对待。

⑤ 批发对象的限制。批发业者只可对市场中间批发商、买卖参加者批发,不准对其他对象进行批发。但遇入库增多发生积压时,或批发后出现剩货时,为调整区域内或其他市场的进货量,根据规定可以对该市场的批发业者进行批发。

⑥ 按规定收费。批发业者接受生产者委托销售,只能依法收取一定比率的手续费,禁止收受以外的各种报酬。

⑦ 权利和义务。进场者有监督市场管理者行为和获得市场信息服务的权利,有遵守国家法规和市场规则、按期交纳有关税费的义务。

⑧ 管理系统和管理者行为准则。在批发市场内,辖地政府的税收、工商、卫生、质检、公安、检疫、邮电、运输、物价、仲裁、金融等部门应派出执法监督管理人员,共同组成市场管理所(站),行使政府管理职能,为市场创造良好的社会环境。市场内从事交易活动的管理机构,应实行委员会制,以协调部门、地区之间的关系,由政府负责人及交通运输、工商、税务等部门的负责人组成,并由批发市场负责人主持日常工作。市场内部管理机构,根据实际需要组成。对市场内管理者的行为准则应有明确规定,坚持以行政的或法律的手段严肃处理违法者,并应制定处罚细则。

⑨ 处罚和仲裁。对合同纠纷应有明确的仲裁程序,对违反市场规则和法令的交易行为应给予经济制裁,依法判处有期徒刑,或二者并用。

⑩ 市场配套服务和收费的规定。市场的配套服务,包括通信、短途运输、包装、储藏、加工、垃圾处理等以及生活配套服务的食宿、银行、医药、商店等以及投资者共同构成的资产管理机构,上述服务的宗旨是为批发交易活动服务。因此,应实行企业化管理,并接受批发市场协调委员会的指导和辖地执法监督部门的管理。以上服务的收费项目主要是管理费和出租费,费率可自定。对于公益性农产品批发市场的冷链物流业,在收费上实行保成本的低收费,也不应以盈利为目的。服务项目包括储运、加工、包装、住宿等,各种收费标准必须公开,必须合理,不得垄断经营。

5. 运输

对鲜活农产品的运输，所有公路应该取消收费，开辟绿色通道快速放行，建议应成为我国运输上的制度。对鲜活农产品总体物流费用，政府应在法律、经济以至行政手段干预降低。

6. "最后一公里"批零对接

以北京为例。

（1）新建大社区要有千平方米菜场

《北京晚报》2011年7月16日第3版（记者窦媛媛）报道如下。

北京市民的"菜篮子"将更加丰富新鲜。15日晚间，北京市商务委员会发布《关于加快本市蔬菜零售网络建设的指导意见（试行）》。该意见提出，将进一步建设和完善蔬菜零售网络，挖掘社区闲置空间资源，发展各类蔬菜零售终端；新建大型社区至少拥有一家800至1000平方米，符合标准的规范化社区菜市场。三年内全市新发展规范化社区菜市场不少于150家。并按常住人口比例安排各区新增。

市商务委员会表示，3万人以上的大型社区及0.7万至3万人的中型社区蔬菜供应，可采取社区菜市场+社区菜店+生鲜超市为主的业态组合。0.7万以下小型社区的蔬菜供应，可采取社区菜店+小型生鲜超市+早晚市+流动售菜点的业态组合。

该意见还对外埠蔬菜生产基地直供京城提出了指导性规划：城六区每区至少与2至3个本地和外埠蔬菜生产地区建立蔬菜直供战略合作关系。在三年内发展本地和外埠蔬菜直营菜市场和直营菜店30家以上。2011年底前，每区发展"五统一"直营菜市场和直营菜店10家以上。

此外。三年内全市"农超对接"超市店铺果蔬营业面积增加15%以上，全市新增生鲜超市店铺200个，总数达到1000个以上。

（2）农产品"绿色通道"扩大范围，通过免、清、降、扶，减少农产品销售中间环节

《北京晚报》2011年8月27日报道如下。

北京市发改委表示，有关部门正在研究扩大"绿色通道"农产品范围，对运送重要生活必需品的车辆免收通行费。北京市2011年在研究制定

第二篇 农业供给侧结构性改革——乡村振兴的重要内容

四方面措施,通过免、清、降、扶,减少农产品销售中间环节,降低流通环节费用,着力降低广大市民最为关心的生活必需品价格。这些措施包括:免除取缔二级及以下道路、桥梁任何形式的道路通行收费行为;清理规范农副产品批发市场进场费、农贸市场、社区菜市场、菜店摊位费,在保证企业正常经营的基础上降低过高的收费标准,规范收费项目、收费行为,制止搭车收费,必要时考虑按法定程序将摊位费纳入政府定价目录管理。另外,北京市正研究落实对农副产品批发市场、农贸市场、社区菜市场、菜店以及以存放农副产品为主的冷库用水、用电、用气、用热价格在相应收费档次标准中从低收取的相关政策,降低企业运行成本;加快设立价格调节基金,扶持生活必需品大型批发市场和终端零售市场建设。

(3) 周末车载菜市场老百姓真欢迎

《北京晚报》2011年8月28日第3版报道(记者窦媛媛)如下。

居民呼吁:品种再多一些 时间再长一点

日前,本报报道的《周末菜市场便宜15%》引起了市民的广泛关注。记者8月27日从北京市商务委员会了解到,目前周末车载蔬菜市场已基本确定市场选址、经营范围、营业时间和试点区域,并将进一步完善功能和运营模式,成为首都"菜篮子"零售网络建设新的补充形式。

2011年8月27日清晨7点,很多市民赶到海淀区北航社区,选购京郊菜农用车运来的各种新鲜蔬菜。据悉,周末车载蔬菜市场作为国家商务部、北京市政府联合支持项目,由政府搭建平台,帮助京郊地区蔬菜生产流通合作组织进城直接销售蔬菜,通过农民自产、自收、自营的新模式,最大限度减少流通环节,降低流通成本,方便市民生活,促进农民增收,着力解决蔬菜买难卖难问题。

车载菜市场一周三小时

"北京周末车载蔬菜市场选址主要以三环路以外地区为主,选择蔬菜零售配套设施相对不足的小区,利用社区空地、闲置停车场、废旧设施等场所开办周末车载蔬菜市场。"市商务委员会相关负责人表示,第一批周末车载蔬菜市场选址分别为海淀区北航社区、朝阳区望京社区、丰台区方庄社区和石景山区北方工业大学家属区。周末车载蔬菜市场开办时间为每年4月15日至10月15日，具体时间为每周六上午7时至10时。

车载车售，菜农居民都受惠

"车载车售"开辟了菜农进城卖菜新模式。车辆在市场运营中发挥多重功能，新鲜蔬菜通过车辆直供到居民区，菜叶垃圾由经营者通过车辆自行清运，在不便搭建售菜棚台的市场，也采取车上售卖方式。周末车载蔬菜市场也为菜农直接进入市场提供了平台。菜农通过市场可以直接了解消费者第一手需求信息，有利于主动调节蔬菜种植品种结构，实现产销有效衔接，提高本地蔬菜自给能力。于8月6日率先营业的海淀北航社区周末车载蔬菜市场由延庆区绿富隆公司经营，蔬菜品种在20种左右，平均价格每斤1.65元，比超市蔬菜平均价格低15%。

呼吁品种和区域再增加

"我很羡慕家周围能有这样的菜市场。"家住南三环西路万年花城的孙小姐在报纸上看到"周末菜市场"的消息，觉得挺羡慕。她说，小区附近只有零星的几家菜摊果摊，想吃点新鲜蔬菜不那么容易。而最近的一家"乐购"超市开车要五分钟，每到节假日和下班时间人特别多。很多市民希望"周末菜市场"能开到自己家门口。而有了"周末菜市场"的社区居民，对增加品种的呼声很大。"这里的蔬菜真便宜！要是能有水果、肉类和水产品就好了。"在试点市场，从京郊菜农地里直接拉过来的蔬菜品种只有常见的20多种，目前还没有其他品类。试点市场的蔬菜供应商，北京绿富隆蔬菜产销专业合作社相关负责人表示，基地位于北京延庆，现在是当天下午采摘，半夜配送生产基地中固有的品种。市商务委表示，目前"试点"刚刚开张，政府将认真倾听社区居民的意见和建议，进一步完善市场功能和运营模式。

但笔者了解，全市仅有4个社区这样做，可以说是凤毛麟角。如果做到普惠，政府须大力做好下列工作：一是大力推动农民专业经济合作社的建立，做到村村有；二是社区的公益性菜市场地的组建；三是减少农贸市场、超市的进场费；四是细致周到地做好农超、农社的对接沟通工作。

（4）北京市工商局：市场低摊位费可遏制菜价上涨

《北京时报》2012年3月30日第5版报道（记者杨滨）如下。

第二篇 农业供给侧结构性改革——乡村振兴的重要内容

居民买菜爱去哪儿？市工商局昨天下午发布"北京市商品交易市场发展情况"表明，市民在购买蔬菜、水产、鸡蛋等商品时，依然首选"市场"，选择率都在一半以上。市工商局市场处处长李晓梅表示，如果每个月市场摊位费过高，菜价不可能便宜下来，只有规范菜市场的摊位费，才能遏制因"最后一公里"而造成的菜价上涨。

截至2011年底，全市共有各类商品交易市场1192个。其中，农副产品市场650个，占全市市场总量的54%，排在首位。

与超市高昂的进场费相比，摊位费用低是拉低农副市场价格的一个重要原因。据统计，全市绝大多数摊位月平均费用在500元以内。全市市场摊位平均月收费在500元以下的有1063个，占89%。按照市发改委的要求，农贸市场开办者可向场内经营户收取的费用包括摊位费、根据需要代收的营业税及特殊商户的水电费，除此之外不得收取其他任何费用。

市场经营有热有冷，市工商局调查发现，摊位出租率达到100%的市场有250个，占20%；而摊位出租率不足50%的市场有249个，约占全市总市场的20%。两端市场比例大致相等且权重有限。

7. 加强鲜活农产品流通体系建设

新华社北京（2011年）10月8日电：8日召开的国务院常务会议，部署加强鲜活农产品流通体系建设。

会议指出，经过多年努力，我国鲜活农产品流通体系建设有了很大发展，但总体上依然薄弱。要以加强产销衔接为重点，加快建设高效、畅通、安全、有序的鲜活农产品流通体系。鲜活农产品流通体系建设具有重要的公益性，要在充分发挥市场机制作用的同时，加大政策扶持力度；要增加财政投入，通过投资入股、产权回购回租、公建配套等方式，改造和新建一批公益性批发市场、农贸市场和菜市场；在主产区、集散地和主销区升级改造一批带动力强、辐射面广的大型批发市场和加工配送中心；引导社会资金投资农产品流通领域。对鲜活农产品市场要减免租金、摊位费、管理费等费用。落实和完善"绿色通道"，依法查处违规收费行为；进一步强化"菜篮子"市长负责制，切实提高大中城市鲜活农产品自给率。

（本文写于2017年）

解决城市"菜篮子"问题也是振兴乡村的关键一环

——一位年过八旬的农产品流通专家对北京"菜篮子"的建议

徐柏园老先生是农产品流通业界的知名老专家,退休前为农业部农村经济研究中心研究员、市场流通研究室原主任,1993年被评为国务院特殊津贴专家。主要研究方向为农业现代化、乡村振兴、农产品批发市场、农产品流通和消费、农产品质量安全等。他在农产品流通领域潜心研究多年,如今虽早已退休,但依然关心着首都"菜篮子",关心着市民买菜难买菜贵等问题,时刻思考着农产品市场价格、农产品市场定位、老龄化社会农产品零售网点布局等问题,最近他虽因骨折卧病在床,却依然心系百姓菜篮子,向北京市政府提出建议。《中国批发市场》刊发其建议原文,供读者和相关农产品流通管理部门了解,以期对城市农产品零售网点布局规划有裨益。

对于鲜活农产品流通,北京市政府采取了一系列措施,如对确需撤除的农副产品零售市场,按照"撤一补一"的原则,提前谋划补充和替代措施;对确需撤除的大中型农副产品批发市场,相关区政府将会同市商务委、规划国土委、发改委等部门提前制订替代方案,确保总体服务功能和服务面积不受影响。采取菜市场、社区菜店、生鲜超市、超市搭载和直通车等形式加强蔬菜零售网点建设,市商务委鼓励和支持各区因地制宜发展

第二篇 农业供给侧结构性改革——乡村振兴的重要内容

规范化、连锁化、品牌化社区菜市场、社区菜店、生鲜超市、综合超市（便利店）搭载、邮局搭载、社区蔬菜直通车以及社区商业便民服务综合体、线上线下融合发展的蔬菜直营店等多种模式。这一系列的措施和任务，特别是原则办法都是行之有效的，北京市民拍手欢迎，说明市政府非常重视菜篮子问题，而且措施得当可行。但是，现在北京市民感到买菜难或有的时段个别品种价格高，买菜贵的问题还是存在。

城市"菜篮子"主要有两大问题：一是菜的价格贵不贵；二是居民买菜方不方便。当前，北京市的农产品批发市场、农贸市场的疏解、外迁，很多小区市民特别是中老年人买菜不方便，建议政府对腾退出来的空间要用好，考虑怎么更多地还于民、惠于民，解决市民买菜难问题。对拆除的菜市场要做好补充，要把菜市场作为保障城市基本运行的基础设施来对待。城市要面子，也得要里子。外表要光鲜，还要强调功能，买菜不方便也不行。一定要拆迁的，要就近做好提升补充，可以换成便民菜车、社区菜店等，对便民菜车和社区菜店也要加强管理。具体建议如下。

一是鲜活农产品的价格要降低。要大力推广公益性市场建设，北京东单菜市场隆福寺店因为有政府补贴，菜价比市面便宜10%，东单菜市场不仅要继续拓展，还要推广好经验，发挥示范带动作用。建议形成竞争的局面，不要搞一家，要打破垄断。引进竞争机制，必须有三个方面：一是国有竞争主体，二是集体竞争主体，三是个体竞争主体。三个同时到位，形成蔬菜零售价格机制。现在是单一主体，形成了价格垄断、追求利润最大化的现象，政府补贴好多由于垄断而逃避监管，如现在推行的蔬菜直通车、便利店等新型流通模式，因为只此一家，没有竞争，蔬菜价格很高，政府补贴看不出来，形成价格垄断。直通车上即使有国家发改委价格监控点的牌子，还被故意遮挡。鲜活农产品流通一定要有价格监督机制。可参考借鉴贵阳市经验，便民菜店由政府免费提供场地，基本蔬菜品种加价不得超过33%。

二是保证中老年人买菜要便捷。尽管现在网络支付工具很多，很先进，但大多数中老年人还不太会使用支付宝、微信等工具，老年人最习惯逛的还是菜市场。而随着老龄化社会的到来，老年人的买菜难问题应该引起政府的重视。对菜市场不能"一疏了之"。农贸市场的特点是同一品种几个摊位,可以比价,形成竞争。此外,菜市场或便民门店的位置一定要建在地上,现在有的建在地下,对老年人非常不便利。

三是当前开墙打洞关闭的一些门脸房可以改造成便民菜店。有了菜店无人经营也不行,原来行之有效的农产品流通队伍,由于他们无证、无照被疏解,也无可厚非。但不可否认,当时他们的存在解决了市民买菜难、买菜贵的难题。他们在北京时间长,基本上熟悉北京市民需求情况(品种,季节,哪些地方销得出去等),具有很强的市场敏感性,可以招聘他们对便民菜店进行经营。同时,建议对便民菜店加强管理,现在的便民菜店基本都是夫妻店的家族式模式,缺少对他们的定价机制的监督,有垄断现象,菜的质量也不能保证,服务态度也因为消费者别无他选而很粗暴。建议加强工商等部门的监管。便民菜店要形成标准化的管理条例:第一,应按公司制运行;第二,价格机制的形成,政府在补贴上按一定比例定价;第三,鲜活农产品的品种结构要丰富,保证菜篮子一次购全。建议便民菜店除了供应菜果蛋奶等农产品外,还应满足百货、家电维修等百姓需要的方方面面;第四,要确保菜店诚实守信,保障食品安全,建立价格监督机制和食品安全监管机制;第五,对菜店人员的服务态度也应加强监督,可以建立意见本和投诉本等。

四是要将菜市场建设作为考核政府相关单位的指标。疏解腾退的空间要考虑如何用好,这是个大问题,腾出的地要还于民,惠于民。但往往是拆容易,建设难。北京市每年安排2亿元补助商业便民设施,重点支持蔬菜零售网点、早餐店、便利店等。要落实这些措施,和开墙打洞的力度一样,建立问责制,因为菜篮子牵涉2000多万人的吃菜问题。有的社区居委会怕麻烦,导致建菜市场或便民菜店有阻力,建议每年年底对各区进行绩效考核,看市民到底买菜方不方便。

供给侧改革的要点,一是农民增收,建立农产品市场体系;二是让老百姓在家门口吃上优质平价的各种农产品,这是要义。希望政府能在更高层次上做好顶层设计,市场决定,政府作为。建议商务部门在鲜活农产品方面还要摸索经验,政府不能大包大揽,又要在价格上有所作为,摸索方法，形成市场调控机制。但是要注意绝对不能走计划经济的老路，而要用市场经济的原则做好市场菜篮子供需的实现。将有经验、有能力的农民流通大军组织起来，保障供应。建议将此次整治环境的力度用在菜市场、便民菜店等公共设施配置和人员配置上，配套设施应无偿使用。有效保证市民需求，这是北京市民最大的需求和渴望。现在的进度还很缓慢。

(原文见《中国批发市场》2017年第11期)

加快农产品批发市场立法
增强农产品批发市场公益性

2011年6月,食品类价格同比上涨14.4%,其中猪肉价格同比上涨57.1%,成为物价上涨的主要推手。而在物价上涨的同时,另一些现象也同时存在:海南香蕉价格大跌,"蒜你狠"变"蒜你贱"等。"物流环节过多、渠道不畅"一般被认为是造成农产品价格畸高狂跌的罪魁祸首,物流成本过高固然是造成农产品价格乱象的一个重要原因,但更暴露出了农产品流通体系建设中的一些深层次问题,比如缺乏统一规划、市场组织化程度低、业务存在盲目性等。2011年7月12日,全国城市农贸中心联合会特别邀请农业部农村经济研究中心研究员、北京农经学会名誉会长徐柏园教授就当前农产品价格上涨问题、农产品批发市场行业现状、农产品批发市场的公益性等问题发表了观点。

问题一:怎样认识中国农产品批发市场的发展现状

目前,中国农产品批发市场已经发展到4000多家,在丰富城市居民"菜篮子"、实现大市场大流通方面发挥着重要作用。但20年来,农产品批发市场一直是"谁投资、谁管理、谁受益"的状况,批发市场主要是盈利性质,在现行经济政策及法规的允许下,部分批发市场按企业性质来办,部分实行股份制公司经营,还有一部分以办市场名义搞房地产。最近我国农产品尤其是蔬菜价格的非理性上涨过程中，农产品批发市场、农贸市场也难辞其咎，因为摊位费和房屋租赁费及各项收费上涨也是农产品价格上涨的推手之一。而市场完全按照企业性质开办，很容易出现收费环节多、收费高的情况，因为企业追求利润最大化无可厚非，国家也不能通过市场对农产品价格进行有效调控。

农产品批发市场目前基本处于一种无序发展状态，"多了砍、少了喊、不多不少没人管"。要走出这种发展的误区，就需要政府做两件事：一是按比例投资建设市场，确保批发市场的公益性；二是加快出台《批发市场法》，规范各种市场行为。由国家投资建设的批发市场不以盈利为目的，能够获得足够的政策支持，对进场客户只收取很低的费用，用以维持市场运转，从而在一定程度上稳定农产品的价格，达到国家调控市场的目的。

问题二：外资涉足农产品流通对批发市场发展有哪些影响

目前我国没有对农产品批发市场实行国有控股，部分外资开始涉足农产品流通。如果农产品批发市场被外资控制，国家将不能对农产品实行有效监控。应尽快研究制定《国家批发市场法》，将公益性批发市场建设好。

问题三：各地建超大型批发市场现象对未来农批市场发展的影响

现在出现了这样一种情况，一些地方以办市场名义搞房地产。市场用地动辄几千亩，土地成本非常高，一定程度上也提高了农产品成本，一些地方政府为了拉动经济增长，对这种情况给予支持或默许。盲目追求建设超大型批发市场不利于批发市场行业的健康发展。此问题应通过调研，针对我国具体情况，由立法来限制。此外，批发市场的设备组合也应该适应服务对象的状况，不要一味追求建大楼配高档设备，进行巨额投资，脱离实际。

问题四：站在国际角度如何看待农产品批发市场发展

欧美农产品批发市场发展的市场化趋向明显，日本的农业国情与我国相似，其发展农产品批发市场的经验对我国农产品流通业来说是有启示作用和借鉴价值的。以日本为例，日本政府重视农产品批发流通的作用，用批发控制生产和市场，形成了一个有效的政府调控批发、批发调节供求的流通格局，其中农产品批发市场的公益性很突出。日本在1921年制定了《中央批发市场法》，各级批发市场的建立都是政府主导，政府出资建设，每5年修订一次，国会通过。日本农产品批发市场按一定比例向经营者收费，蔬菜8.5%、水产品5.5%、水果7%、肉类3.5%、花木9.5%，同时，收取适当的摊位费、房屋租赁费及合理的物流费用。除此之外，对于经营者没有其他费用，可以说，他们是一种低成本的物流运作。我国农产品批发市场出现的问题，在很大程度上与目前农产品批发市场违背其公益性的本质属性有关，当务之急是以法律形式恢复农产品批发市场的公益性属性，尽早出台《国家批发市场法》。

（原文见《中国批发市场》2011年第6期）

期待"顶层设计"
农产品批发市场应具有公益性

农业部农村经济研究中心研究员徐柏园在接受《中国商报》记者专访时表示,我国农产品流通之所以无法形成一种低成本的物流运作,"买难卖难"问题长期难解,很大程度上与目前农产品批发市场违背其公益性的本质属性有关。农产品批发市场只有做到公益性,才能便于国家管理市场治理价格。

近年来农产品价格不断蹿高,2013年刚刚过去的春节长假,很多地方的农产品价格甚至出现了不可思议的"天价"。而同时,在大城市老百姓为"菜篮子"烦心时,"卖菜"的农民却因为找不到销售出路,眼睁睁地看着辛苦种了一年的菜烂在自己的地里。微博上帮农民朋友转发的"卖菜"求助帖已屡见不鲜。

实际上,近年来,从中央1号文件到2012年国务院"39号文""国十条"对于"买难卖难"的农产品流通都予以了高度重视,并以大力推进农产品流通体系建设为解决的突破口,但显然,在"一买一卖"的"冰火两重天"现象能持续数十年的困扰中,农产品流通的"破题"并不简单。

日前,借全国城市农贸中心联合会理论丛书之三《新农村建设与市场热点研究》出版之际,《中国商报》记者日前独家专访了该书的作者、农业部农村经济研究中心研究员、20余年潜心专攻农产品流通的国务院特殊津贴专家徐柏园教授。

农产品流通仍是"三农"问题瓶颈

《中国商报》:"买难卖难"和"贵买贱卖"现象被认为是农产品流通不畅的突出表现,其根源到底在哪儿?

徐柏园:表面上看这是农民对市场判断的失误,实质上是农副产品交易价格形成过程中社会化程度低下导致市场信号失真对农民产生的误导。

实际上,应该承担这一角色的恰恰就是处在农产品生产和流通中间环节的批发市场,批发市场形成价格、发现价格和农副产品供需平衡。

农产品批发市场是建立现代农业农产品流通的中心环节,但目前国内一些政府部门在认识上还不足,体制上没有理顺。

物流环节过多、渠道不畅固然是造成农产品价格乱象的一个重要原因,但缺乏统一规划、市场组织化程度低、业务存在盲目性等深层次问题的农产品批发市场、农贸市场也难辞其咎,尤其是摊位费和房屋租赁费及各项收费上涨,是近年来农产品价格上涨的推手之一。

《中国商报》:近年来,政府对农产品批发市场的重要性逐渐有了较清醒的认识,也持续加大了对农产品批发市场的扶持力度。不足的问题主要是什么?

徐柏园:主要责任还是在政府。长期以来,我国对于批发市场的未来发展及农产品市场体系建设,缺乏统一的政策、规划和目标,特别是国家层面的关于批发市场法律、法规的制定,呼吁20多年来未有结果。

虽然商务部、农业部等部委陆续出台了各式的批发市场发展规划及管理条例,但由于各部门各自为政,可操作性和落实情况不容乐观。

虽然一些部门制定出了一些国家标准,加强了对市场体系的软硬件建设,如农业部的"定点批发市场软硬件要求"、商务部的"绿色农副产品批发市场"和"绿色农副产品零售市场"标牌的市场,在市场标准化上,商务部建立了"农产品批发市场技术管理和规范""禽畜产品超市进入标准"等,但由于标牌农产品批发市场的比例小,目前整体上农村流通市场仍处在初级阶段。

"农超对接"难以大规模发展

《中国商报》:为破解中国农产品的流通困境,近年来,现代超市主导的产销对接、农超对接逐渐被政府高层重视并出台诸多扶持政策,您如何看待农超对接等带来的农产品流通变革?

徐柏园:农超对接等一些先进的模式在日本等发达国家发展得很好,但对于我国传统的一家一户的小农经济来说,目前阶段还难以大规模发展。对于适用中国的农产品流通模式的探索,我认为,东亚模式和北美、西欧模式应该结合借鉴。

欧美日韩等现代农业比较发达的国家,几乎百分之八九十以上的农场主都加入了合作社,有的甚至一个农场主同时加入了好几个合作社。比如,日本的农协能针对农民的种子、种植、化肥、销售等进行全方位合作,服务体系比较完整。但在我国,目前入社农户的比例还不到全国农户总数的13%,合作经济组织覆盖率不高。

经过多年实践,我国目前已初步形成以农批零对接为主体,以农超对接为方向,以直供直销为补充,以电子商务为探索的农产品流通体系。当然,连锁超市对于现代农产品流通体系的创新建设大有可为,比如去年年底前全国农业产业化联席会议审定了57家企业拟抵补为农业产业化国家重点龙头企业,其中也有诸如永辉超市这样的商业流通企业入围。

《中国商报》:按此前商务部的统计,到2011年全国农产品经由直采直销销售的比例为15%,"十二五"期间,这一数字有望能翻倍,达到30%左右。

徐柏园:不可否认,2007年国家颁布实施《农民专业合作社法》以来,各地区、各种类型农民专业合作组织快速发展,正逐渐成为发展现代农业、促进农民增收、繁荣农村经济的重要力量。截至目前,我国依法登记的农民专业合作社达到60万家,实有入社农户达到4600多万户,约占农户总数的18.6%。

"农超对接"虽然减少了流通环节,但"农超对接"有一个农民生产者价格谈判权的问题没有解决好。超市是强势,农民生产者是弱势,超市过高的进场费使农民利益受损,这一方面需要国家从法律层面或用经济手段解决;另一方面,各级各地区批发市场的设立恰恰解决了这一问题,农民生产者或农民专业合作社可以用投票的方式,看看哪个批发市场价格合适,从而决定卖给谁,使批发市场之间展开得到货源的良性竞争局面。

总体而言,与欧洲和北美的"大生产"对"大流通"模式不同,我国农产品生产组织化程度低,难以形成规模,直采直销模式受到很大限制。从中国农产品生产和消费的特点来讲,决定了农产品批发市场将会长期以农产品流通主渠道的地位存在。

按照一些发达国家和地区的发展经验来看,批发市场也绝对是鲜活农产品流通体系中的关键,地位不可动摇。假如没有批发市场,其他任何新型模式也成不了主流。当然,我国批发市场行业自身也迎来了发展变革的关键阶段。

《中国商报》:我国是否能够建立一个类似于日本的全国农协这样的组织机构,帮助农民实现农业的一条龙服务?

徐柏园:国家供销社等部门在经过大力体制改革后可承担这一重大任务,国家亦可给予资金、人才、技术、信息化、税收政策等方面的大力支持,这些也是我国农产品流通能否得以长远发展的主要制约因素。而目前,各级政府对于现代化的农产品流通体系还缺乏有效的政策、经济、法律、行政等方面的引导支持。

农产品批发市场必须"公益性"

《中国商报》:您一直呼吁农产品批发市场的公益性,但截至目前,批发市场建设仍以社会投资为主,公益性地位仍未充分体现,未来会否还有推进空间?

徐柏园:我国农产品流通之所以无法形成一种低成本的物流运作,"买难卖难"问题长期难解,很大程度上与目前农产品批发市场违背其公益性的本质属性有关。农产品批发市场只有做到公益性,才能便于国家管理市场治理价格。

日本农业国情与中国相似,其发展农产品批发市场的经验可供我们借

第二篇 农业供给侧结构性改革——乡村振兴的重要内容

鉴。日本各级批发市场的建立都是政府主导,政府出资建设。日本农产品批发市场按一定比例向经营者收费,同时收取适当的摊位费和房屋租赁费及合理的物流费用外,对于经营者没有其他费用,是一种低成本的物流运作,从而确保日本用批发控制生产和市场,形成一个有效的政府调控批发、批发调节供求从而活跃市场、稳定物价的流通格局。

国家投资建设的公益性批发市场,能为农民和销售商提供可靠的供求信息,并且不以盈利为目,因此减少了农民种植和销售商采购的盲目性,保护了他们的利益,同时也大大降低了农产品流通的成本。减少农产品的流通成本,并非削减其中的流通环节,而是使其公益化,从而降低农产品的流通成本,也使国家能够有效、快速地调控农产品价格。

实际上,最早广东省某大型农产品批发市场就是政府出头,由几个国有流通部门按照股份制公司组建的公益性的市场,来解决当地市场等鲜活农产品买难卖难问题成立的。可是这些年来,由于政府一直并未出台相应的法律、经济、行政方针,导致公益性未得到持续。

近年来农产品价格一路蹿高,尤其是前些年部分农产品遭遇游资炒作,才引起政府的关注,让政府意识到要保障农产品价格稳定,治理价格降低流通成本,需要加大对市场的调控力度,于是公益性批发市场的概念才被提出和重新接受。

《中国商报》:如何确保农产品批发市场的公益性?

徐柏园:公益性批发市场需要政府的大力投资,政府起码要在经济、硬件方面投资40%,政府投资公益性批发市场,政府才有调控权。这是世界发展批发市场的一条主要经验。

全国或区域性中心批发市场及中型批发市场应纳入政府建设规划,将其作为公共事业的一个组成部分,由政府统一安排,在土地征用、税收、贷款等方面给予一定的优惠。这些批发市场不以盈利为目的,对进场客户只收取很低的费用,用以维持市场运转。降低投资成本、减免进场费用,从而降低农产品的价格。

农产品批发市场需要"顶层设计"

《中国商报》：您认为过去10年是农产品流通发展最快的10年，但同时农业部数据统计发现，我国农产品批发市场10年内减少了近20%，农产品价格则在持续攀高，如何解读这同时存在又矛盾的现象？

徐柏园：不难理解，农产品批发市场本身就是伴随着商品流通体制改革应运而生的，并逐步走出了一条富有中国特色的发展道路。1984年出现的第一家农产品批发市场，目前已成为保障城镇居民70%以上的农产品供应的主渠道，而在超市这一零售业态出现之前这一数字占比更高。

农产品价格持续高企在于流通环节的高成本，其中物流环节推高了1倍以上的成本，新建农产品批发市场动辄数亿元的投资和过于豪华的配套设施也直接推高了农产品商户的经营成本，地方政府和新建农产品市场投资方的利益捆绑也形成了新建农产品批发市场的变相垄断。

《中国商报》：对于农产品批发市场的种种深层次矛盾，您归结于法律法规的缺失，并多年来提出要制定《国家批发市场法》，但时至今日我国依然没有制定批发市场的相关法律，《国家批发市场法》是否必要必需？

徐柏园：日本早在1921年就出台了《中央批发市场法》，国会每五年对《中央批发市场法》进行一次修改。

我国政府应该更加着力于制定批发市场相关的政策法规，比如提高批发市场的商户准入制度，商户三年内一旦有过刑事违法行为就不允许进入批发市场经销。在日本，不仅农产品批发市场的成立，就是大型批发商也必须经过农林水产省的考核通过。而我国目前还处于谁开发、谁受益的模式。这体现出批发市场在规范化、法制化方面任重道远。我国农业现代化、农产品流通现代化任务远远没有完成。

《中国商报》：近两年来，在全国人大代表的推动下，商务部正牵头农产品批发市场管理条例的起草工作，您对此条例的出台是否乐观？

徐柏园：制定公益性农产品市场法非常必要，包括国家发改委、商务部、农业部等部委及全国人大农委都认为，公益性批发市场立法有必要。包括农产品物流的顽症也亟待政府部门下大力气解决。

农产品批发市场将向"上下游"延伸

《中国商报》：作为传统的流通行业，当前电子商务对于传统农产品批发市场也是逐渐侵袭，日前国内首个网上农产品批发市场也开始上线，您如何看待当前农产品流通的电子商务模式的探索和未来的前景？

徐柏园：农产品电子商务交易模式的兴起可以看出农产品生产者和消费者由传统单一方式向现代多样、快捷化的变化，逐步实施产销一体化，但现有农产品产销规模都较小，多数农户各自经营，销售产品种类少、产品品质不高，绿色无公害农产品就更少，加之农产品物流顽症一直存在，配送效率低，农产品电商人才瓶颈等，都要不断磨合、修正、整合优化才能形成农户、批发商、零售商、消费者各方互惠互利的快速流通的农产品电商供应链。

《中国商报》：未来农产品批发市场会如何发展？

徐柏园：目前，农产品批发市场已经进入政策整顿和规范发展的阶段，政府将采取经济手段对原有批发市场进行高效整合，完善批发市场服务功能，试行市场准入制度。同时，农产品批发市场的功能也将向上、下游延伸。上游是农产品生产领域，建立无公害的、有特色的、有品牌的生产基地，生产出可信度高，消费者需要的优质品牌农产品；下游是建立连锁超市（包括配送中心）；未来远期交易和远程交易将成为农产品批发市场交易的主体内容，并将出现专业进出口服务的农产品批发市场。市场格局上，东强西弱格局将得到改善，批发市场将逐步向城市尤其是中心城市转移，市场经营企业化并形成一些专业性市场经营公司；远程交易和远期交易将成为交易主体内容，专业进出口服务的农产品批发市场将出现。

未来10年现代化的农产品市场体系一定是以农产品期货市场为先导，以批发市场为中心，以连锁超市、集贸市场、便民零售店为基础，形成网络化的统一开放、竞争有序的与国际农产品市场接轨，现代化的农产品市场体系。覆盖面既广，又节约流通时间，保证农产品质量和鲜度（健康绿色食品），做到高效率、低成本、天天平价。

（原文见2013年3月《中国商报》，文/颜菊阳）

深化改革创新 推动试点建设

——加快公益性农产品市场建设创新探索

针对近年来"菜贱伤农、菜贵民怨",城市居民买菜难,买菜贵等问题的出现,社会各界对于建立以政府投资为主体,不以盈利为目的,能提供优质服务的农产品市场的呼声强烈,农产品市场的公益性问题成为农产品流通业界关注的焦点。近日,农业部农村经济研究中心研究员、国务院特殊津贴专家、全国城市农贸中心联合会专家委员会专家徐柏园教授结合多年研究经验,就公益性农产品市场的缺失、公益性农产品市场的目标以及如何建设等问题阐述了其观点。

一、公益性农产品市场的缺失

农产品批发市场是我国农产品流通的主渠道,是实现商品流通的重要集散地。目前,我国大中城市的蔬菜供应,90%左右都要通过批发市场和农贸市场。由于我国的批发市场、农贸市场基本上由企业投资并经营,为了收回投资并获得利润,市场要收取一定的进场费、摊位费、交易费等。

近些年,随着各项成本不断攀升,各个批发市场的场地费等也不断上涨,无形中增加了农产品的流通成本。而政府对于公益性流通基础设施的投入又显著不足。在韩国、日本、法国等发达国家,农产品批发市场大部分都是公益性的。我国在这方面严重缺失。中国批发市场是在"谁投资,谁建设,谁管理,谁受益"的政策下诞生。据悉,这与当年我国在农产品市场建设方面一些认识有关，以为搞市场经济，放开搞活就是全部放开不管，让它自生自灭，最终就使批发市场成为自发的产物。然而，正常情况下的市场格局是不能完全任由市场自我调节的，需要有一部分是公益性市场，有一部分是半公益性市场，有一部分是完全竞争的市场，国家应该进行分类管理。

数据显示，目前全国共有农产品批发市场4300多家。市场投资主体多元复杂，格局分布混乱，批发市场的建设缺乏相关立法和统筹规划。比如，一个城市，一级批发市场需要建几个，二级批发市场需要建几个，三级批发市场需要建几个，这些都应根据城市的消费量和当地消费者区域划分确定。但现实却是没有任何合理的规划布局，只要投资就能建设，随着城市化进程的加快，城市在扩张的同时，没有配套扩大建设其农产品批发市场，更多的商业用地取代了市场。

就零售市场来讲，在不少城市尤其是北京、上海等大城市，农贸市场消失的步伐正在加快。大量农贸市场纷纷拆除，使城市居民尤其中老年消费者感觉生活非常不方便，超市生鲜品种不全，新鲜度不够。生鲜电商才刚刚起步，还面临很多问题，基本都未考虑到中老年消费群体的需求。因此，农贸市场还具有不可替代的地位。许多农贸市场消失的一个重要原因是，其一般位于城市繁华核心地段，占地面积较大，一些地方政府从商业利益的角度出发，把农贸市场拆除或搬迁到偏僻的区域，在农贸市场原址大搞商业开发建设。一些新建的住宅小区未配套建设农贸市场等设施，这也是公益性市场建设缺失的突出表现。

二、公益性农产品市场的目标

要界定什么样的市场是公益性市场，首先要明晰农产品市场体系的发展目标。农产品市场体系的发展目标是建设一个统一开放，竞争有序，以农产品期货市场为先导，以批发市场为中心，以连锁超市、集贸市场、便民零售店为基础，形成网络化。既覆盖面广，又节约流通时间，保证农产品质量和鲜度，也就是健康绿色食品。做到高效率、低成本，既能提高生产者、经营者的经济效益，又能把天天平价的农产品送到消费者手中的农产品市场体系，要特别重视期货市场在市场体系中的价格导向作用，并与国际农产品市场接轨。

以引入农产品期货贸易为契机，构建农产品期货市场、批发市场、集贸市场（连锁超市等）为体系的科学合理的价格形成机制，以达到"市场形成价格，国家调控市场"目标，并与国际农产品市场接轨的农产品市场体系，这是获得国务院批准的《农产品发展中长期规划纲要（2001—2010年）》制定的中国农产品市场体系发展中长期目标，无论是批发市场还是零售市场，只要符合"市场形成价格，国家调控市场"的目标就基本实现了市场的公益性，如果能达到这两个标准，就是公益性市场。

三、公益性农产品市场的建设

民以食为天，中国现有4300多家农产品批发市场，7万~8万家农贸市场，2万多家超市，一部分是批发，一部分是零售。农产品流通事关民生，如何在全国建设公益性农产品流通渠道，这是摆在流通业界的大问题。对创建公益性市场有以下建议。

（一）处理好政府与市场的关系

当前我国正处于深化改革的变革时期，改革首要的一点就是要处理好政府与市场的关系。人民的需要是政府所有工作的出发点和归宿点。粮食、蔬菜、瓜果、副食等是居民每天都需要消费的商品，农产品流通是民生大事，政府应从这一点出发，重视农产品批发市场和农贸市场的建设问题，处理好市场化发展与政府调控的关系。尽管由于历史原因，目前提倡由政府建立公益性农产品批发市场的难度很大。但政府不应该回避此问题，而是要积极探索途径解决。北京市政府已在这方面作出了表率。北京市政府正在疏解非首都功能，其中区域性物流批发市场也是疏解对象之一，面临搬迁，比如"动批"，就要向河北寻找合适的发展空间。而京城最大的农产品批发市场——新发地批发市场是不是搬走的问题也一直牵动着市民的心。北京市政府发言人明确表示，新发地和动批是有区别的，衣服可以一个月买一回，但是菜必须每天都要买。农贸市场是生活必需的环节，农贸市场涉及怎么保障城市有效供应的问题，不是搬走的问题，而是加强管理、逐步升级的问题。这充分表明地方政府已经意识到了农产品市场在保供应、稳价格等方面的公益性，对城市发展的重要意义。新发地负责人也表示，新发地批发市场整体不搬迁，未来将通过"内升外扩"进行升级改造。目前仅把需要加工的香蕉产品移至河北新发地分市场，而整个新发地市场整体保留。未来新发地将升级改造果蔬市场，用三年左右建立一个229亩的蔬菜交易中心以及181亩的一个果品交易中心。两大交易中心均为地上地下各三层，占地面积很小。与此同时，一个占地200亩的立体、现代化冷链群也在建设中，预计储蓄能力在10万吨左右。而现在的1600亩土地未来将腾出一半进行绿化，建成公园式交易场所。新发地还将启动O2O来减少消费者时间和交易成本。目前，新发地成立了农副产品网络配送中心，主要服务于每天没有时间买菜的白领上班族。今后新发地将在北京的一些小区建立冷链屋，白领上网下单后，下班后可以直接在小区领取采购的生鲜。

而在零售市场方面，政府也已经在农产品市场布局规划，宏观调控上有所作为。例如，2011年北京市商务委员会发布的《关于加快本市蔬菜零售网络建设的指导意见（试行）》提出，将进一步建设和完善蔬菜零售网络，挖掘社区闲置空间资源，发展各类蔬菜零售终端；新建大型社区至少拥有一家800~1000平方米，符合标准的规范化社区菜市场。三年内全市新发展规范化社区菜市场不少于150家，并按常住人口比例安排各区新增菜市场指标。市商务委员会表示，3万人以上的大型社区及0.7万~3万人的中型社区蔬菜供应，可采取社区菜市场+社区菜店+生鲜超市为主的业态组合。0.7万以下小型社区的蔬菜供应，可采取社区菜店+小型生鲜超市+早晚市+流动售菜点的业态组合。同时，还对外埠蔬菜生产基地直供京城提出了指导性规划：城六区每区至少与2~3个本地和外埠蔬菜生产地区建立蔬菜直供战略合作关系，在三年内发展本地和外埠蔬菜直营菜市场和直营菜店30家以上。2011年底前，每区发展"五统一"直营菜市场和直营菜店 10 家以上。此外，三年内全市"农超对接"超市店铺果蔬营业面积增加 15% 以上，全市新增生鲜超市店铺 200 个，总数达到 1000 个以上。据了解，首农集团将在京津冀三地投资 500 亿元推进重大项目建设，以此发展养殖、牧业、食品加工、水果进出口等行业。未来几年将在京津冀三地建设 3000 家社区便利店，以解决从农场到餐桌的"最后一公里"问题，打造"环京城"农副产品物流圈。这些都是政府出台的规划措施，有了好的规划还要注意抓落实。

现在各地都出现了蔬菜直通车、农产品直销店等农产品流通渠道的创新形式，深受百姓欢迎。但是在市场化的背景下，这些形式也面临街道居委会或者小区物业不愿接待的难题。比如，成立于 2003 年的新发地百舸湾农副产品物流有限责任公司在社区内建菜店，采取独立开店、规范化管理、店面统一布置、连锁配送的经营方式，使北京市民能够吃上"安全、放心、质优、价廉"的农副产品，是 2004 年北京市政府为百姓办实事——送菜进社区的举措。公司"车载蔬菜直销社区"采用的是统一采购、单车承包的模式，蔬菜都是由基地及新发地市场直接进货，因菜品新鲜、品质上乘、价格实惠，受到社区消费者的欢迎。有车载蔬菜直销车 60 余辆，进驻了海淀、西城、朝阳、大兴亦庄、丰台、石景山等六个区 140 余个社区，解决了 70 多万人的"买菜难、买菜贵"的问题。2012 年 3 月，国家发改委印发《关于充分发挥价格职能作用 进一步推进农副产品平价商店建设的指导意见》，进一步推进平价商店建设。但这些流通方式也面临着一些发展难题。比如，莲花池公园南门斜对面马路直通车，社区以安全、卫生、不好管理等理由拒绝停放等问题。就蔬菜直通车的发展，建议政府应该加以规范。比如，有的直通车不给消费者购物小票，这就不便于价格监督和总部对其限价品种的监督；还有的直通车在销售上以次充好，在产品品种上玩花样、不诚信经营。这都需要相关部门在流程上进行规范监管，满足不同类型消费者的农产品消费需求。

（二）在市场投资上进行创新探索

农产品市场具有民生公共基础设施的属性，政府和公众对市场的公益

第二篇 农业供给侧结构性改革——乡村振兴的重要内容

功能都有要求和期待。我国现有的农产品批发市场、农贸市场大部分是自发形成，由商业性投资主体投资兴建，政府的投入相对少一些，主要依靠摊位费及进场费来维持市场的运转。商业性投资主体在对农产品批发市场的管理中所渗透的自身商业利益与政府和消费者的公益性需要是相悖的。真正的公益性市场在土地、配套设施方面都是需要政府投资的，而农产品市场是微利行业，一般回收周期长、见效慢，政府如果从投入产出的经济价值比角度考虑是不愿意投入的；而且所谓的公益性农产品市场在市场化的整体背景下也还没有完全界定清楚，现有的政策体制并不认同所谓的公益性市场，水、电、规划等相关部门也不愿意配合做这项事情；公益性市场是新建一批市场还是在原有市场格局基础上进行升级改造，新建市场与老的市场关系如何协调，这些结构性矛盾都是公益性市场建设的阻碍，需要进行探索创新。

农产品市场的投资结构要合理：中央和区域市场是核心，要加强有效管理，政府应注重投资结构的合理性，可以进行股权投资，但要考虑对其他形式的入股投资主体的影响。农产品批发市场可以借鉴大中城市公益性医院改制的思路：公立医院由政府拨款，辅助建设，政府根据门诊人数和住院床位数给以补贴。大型农产品市场也可以选定与居民生活密切相关的二三十个基本品种，基本需求上，政府在供应量、供应额、供应范围上确定，进行财政调控补贴。对于其他控股方式的农产品批市场怎样改制，建议政府应尽快出台相关的调控政策，明确这部分市场的发展方向。

《中共中央国务院关于深化供销总社结合改革的决定》以及《中华全国供销合作总社关于全面贯彻落实〈中共中央国务院关于深化供销合作社综合改革的决定〉的指导意见》，明确提出积极参与公益性农产品批发市场建设试点，有条件的地区，政府控股的农产品批发市场可交由供销合作社建设、运营、管护。各省级社要积极争取尽快以地方党委、政府名义出台贯彻落实决定精神的具体意见。建议供销社系统可以利用本身的资源在深化改革进程中推进公益性市场建设。

（三）要推进公益性市场建设试点工作

2014年，商务部会同财政部选择了10个省（市）开展公益性农产品批发市场试点，通过股权投资、基金等方式，建设改造一批长期稳定、提供成本价或微利公共服务、具有稳定市场价格、保障市场供应和促进食品安全等功能的公益性农产品批发市场。目前正在有序推进。

政府主导、市场化运作的公益性蔬菜直销店建设模式在一些省、市得到了大力推广。例如，安徽省芜湖市将菜市场建设改造列入民生工程，每年确保新建和改造10个菜市场，与各区签订目标责任书。成立以市长为组长的菜市场建设与管理工作领导小组，领导小组办公室设在市商务局，市商务局作为牵头责任单位，年初制订计划，年终进行考核。市级财政每年拿出800万元资金进行专项补助，明确新建菜市场产权必须归辖区政府，并成立公司对辖区菜市场进行统一管理。芜湖市公益性蔬菜直销店蔬菜价格低于市场零售价的20%~30%。湖北省襄阳市回归菜市场公益性定位，由市财政、区财政、企业按3∶4∶3的比例投资建设，并已向县市延伸此做法。

建议优先选择现有市场作为试点改造。以北京市顺义区石门农产品批发市场建设的社区超市为例，石门安乐社区超市是石门市场配合顺义区商务委实施惠民工程项目后开业的第一个社区超市。安乐社区超市依托石门农产品批发市场为平台，针对安乐社区居住人群的特点，在经营方式上采用三位一体的经营模式，即让社区百姓享受农批市场直营的价格优势、超市购物的便利和电商的新兴模式。安乐社区超市经营面积300余平方米，通过前期市场调研和市民需求调查与反馈，目前经营大类有蔬菜、水果、肉蛋禽等生鲜农产品，米面粮油、日用百货等日常生活必备品，以及"我鲜吃商城"的特色产品，共计1700多个单品。为更好地适应网络时代居民的购物要求，下一步安乐社区超市计划通过网上下单、线下社区超市的提物相结合，让"掌上超市"与社区便利店合二为一，真正做到服务到家。对于不具备经营条件的社区，安乐社区超市将采取"蔬菜直通车"的方式，将石门市场的优质农产品以批发价格直接送到社区，让消费者享受到新鲜、放心、价格实惠的农产品。

建议可以在一些有公益性背景的企业优先进行公益性批发市场的试点建设，形成改革经验进行大力推广。公益性市场试点工作也要重视批发商的建设。可以由试点市场围绕重点品种的经营大户，选择培育一批公益性的批发商，政府通过市场给以支持。

(四) 要学习借鉴国际经验

英、法、日、韩等国都将农产品批发市场确定为政府主导的公益性事业，通过立法、投资以及减免税收等手段确保批发市场的公益性。

建设公益性农产品市场要借鉴国际经验，比如日本的成功做法。日本很早就出台相关的规划，有强大的政策约束力，日本批发市场法规定，20万以上人口的城市都可以建立中央批发市场，必须保证每个县每个市都有自己的公益性农产品市场。日本相关法律规定，各城市的运货卡车终点站、批发市场、仓库等流通基础设施，都要建立在周边交通条件较好的地方，并在用地等方面优先保障。同时，由政府在土地的利用、水、电、税收等方面进行补贴，来增强市场的公益性。

日本农产品批发市场以中央批发市场和地方批发市场为主，都有政府投资。中央和地方批发市场的建设用地由政府划拨或出资购买，并且投资批发市场的建设。政府对中央级和地方级的批发市场资金投入是无偿的，但投入资金的比例有所区别。一般市场不向政府缴纳任何税费，此外在批发市场公共设施建设方面还有贴息贷款等优惠政策。日本批发市场的运作模式是实施市场准入制，进行会员制管理，不是任何人都能随便进入卖菜。

日本主要通过限价调控和价格补贴机制来对批发市场进行调控。政府规定最低价格保证收购，买卖差价由财政补贴。同时，日本还规定了农产品零售的上下限价格，由准政府机构通过增加或减少储备来调控物价波动。为调控物价，吞吐储备发生的库存管理费和购货贷款利息等，由财政负担。政府对于一些农产品给予收购补贴，当生产者卖出的平均价低于基准价格时，其差额由政府通过农业生产者团体补偿给生产者。另外，与此相配套的还有价格风险基金制。当市场价格在规定水准以下时，其差价额的大部分，由国家、地区政府、生产者等联合筹集的基金补助给生产者。当市价暴涨时，生产者团体组织货源按全国指导价提前上市供货平抑物价，基金用来扶助生产者栽培种子、育苗、吞吐储备等。

就我国目前情况来看，公益性市场建设政府必须尽快出台实施细则，农业部、商务部、全国供销合作总社等多个部门要相互配合，加快公益性市场建设管理标准，加大土地和资金支持力度，及时总结推广试点经验。要充分发挥行业协会在公益性市场建设中的监管、督查和评价作用。

近日，国务院出台《关于推进国内贸易流通现代化建设法治化营商环境的意见》，提出到2020年，基本形成规则健全、统一开放、竞争有序、监管有力、畅通高效的内贸流通体系和比较完善的法治化营商环境，内贸流通统一开放、创新驱动、稳定运行、规范有序、协调高效的体制机制更加完善，使内贸流通成为经济转型发展的新引擎、优化资源配置的新动力，为推进内贸流通现代化夯实基础。同时，在健全内贸流通统一开放的发展体系、提升内贸流通创新驱动水平、增强内贸流通稳定运行的保障能力、健全内贸流通规范有序的规制体系、健全内贸流通协调高效的管理体制等方面提出了具体的举措。其中，特别提出了加快推进流通立法。就农产品流通而言，农产品批发市场立法进程还比较缓慢，应加快推进落实。

（原文见《中国批发市场》2015年第8期）

农产品质量安全管理全方位分析与对策

我国农产品质量安全问题,是新阶段农业和农村经济工作必须解决的一个重大问题。近年来,随着农产品供求的基本平衡、人民生活水平的日益提高和农产品国际贸易的快速发展,农产品质量安全问题日益突出,特别是三鹿毒奶粉事件发生后,已成为民生问题的重大焦点,且已成为农业发展新阶段亟待解决的主要矛盾之一。农业投入品的不合理使用,农产品的不科学收获,工业"三废"和城市垃圾的不合理排放,市场准入制度的不完善以及市场监督管理不严,部门监管的"九龙治水",监管中的潜规则的巨大黑洞等问题,导致了农产品污染比较严重,屡屡发生因食用有毒有害物质超标的农产品引发的人畜中毒事件。早在2005年6月29日国务院原副总理吴仪向十届全国人大常委会第十六次会议作关于食品药品安全形势与监管工作的报告时说,目前,我国食品安全形势依然严峻,主要表现在"初级农产品源头污染仍然较重,食品生产加工领域假冒伪劣问题突出"。2008年三鹿毒奶粉事件发生,更验证了这一判断。

一、农产品质量安全管理现状

经过多年的努力,中国的农产品质量安全管理已经取得了一定的成绩,但也存在着很多问题,主要表现在以下几个方面。

（一）农产品质量安全标准体系

到目前为止，中国已组织制定了农业国家标准近2000项，农业行业标准近4000项，农业地方标准近6000项。其中涉及农产品和食品的标准2100余项（国家标准1032项，行业标准1125项）。标准的范围已从农作物种子、种畜禽发展到种植业、畜牧业、渔业、热带作物、饲料工业、农业机械化、农村能源与环境、农业高新技术等各个领域；标准的内容也从原来的产品标准延伸到关键技术以及加工、包装、储运等各个环节。但无论是从标准的数量还是标准的技术水平上看，这些农产品质量安全标准还远不能满足现代化农业的发展规模，也不能满足市场流通、产品贸易、质量监控和提高农产品质量安全的需要，还没有形成完善的既符合中国国情又与国际接轨的农产品及其加工品的质量安全标准体系，很多农产品还处于无标生产、无标上市、无标流通的混乱局面，使农产品不能按质论价，严重制约了农产品质量的提高，也影响了农产品进出口贸易的发展。

为适应我国农业发展新阶段的需要，国家标准委、农业部和财政部等从1999年开始，设立了农业行业标准制定修订专项，加大了农业行业标准制定和修订的力度。我本人于2004年被国家标准化委员会聘为"农业标准清理结果复审专家"，于2004年4月参加清理蔬菜、水果组，参与清理2000余项农业标准。全国人大常委会于2006年颁布了"农产品质量安全法"并于2006年11月1日执行。国家力争在最短的时间内建立起一套既符合中国国情又与国际接轨的农产品质量安全标准体系。

（二）农产品质量安全检测体系

我国从20世纪80年代中期开始就非常重视农产品质量安全的检验检测体系，农业部已在全国规划建设了179个部级农产品质检中心，目前已有164个部级质检中心获得农业部的授权认可和国家计量认证。同时，已有近50%的省（区、市）建立了省级农产品质量安全检测中心，400多个县建立了以速测为主的农产品质量安全检测站。但目前的农产品质量安全检验检测体系建设普遍存在体系不健全、技术人员不足、检测手段薄弱和投入不足等问题,难以适应农产品国内外贸易对质量安全检验检测工作的需要,影响了农产品的质量安全水平的提高和扩大出口。因此,要将农产品质量安全检验检测体系的建设作为农业行政执法体系建设的基础工作,采取强有力的措施,抓紧抓好,使我国农产品质量安全检验检测工作迅速提高到新的水平。

(三) 农产品质量安全认证和 QS 认证体系

1. 农产品质量认证体系建设

为提升我国农产品质量安全水平,从 20 世纪 90 年代初开始,我国便开始了农产品质量认证体系的建设。目前已建立水产品、绿色食品、农机产品认证中心并投入运行。经国务院批准,农业部自 1990 年开始在全国倡导、推动发展绿色食品,并成立了中国绿色食品发展中心,具体负责绿色食品的认证工作。据统计,已有近 1500 家企业的近 3000 个产品获得了绿色食品证书,绿色食品年实物总量达 2000 多万吨,年销售额超过 500 亿元,出口创汇近 4 亿美元,受保护的绿色食品生产基地(农田、草场、水域)面积达 5800 多万亩。截至目前,数字量还要大。从农产品及其加工品全过程质量安全控制的角度,我国从 20 世纪 90 年代开始对食品企业进行了 HACCP 体系的运用,也制定了一些标准和具体的实施方案,并陆续在各个领域开展了 HACCP 体系的运用,但由于研究和实施经验的不足,HACCP 体系的概念、原理和应用等并没能在农产品质量安全管理中得到很好的应用,将严重影响到我国农产品的质量安全和对外贸易的发展。

2. 国家质检总局颁布和强制执行的 QS 标准的绿色健康食品

(1) QS 准入制度:实行食品质量安全市场准入制度是一项行政许可制度,是对生产企业实行生产许可证制度,是对企业生产的食品实施强制检验制度,是对实施生产许可证制度的产品实行市场准入标志制度。

(2) 基本原则:事先保证与事后监督;分类管理与分步实施。2003 年 1 月 14 日对大米、小麦粉、油、酱油、醋 5 类,2005 年 7 月 1 日对肉、乳、饮料、冷冻饮品、调味品(糖、味精)、方便面、饼干、罐头、速冻面米食品、膨化食品十类,总计 15 类食品实行 QS 标志强制执行准入制度。自2007年1月1日起，又有13类食品实施市场准入制，被要求挂上"QS"标志，包括咖啡、糖果、啤酒、黄酒、葡萄酒和果酒、蜜饯、可可制品、淀粉和淀粉制品、炒货、水产品、蛋制品、茶叶、酱腌菜。实行QS标志强制执行准入制度的共计28类。

（3）国家质检总局统一领导、省局实施、市县局组织具体管理

上述各类绿色健康食品，都有明确标识认证品牌。但是认证体系如何覆盖面广、认证质量高，认证人员的素质提高，任务非常艰巨，任重而道远，需要各级政府部门的大力支持。

（四）农产品质量安全执法监管

为保护消费者和农民的合法权益，我国在制定《中华人民共和国种子法》《中华人民共和国渔业法》《中华人民共和国动物防疫法》《中华人民共和国种畜禽管理条例》《中华人民共和国农药管理条例》《中华人民共和国兽药管理条例》《中华人民共和国饲料和饲料添加剂管理条例》《中华人民共和国农产品质量安全法》等法律法规的基础上，加大了对农产品、农业投入品和产地环境的监督、监测力度。农业部从2000年开始在全国建立了农产品质量安全定点跟踪监测制度，启动了农药残留、兽药残留监控计划。2002年，农业部对18种农药、29种兽药、39种渔药作出了禁止使用规定，对19种农药、8种兽药和5种渔药作出了限制使用规定。

（五）实施"无公害食品行动计划"

为全面提高我国农产品的质量安全水平，对农产品实施从"农田到餐桌"全过程质量控制，2001年4月，经国务院批准，农业部启动了"无公害食品行动计划"，并率先在北京市、天津市、上海市和深圳市四城市进行了试点。试点工作取得明显成效，并有力地推动了全国其他省（区、市）农产品质量安全工作的全面开展。但在落实方面，我国食品安全问题形势一直严峻，以北京为例，要等到"十二五"才能全部落实。

《北京晚报》2011年9月5日第4版刊登文章《北京市对十二五绿色北京规划提出：菜篮子5年实现无公害——在商超和网上建立食品信息查

验系统》，报道如下。

2011年9月5日北京市发改委对"十二五"时期的绿色北京规划作出详细解读：其中明确提出，本市将强化食品安全供给，到"十二五"末实现"菜篮子"产品全面达到无公害标准，绿色食品、有机农产品的生产量比2009年翻一番。

"绿色北京"建设指标体系主要由绿色生产、绿色消费、生态环境三大类20项指标构成。

针对食品安全生产问题，本市将着力构建"从农田到餐桌"的全过程食品安全生产、供应体系，健全监管组织网络和责任追溯机制，切实保障居民饮食健康。通过加强本地食用农产品标准化基地建设，到"十二五"末实现"菜篮子"产品全面达到无公害标准，绿色食品、有机农产品的生产量比2009年翻一番。

同时，本市还将吸引国内外知名品牌在京设立生产基地，形成食品优势行业总部集群，提升餐饮业组织化程度和产业水平，鼓励发展连锁经营、集中采购、统一配送和网络营销。严格首都食品市场准入。加强与外埠主要食品产区协作。建设重点农产品种养殖基地，保障进京食品质量安全，严格食品经营主体的资格准入，强化经营环节食品安全管理。

针对食品安全检测问题，本市将设立3000个风险监测点，企业配备与其生产经营食品品种、数量相适应的自检设备。建立统一追溯信息平台，实现生产记录可存储、产品流向可跟踪、伪劣食品可召回、储运信息可查询。利用物联网、信息记录、识别、追踪和数据交换等技术手段，实现婴幼儿配方乳粉、原料乳粉和畜禽、水产品等食品从养殖、收购、加工、储运到销售的全程追溯。通过标签、条码和电子台账，实现酒类、桶装水等重点预包装食品流通和溯源管理。建立重点食品供应基地溯源系统，在大型食品批发市场、商场、超市和互联网公共服务平台建立食品信息查询验证系统。

（六）全面推进农业名牌发展战略

推动实施农业名牌战略，是充分发挥各地的资源优势，培育区域主导产业，优化农产品的品种、品质和提高农产品的质量安全水平，增加农民收入的有效途径。农业部从1992年开始,每隔2年举办一次农业博览会。1997年的中国农业博览会共推出名牌农产品527个;2001年的中国农业博览会推出名牌农产品1415个。农业名牌发展战略的实施,有力地推动了农产品质量安全水平的提高,一直延续至今。

(七)流通环节食品安全保障制度逐步建立,市场把关作用明显加强

为改变这一状况,商务部有关部门提出,要加大绿色市场培育力度。尽快完善绿色市场功能。运用市场信息引导产业结构调整,发现消费热点,促进消费结构升级功能。引导健康、科学消费,指导消费者绿色消费打造完整的绿色产业链条结合一系列扩大消费政策的落实。注重绿色产业链建设,促使供应商提供绿色产品和服务。全面推进批发,零售市场在基础设施、管理、技术等方面提等升级,推进绿色市场建设工作上新台阶。

二、我国农产品质量安全管理的关键环节

(一)影响农产品质量安全的因素

农产品的生产和流通主要经过以下环节。

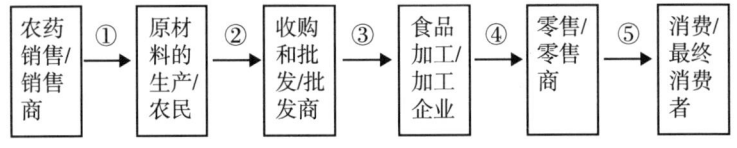

(注:1.农药的生产和销售虽不是农产品生产和流通的环节,但与农产品的质量安全密切相关;2.斜线左边部分是生产和流通的环节,右边部分是该环节涉及的主体。)

从农产品的生产和流通环节中可以看出,影响农产品质量安全的因素主要有以下几点。

1. 生产环节

由于农民的整体素质偏低和利益驱使,农民购买并使用剧毒的农药,

是影响农产品质量安全的最初源头。饲料中非法添加的激素和生长促进剂等,引起人们对养殖动物产品的畏惧,2006年9月上海瘦肉精事件的发生和2006年11月河北农村的红心鸭蛋事件就说明了此情况;而抗微生物制剂的使用已经使人们对食品中广泛存在的细菌耐药性产生了畏惧;这些问题需要从源头开始治理,由此造成的包括动物疫病和人兽共患性疾病等生物性危害日益突出。2005年商务部流通领域食品安全调查报告显示,绝大部分农民不知国家有明令禁止使用的农药和兽药目录;近50%的农民在使用农药和兽药时没有农业技术人员指导,只是凭感觉使用,一药多用现象相当普遍;一些农民受利益驱动,打过农药的蔬菜未过休药期即采摘上市销售。68.9%的蔬菜上市前没有经过产地检验;10%以上的种植地和养殖地周边环境存在污染源。农药、兽药的滥用,造成食物农兽药残留问题突出。中毒性的急性反应为食物中毒,慢性蓄积,则会对人体健康造成潜在健康危害。从农田到餐桌食物污染严重,主要是农药、兽药(抗生素、激素)和禁止使用的饲料添加剂的滥用和残留,如瘦肉精等,还有重金属和水污染日趋严重,通过食物进入人体,损害人的健康。

2. 收购、批发环节

作为生鲜或食品加工原料的农产品在收购和批发的过程中,质量控制不够严格,致使劣质农产品进入流通市场。

3. 加工环节

农产品加工过程中的质量控制不严,进一步加剧了农产品质量安全问题。食品加工企业对于资金和技术要求不高,行业进入门槛低,导致小作坊式的企业过多,而这些企业往往卫生状况堪忧,主要表现如下。

(1) 小型食品加工企业是小作坊式的生产,往往卫生管理制度都不健全,企业自身的管理也不到位;而且加工过程中偷工减料,粗制滥造,使食品卫生质量达不到国家标准的要求。

(2) 滥用食品添加剂,且食品添加剂的含量严重超标。

专家普遍认为,当前食品添加剂存在的主要问题如下。一是超标和超范围使用问题。二是标示不符合规定,有误导消费者之嫌。目前食品添加剂有22类,近1700种,这样多的食品添加剂并不是都存在着问题,大多数如果正常使用，达到工艺要求是没有问题的。现在，容易出问题的主要是防腐剂、面粉处理剂、高倍甜味剂和部分合成色素。这几类添加剂在使用中容易超标或超范围使用，而且在标示中往往被有意地隐瞒。像国家质检总局2005年4月对可能含有苏丹红的辣椒油、辣椒酱、辣味酱腌菜、辣味方便食品等及其生产原料进行的专项检查，结果30家企业88个样品被检出含苏丹红。三是企业对防腐剂的作用机理了解不够，认为添加越多效果越好，致使防腐剂使用超标。防腐剂（如苯甲酸、山梨酸）大多数品种都具有抑菌作用，而没有杀菌和灭菌的作用；使用防腐剂是为了保证食品不腐败变质，而如果食品本身已经被污染了，加再多的防腐剂也无济于事。另外，防腐剂也不是添加越多越好，因为起作用的是分子而不是离子，达到电离平衡之后，加再多的量也是无用的。因此，使用防腐剂首先原料要干净。防腐剂超标在饮料里并不突出，突出的是在酱菜行业。四是一些企业为了降低成本，不顾标准和质量，超标准、超量使用高倍甜味剂。甜味剂有两大类：一类是糖醇类；另一类是非糖醇类，容易出问题的大多是非糖醇类当中的一些品种，如糖精、甜蜜素等。五是由于GB2760对合成色素的使用范围限制较严，有些食品中不允许使用，个别企业超范围使用合成色素。除此之外，对食品添加剂认识和宣传的力度还不够，致使消费者形成模糊的认识，害怕食品添加剂，把超标食品添加剂引起的食品安全问题与食品添加剂等同起来。一些食品生产企业为了迎合消费者的这种心理，故意在标签中不标示已使用的食品添加剂，甚至写上"不含防腐剂""不含任何食品添加剂"的字样，这样写是很不科学的，一是很难做到，二是不符合国家有关法规和标准要求。

专家指出，应该告诉消费者的是，食品添加剂与人们的生活息息相关，不用食品添加剂的食品几乎没有，食品添加剂的正确使用是有益的；食品工业越发展，人们的生活水平越提高，使用食品添加剂的量和品种就会越多，而不是越少；要把食品添加剂与非法添加物区别开来，国家禁止在食品中使用非法添加剂，如瘦肉精、吊白块等，它们与食品添加剂是不同的概念。

（3）食品加工车间狭小，生产设备陈旧，工艺落后，生产环境差。

（4）没有产品检验的实验室，产品不经检验即出厂销售。

（5）从业人员文化素质低，卫生意识差，流动性大，做不到体检合格持证上岗。

（6）食品包装上关于厂名、厂址、生产日期、保质期等与卫生质量有关的资料常常不全。

（7）在暴利的驱使下，企业甚至会故意生产假冒伪劣食品。

4. 运输环节

农产品在运输和销售过程中没能很好地控制质量，致使农产品被污染或发生质量问题。

5. 售后环节

消费者在购买食品的过程中常常难以鉴别农产品的质量，而且取证难、化验成本高、投诉难。

(二) 监管部门"九龙治水"和一些潜规则

1. "政府监管不力"被列入首选

北京晚报2009年5月14日4版文章报道如下。

国家质检总局开展网上调查："食品问题最突出 监管不力排首位。"

您认为哪些产品的质量问题最突出？国家质检总局面向公众开展"产品质量诚信体系建设"消费者网上调查。调查正在质检总局网站（网址www.aqsiq.gov.cn）上展开。在"您认为哪些产品的质量问题最突出"的问题项中，食品、化妆品、建材排在备选前3位；而在"您认为质量失信问题的主要原因是什么"的问题项中，"政府监管不到位"也被列入首选。

截至2009年5月14日，有三成左右的被调查者认为"食品"质量问题最突出，排在首位；其次分别是保健品、化妆品和建材。而在造成质量失信的原因选择中，"政府监管不到位"排在首位，其次是"企业经营短期行为"。城乡居民对食品安全失望的实际比例数字可能还要大。

2. 监管部门"九龙治水"是关键

突出的例子是地沟油事件。涉及多个环节的地沟油犯罪往往成为监管盲区。

《新华每日电讯》9月14日刊登文章《2011年9月地沟油黑色产业链首次浮现——折射诸多问题令人深思》，报道如下。

日前，在公安部统一指挥下，浙江、山东、河南等地公安机关首次全环节破获了一起特大利用地沟油制售食用油的系列案件，摧毁了涉及14个省的"地沟油"犯罪网络，捣毁生产销售"黑工厂""黑窝点"6个，抓获32名主要犯罪嫌疑人。此案的侦破揭开了食用地沟油的神秘面纱，至此，一个集掏捞、粗炼、倒卖、深加工、批发、零售等六大环节的地沟油黑色产业链终于浮出水面。而本案背后更折射出我国在地沟油监管机制方面存在的一些问题。

首先是标准缺失。"从外观、色泽上看，用地沟油炼制的食用油与正常的食用油很难区分。""现在国家对什么是地沟油并没有一个明确的认定标准，如果只是按照现有的食用油标准，甚至会得出地沟油符合标准的荒谬结果。"

其次是监管不力。在警方侦破的这起地沟油案件中，在掏捞、粗炼、倒卖、深加工、批发、零售等各个环节，我们都没有看到有关部门的身影……结果，涉及多个环节的地沟油犯罪往往成为监管盲区。

三、美国、日本等国家在食品质量安全监管上的做法

（一）美国的做法

长期以来，美国政府负责管理食品安全的权力，一直分散于执行着35个法典的12个政府机构。在联邦一级主要有三个，分别是美国农业部的食品安全检验局、人类与健康服务部的食品药品管理局和美国国家环境保护局。这种结构过于庞大，效率低下，难以确保食品供给的安全性，批评者坚持要成立一个集权机构。为了深入了解影响食品安全的问题，国会指派国家科学院开展了相关调查。1998年8月20日，美国国家科学院发表了题为"确保食品从生产到消费的安全性"的调查结果报告。

第二篇　农业供给侧结构性改革——乡村振兴的重要内容

在国家科学院调查报告发表后的第5天，即1998年8月25日，克林顿政府发布了成立总统食品安全委员会的行政命令。该委员会的成员是农业部部长、商务部部长、卫生与公众服务部部长、管理与预算办公室主任、环境保护局局长、科学与技术政策办公室主任、总统国内政策助理，以及国家政府重组联合会主席。农业部部长、卫生与公众服务部部长，以及科学与技术政策办公室主任共同担任该委员会的主席。实际上，成立的是一辆监督食品安全的三驾马车。

该委员会被指定负责制订一个计划，以实现无缝隙的基于科学原理的食品安全体系。与该计划相一致，该委员会还将向各联邦机构提出在食品安全方面进行投资的重点领域，并且审查各个相关机构所上报的年度预算报告。另外，该委员会被授权监督食品安全联合研究所的活动。

美国公众的反应表明，克林顿政府对付由食品传染的病原体造成对食品供给威胁所采取的措施既迅速又果断。当克林顿政府宣布食品安全倡议的时候，即开始了进程推进和规章制度的筹划，以及改革框架搭建。政府后来采取的行动大大提高了实现其所宣布目标的可能性，其重要原因，在于克林顿政府与公众的给予高度重视。总统食品安全委员会的成立是确保食品安全最为重要的措施。美国食品安全管理的纵向管理机构之间都有着明确的权利和义务，而且各机构之间是互补、合作、互相依赖又互相制约的关系，执行机构的执行效率之高，监管机构监管力度之强，都是前所未有的。科学的危险性分析是制定食品安全法律法规和标准的基础，也是美国食品安全管理的重要内容。美国的食品安全监管力度强、监管效率高主要是由于实行了机构联合监管制度，能够在每一个层次（地方，州和全国）上都监管食品的生产与流通，而且分工明确。如与蔬菜的生产、流通和消费有关的活动基本上都由农业部负责。农业部农作物市场管理局的新鲜产品部负责制定新鲜蔬菜的官方等级标准并开展公正的分级、检验和认证服务，制定蔬菜进出口法规并实行检疫及病害的监控，证明蔬菜在国内和国际市场的质量状况，同时负责收集市场上蔬菜的杀虫剂标准数据。也就是说，在蔬菜质量安全上有问题，完全是农业部的责任。

(二) 日本的做法

日本的监管机构相对比较简捷，但管理上却是统一，行而有效。食品安全管理机构主要有食品安全委员会、农林水产省和厚生劳动省。其中，食品安全委员会是直接隶属于内阁，对首相负责的机构，主要负责食品安全风险性评估，以及对风险性管理部门进行政策指导与监督；而农林水产省和厚生劳动省主要负责实施风险性管理，接受食品安全委员会的指导和监督。

不论是美国和日本，均说明国家在宏观调控上采取了相当严谨的做法和足够力度的措施，从而能够保障在食品安全上少出问题或不出问题。

四、加强我国农产品质量安全管理的措施

(一) 强化国家层面的统一领导、建立和健全农产品安全管理机构，促进管理的规范化和长期化

目前，我国的农产品质量安全管理带有较强的短期行为色彩，通常是在重大质量安全事件发生后才自上而下，进行突击检查和处理，之后又会很快偃旗息鼓。现行做法如下。

(1) 农业部是"菜篮子"产品种植、养殖生产过程的质量安全主管部门，监管农药、兽药、鱼药、饲料及饲料添加剂、肥料等农业投入品的使用，加强对动植物"菜篮子"产品的检验检疫，会同经贸部门牵头协调"菜篮子"发展的政策措施。经贸部门要对"菜篮子"产品加工、流通业的行业指导和管理，加强"菜篮子"产品加工、流通业的技术改造，对重要"菜篮子"产品供求进行宏观调控。

(2) 卫生部门完善"菜篮子"产品卫生标准，牵头制定有关"菜篮子"产品卫生监管的法律法规，审核发放"菜篮子"产品加工、经营企业卫生许可证，对市场上销售的"菜篮子"产品进行卫生安全抽查和执法。

(3) 质检部门参照国际标准，组织与"菜篮子"产品有关的国家标准

第二篇　农业供给侧结构性改革——乡村振兴的重要内容

制定和修订工作，加强对"菜篮子"产品加工中质量卫生安全的抽查、监管和对进出口产品检验检疫，进一步规范与"菜篮子"产品认证认可有关的监管工作。

（4）工商行政管理部门负责组织实施市场交易秩序的规范管理和监督，查处假冒伪劣"菜篮子"产品，无证、无照加工和经营"菜篮子"产品等违法行为。

（5）环保部门会同农业部门负责制定"菜篮子"产品种植、养殖生产环境安全标准和监管办法，对影响产品质量的生产环境及污染源进行监督管理。

（6）水利部门加强水源基础设施建设，重视"菜篮子"产品供水源的检测与监督管理，保证"菜篮子"产品生产的供水质量。

（7）计划部门对"菜篮子"产品生产、流通、检验检测、产品信息等基础设施建设的扶持。财政部门加大生产、流通投入，保证执法经费，加强行政事业性收费和罚没收入收支两条线的监督管理。

（8）金融、财税部门完善支持"菜篮子"产品生产、流通、进出口的政策措施。

（9）九个（或十个）部门管理。给人的印象是工商部门统管。而发生事件后，一些专业部门发表声明："这起事件是目前监管机制不顺、相关法规不完善以及监控手段不足等因素造成的。"不了了之。根本问题在于质量安全监管漏洞。

据2006年12月14日中央电视台报道：中国科学院院士钟南山认为，出现瘦肉精、红心鸭蛋、多宝鱼、苏丹红等事件，是因为这些有问题品种都通过了几个部门的监管和准入，只能说明质量安全监管漏洞。媒体所普遍反映的是"齐抓共管"还是"齐抓疏管"或"齐抓不管"，是造成农产品质量安全问题反复发生的重要诱因。为了保证农产品质量安全管理的长期性和规范化，借鉴国际经验、建议：从卫生部、国家质检总局、国家工商总局、国家食品药品监管局、科技部、农业部、商务部、全国供销合作总社、国家环保总局、财政部等与农产品质量安全有关的部门主要领导组成为委员抽调部分力量，建立专门的国家食品安全管理委员会和常设机构，并建议成立的国家级的食品安全管理委员会由一名副总理担任主任及卫生部、农业部、科技部、财政部、国家工商总局五个部门领导担任副主任，领导委员会和常设机构，对国务院负责，统一对国家的食品安全进行权威管理，并通过长期规范的管理来遏制农产品质量安全问题。各省市县区也应成立省市县区相应一级的机构。此机构必须下伸，如果不下伸，有被架空和指挥不灵的危险。靠一个部门协调，力度不会大。

（二）加大对农产品质量安全管理环节的力度

针对上述影响农产品质量安全的主要因素，我国农产品质量安全管理应重点加强农产品产地环境、农业投入品、农产品生产过程、包装标识和市场准入五个主要环节的管理。

1. 产地环境管理

要重点抓好对灌溉用水、土壤和空气质量的管理，控制外来污染，抑制农业的自身污染。禁止向农产品生产基地、渔业养殖水域和可能影响农业生产基地环境的区域排放重金属、硝酸盐、油类、酸液、剧毒废液、放射性废水、未经处理的含病原体的污水、有害气体及其他有害物质，或者倾倒、填埋废弃物和生活垃圾。应与环保等部门一起，严格农产品产地环境的管理，各级农业行政主管部门要重点解决化肥、农药、兽药、饲料等农业投入品对农业生态环境和农产品的污染。要制定相关农产品的产地环境标准，全面开展农产品重点生产基地环境监测，采取切实有效的农业生态环境净化措施，保证农产品的产地环境符合要求，从源头上把好农产品质量安全关。

产地环境质量至少应符合国家标准 GB/T 18407.1—GB/T 18407.4 对蔬菜、水果、畜禽和水产品的环境质量要求。

2. 农业投入品管理

要按照《农药管理条例》《兽药管理条例》《饲料和饲料添加剂管理条例》等有关规定，健全农业投入品的市场准入制度，严格农业投入品的生产、经营许可和登记。通过市场准入管理，引导农业投入品的结构调整与优化，逐步淘汰高残毒农业投入品品种，发展高效低残毒品种。加强对农业投入品市场的监督管理,严厉打击制售和使用假冒伪劣农业投入品行为。尽快建立农业投入品的禁用、限用制度,及时向社会公布禁用、限用的农业投入品品种。

在蔬菜、水果的生产过程中,应按照中华人民共和国农牧渔业部、卫生部联合发布的《农药安全使用规定》,合理使用农药和植物生长调节剂,农药使用应符合国家标准 GB/T 8321《农药合理使用准则》的规定。禁止农药残留超过无公害蔬菜产品质量标准的蔬菜上市。在畜禽及其产品、水产品生产过程中,应按照中华人民共和国农业部发布的《兽药使用准则》《饲料及饲料添加剂使用准则》和《渔用药物使用准则》,合理使用兽药、鱼药、饲料添加剂。

3. 农产品生产过程管理

要指导农产品生产、经营者严格按照标准组织生产和加工,科学合理使用化肥、农药、兽药、饲料等农业投入品和灌溉、养殖用水。要加快推广先进的动植物病虫害综合防治技术,推广高效低残毒农药、兽药、饲料添加剂品种,推广配方施肥技术和有机肥、复混专用肥,禁止施用硝态氮肥和含有硝态氮的复混肥料,逐步减少施用化学肥料。要健全动物防疫和植物保护体系,加强动植物病虫害的检疫、防疫和防治工作。加快动物无规定疫病区建设,加大对动植物疫情的监督管理。

要大力发展农产品储藏、保鲜和加工业,积极推进农业产业化经营。通过公司加农户等办法,带动农产品生产基地的建设,提高农产品生产和加工的标准化水平。通过龙头企业和营销组织,引导农产品生产者按照市场需求调整农产品品种布局和结构。要积极扶持和发展农民专业合作经济组织、专业技术协会和流通协会,提高农产品生产的组织化程度。

4. 包装标识管理

要根据不同农产品的特点,逐步推行农产品分级包装上市。对包装上市的农产品,要标明产地和生产单位,建立农产品质量安全追溯制度,也便于消费者选择和监督。凡列入农业转基因生物标识管理目录的产品,要严格按照农业转基因生物标识管理规定,予以正确的标识或标注。

5. 实施市场准入制度

要对农产品实施市场准入制度。无论是生产基地,还是农产品批发市场、农贸市场,都要自觉接受和配合政府指定的检测机构的检测检验,接受执法单位对不合格产品依法作出的处理。检测合格者由有关部门颁发合格检验报告和检测合格证书,获得准入市资格,亮牌生产、经营。

(三)加强法律法规和标准体系的建设,促进管理的法制化和科学化

认真研究、修订和完善国家的有关农产品质量安全法律法规和标准,加强农产品质量安全的法律法规和标准体系建设,加快与国际接轨的步伐,积极应对WTO的挑战。建立从农田到餐桌的全过程安全管理控制体系,积极吸收和采纳国际先进的农产品安全管理经验,将监督管理的重点从最终产品的检测转移到生产经营的全程。在农产品的种植与养殖阶段应积极推动实施良好农业操作规范(GAP);在农产品的生产加工过程中实施良好操作规范(GMP)和危害分析与关键控制点(HACCP)体系;流通阶段要严格食品市场准入制度和加强市场的监督管理,加强追踪监测和对食源性疾病的控制;消费阶段应加强对消费者的宣传教育和唤起全社会的参与意识。

据《北京晚报》2012年4月6日报道,2012年4月6日北京市法制办就《北京市食品安全条例(修订草案送审稿)》公开征求意见。

根据草案,北京市将建立乡镇、街道食品安全管理机构,借鉴香港等地按行业类别发放食品牌照的经验,按照21种具体业态类别实施食品生产许可、食品流通许可、餐饮服务许可和保健食品生产经营许可。

草案要求,北京市实行餐厨废弃油脂登记排放制度和资源化管理,任何单位和个人未经许可不得收运和处置餐厨废弃油脂,禁止将餐厨废弃油脂直接排放到城镇污水管道,加强"地沟油"源头防控,并要求本市销售的食用油应当符合国家规定的包装和标签要求,禁止以废弃油脂为原料加工制作食用油以及以此类食用油为原料加工制作食品。

根据草案,北京市还将建立统一食品安全追溯信息平台,对重点监督管理的食品归集、公布追溯信息,建立全市统一的食品安全信用信息系统,统一归集、公布食品生产经营者信用记录供社会查询。根据信用程

度，实行食品生产经营者分类分级管理，设置行业禁入规定，对于被吊销食品相关许可证或者营业执照的，其法定代表人、直接负责的主管人员自处罚决定作出之日起五年内不得投资食品行业或者从事食品生产经营活动；因食品犯罪被追究刑事责任的，终身不得从事食品生产经营活动。

(四) 提高农产品质量安全领域的科技水平

重点从关键检测技术、危险性评估技术、关键控制技术和农产品质量安全标准等方面进行科技攻关，以提高国家农产品质量安全领域的科技水平和创新能力，为农产品质量安全控制提供强有力的科技支撑。建议科技部、财政部等进一步启动"十一五食品安全关键技术研究"专项，投入更多的资金，必将对提高我国农产品质量安全水平起到重大的推动作用。

(五) 完善食品安全信息与监测体系

建立国家食品安全信息与监测网络体系，重点建立食源性疾病与危害的监测、溯源与预警系统，以及环境污染物监测体系、危险性评估体系、食品安全控制体系等，并积极与有关国际食品安全组织进行必要的信息交流与沟通。

2011年10月13日，国家食品安全风险评估中心在北京挂牌成立，标志着我国在加强食品安全方面迈出重要一步。

国家食品安全风险评估中心作为负责食品安全风险评估的国家级技术机构，承担国家食品安全风险评估、监测、预警、交流和食品安全标准等技术支持等工作。评估中心将向国家食品安全风险评估专家委员会提交风险评估分析结果，经其确认后形成评估报告报卫生部，再由卫生部依法统一向社会发布。

国家食品安全风险评估专家委员会主任委员陈君石院士在成立仪式上说，食品安全风险评估，主要是针对食品、食品添加剂中的生物性、化学性和物理性危害对人体健康可能造成的不良影响所进行的科学评估，这是制定食品安全法规的主要依据，也是食品安全风险交流的重要来源。德国、意大利、日本等发达国家已经相继成立了从事食品安全风险评估的专业机构,这对防范食品安全风险起到了重要作用。

此前,我国的国家食品安全风险评估专家委员会对我国的重要食品安全问题开展了多项评估,为食品安全标准的制定发挥了重要作用。但是,目前风险评估的总体水平还处于初步建设阶段,与食品安全的形势需求和社会期望还有很大差距,食品安全风险评估中心的成立,对于提高食品安全风险评估的水平和能力将会起到很大的推动和保证作用。

国家食品安全风险评估中心采取理事会决策监督管理模式,它采取的理事会领导下的主任负责制还是全国第一家。理事会由多个部门的领导、专家组成,不像过去那样归口为某个单位管理,而是归口到各个部门组成的管理机构决策监督。目前,国家正在推进事业单位分类改革,编制基本冻结,只批准了国家食品安全风险评估中心,由此可见国家对食品安全工作的重视。

(六) 加大市场的安全管理与监督力度

1. 监督检查是食品安全监管的最主要和最经常使用的手段

目的在于确保有关法令、标准得到严格的遵守。英国、美国、加拿大等国有关法律均授权监管机关可对食品的生产、加工和销售场所进行检查,并规定检查人员有权检查、复制和扣押有关记录,并可以取样分析。对于检查中发现的违法食品,监管机关可以采取查封、扣押和禁止移动、禁止销售等强制措施。

2. 通过行政执法与公安和司法等部门的联合,进一步加强市场的监管力度

从源头、生产、流通、销售各环节控制食品的污染,加大对涉及农产品质量安全事件责任企业和责任人的惩罚和打击力度,健全市场管理和食品生产许可证制度、市场准入制度和不安全食品的强制返回制度,确保消费者吃上放心安全的食品。要规定严厉的法律责任。比如,在英国、美国、加拿大等国,食品安全的违法者不仅要承担对于受害者的民事赔偿责任,而且要受到行政乃至刑事制裁,这些制裁措施除罚款外,还要没收和销毁违法产品、责令停产停业和吊销营业执照等,违法情节严重的,还可

能被判处监禁。如英国1990年的《食品安全法》规定，销毁不合格的食品所产生的费用要由食品的所有者承担，可参考制定。对生产及保质期的修改，如同一些国家的法律视为犯罪，追究刑事责任。

（七）加强对行业协会的建设和治理，充分发挥其积极作用

由食品产业链相关的主要企业组成的行业协会可以在保证农产品质量安全的过程中发挥积极的作用。行业协会的主要优势在于其成员都是食品行业的，对于食品安全拥有较政府和消费者更多的信息。

行业协会的主要作用是促进行业自律，向消费者推荐优质食品，对不合格食品进行曝光，从而减少市场中存在的信息不对称。但政府要对行业协会进行必要的治理，对其推荐的产品进行突击检查和必要的抽查等措施，对行业协会进行资信评价，并将评价的结果向社会公众公布，取缔信誉差的行业协会。

五、加大对农民的培训教育，大力发展农民专业合作社

农产品质量安全问题，关键在于源头、种植生产、加工环节和流通环节。影响农产品质量安全因素的五个方面图解清楚标识，而这些环节绝大部分是农民操作，由于我国2.3亿农户十分分散，生产加工的农产品本身就质量不高。而解决此问题的唯一办法，就是把农民组织起来进行培训，大力发展农民专业合作社，按企业化、工厂化、国家标准化、法制化进行生产加工和对其管理，才能从根本上改观食品安全的状况。

六、针对食品安全领域出现的三鹿奶粉等重大事件，国家作出重大举措

（一）"食品不再实施免检"

针对食品安全领域出现的"三鹿奶粉事件"，人大立法机关予以积极

应对。

2008年10月23日十一届全国人大常委会第五次会议举行第一次会议继续审议食品安全法草案，就重大食品安全事故的预防和处置，对草案作出了修改，主要涉及监管职责、风险监测、安全标准、小商贩管理、添加剂监管、召回制度、食品检验以及举报制度等八个方面。

1. 加强风险监测

背景：2008年3月，就有消费者向有关部门反映三鹿牌婴幼儿奶粉的质量问题，但并没有引起足够的重视。因此，在进一步加强食品安全风险的监测和评估方面，草案增加两条规定。

草案规定：国务院农业行政、质量监督、工商行政管理和国家食品药品监督管理等有关部门在获知有关食品安全风险信息后，应当立即向国务院卫生行政部门通报。国务院卫生行政部门在对信息核实后，应当及时调整食品安全风险监测计划。

此外，国务院卫生行政部门通过食品安全风险监测或者接到举报发现食品可能存在安全隐患的，应当立即依法进行检验并进行食品安全风险评估。

2. 食品添加剂不得滥用

背景：目前，食品添加剂使用不规范甚至滥用，已成为危害食品安全的重要源头。三聚氰胺是一个微毒的化工原料，不是食品添加剂，却被不法分子加入乳制品。

草案规定：国务院卫生行政部门应当根据食品安全风险评估结果，及时对食品添加剂的品种、使用范围、用量的标准进行修订。对经过风险评估证明安全可靠、技术上确有必要的，才能列入允许使用的食品添加剂范围。同时，食品生产者应当按照食品安全标准关于食品添加剂的品种、使用范围、用量的规定使用食品添加剂；不得在食品生产中使用食品添加剂以外的化学物质或者其他危害人体健康的物质。

3. 政府可责令企业召回不合格食品

背景：有些常委委员提出，实行食品召回制度，不仅要靠企业自觉，还要强调政府的责任，因此在企业不主动召回的情况下，政府要责令企业召回不合格食品。

草案规定：食品生产经营者未依照规定召回或者停止经营不符合食品安全标准的食品的，县级以上质量监管、工商行政管理部门可以责令其召回或者停止经营。

4. 食品不得实施免检

背景：三鹿奶粉曾是质检总局公布的放心产品之一，也是免检产品。但是这次"三鹿事件"恰恰表明免检并不等于安全。检验手段的失效将带来严重的后果。

草案规定：食品安全监督管理部门对食品不得实施免检。县级以上质量监督、工商行政管理、食品药品监督管理部门应当对食品进行定期或者不定期的抽样检验。

5. 保健品将出台更严格规定

背景：现在保健食品存在很多问题，将保健食品按一般食品管理是不够的，还应作出更严格的规定。

应对举措：法律委员会已经请国务院法制办、卫生部尽快研究，提出方案。

6. 加强监管食品小作坊

背景：对于我国大量存在的"小作坊""小摊贩"的问题，许可制度不能延伸到这些地方，在这些地方难以保证食品安全。

草案规定：食品生产加工小作坊和食品摊贩从事食品生产经营活动应当符合本法规定的与其生产经营规模、条件相适应的食品安全要求，保证所生产经营的食品卫生、无毒、无害，有关部门应当对其加强监督管理，具体管理办法由省、自治区、直辖市人民代表大会常务委员会依照本法制定。

7. 食品安全事故不得瞒报缓报

背景：报告制度在许多法律中，包括《突发事件应对法》中都做了比较完善的规定，时间具体到小时，但在三鹿奶粉事件中一些地方政府恰恰没有实行这个制度。

草案规定：发生食品安全事故的单位应当立即予以处置，防止事故扩大。事故发生单位和接收病人进行治疗的单位应当及时向事故发生地县级卫生行政部门报告。县级政府和上级政府卫生部门应当按照规定逐级上报。任何单位或者个人不得对食品安全事故隐瞒、谎报、缓报，不得毁灭有关证据。

8. 强调政府监管职责

背景：奶粉生产源头的监管目前仍是一个空白。食品安全法草案三审稿强调地方政府及有关部门的职责，突出"全程监督管理"，即从源头到餐桌都不能留有空白。

草案规定：县级以上地方人民政府统一组织、协调本行政区域的食品安全监督管理工作，对食品安全实行全程监督管理。

(二) 国务院设立食品安全委员会，以加强对各有关监管部门的协调、指导

十一届全国人大常委会第五次会议对食品安全法草案审议稿进行了审议，国务院设立食品安全委员会，以加强对有关监管部门的协调、指导。

四个月后的又一次常委会会议，食品安全法草案再度提交审议，这一次的审议稿较上次作了六处比较明显的修改。2009年2月25日举行的十一届全国人大常委会第七次会议建议本次常委会会议审议通过本法草案。

十一届全国人大常委会第五次会议对食品安全法草案三次审议稿进行了审议，之后全国人大法律委、全国人大常委会法工委就食品安全管理体制等重要问题同国务院有关方面交换意见，并对保健食品如何进行规范的问题召开座谈会，听取有关部门、食品行业协会、专家和食品企业的意见。法律委于本月5日、18日召开会议，两度对草案进行了审议。新增规定主要包括以下六方面。

1. 第一个修改是关于食品安全监管体制方面

草案确立了各有关主管部门按照各自职责分工依法行使职权，对食品安全分段实施监管的体制，强化了监管责任。也有的常委委员提出，应在现有分段监管体制的基础上，由国务院设立食品安全委员会，以加强对各有关监管部门的协调、指导。对此，国务院有关方面作了认真研究后提

出,国务院设立食品安全委员会,作为高层次的议事协调机构,协调、指导食品安全监管工作。草案增加了相关规定。

2. 第二个修改是进一步加强对保健食品的监管

有些常委会组成人员提出,保健食品已经发展成为一个相当规模的产业,但存在不少问题,需要对其实施比普通食品更加严格的有针对性的监管。草案中增加了"国家对声称具有特定保健功能的食品实行严格监管。有关监管部门应当依法履行,承担责任。具体管理办法由国务院规定"等规定。

3. 第三个修改内容进一步强化食品安全全程监管

一些常委委员提出,为了从源头上做好食品安全工作,有效实施从农田到餐桌的全程监管,本法应明确食用农产品监管部门的责任,确保食用农产品的安全。草案新增了"食用农产品的生产企业和农民专业合作经济组织应当依照食品安全标准和国家有关规定使用农药、肥料、生产调节剂、兽药、饲料和饲料添加剂等农产品投入品,建立食用农产品生产记录制度"等规定。

4. 第四方面新增的规定是为了加强对食品广告的管理

为进一步加强食品广告管理,草案新增规定。一是食品安全监管部门或者承担食品检验职责的机构、食品行业协会、消费者协会不得以广告或其他形式向消费者推荐食品。二是社会团体或者其他组织、个人在广告中向消费者推荐不符合食品安全标准的食品,使消费者的合法权益受到损害的,与食品生产经营者承担连带责任。同时,草案在"法律责任"一章中增加了相应处罚规定。

5. 第五方面的修改是关于减轻食品生产经营者负担的

有的委员提出,食品行业一些企业负担过重,一定程度上影响了食品行业的健康发展,影响到食品安全。为减轻食品生产经营活动中有关费用,草案增加规定:一是对从事个体食品生产经营的人员,不收取个体工商管理费和集贸市场管理费;二是认证机构实施跟踪调查不收取任何费用。

6. 第六方面新增的规定是关于明确民事赔偿责任优先的原则

有些常委委员提出,对违法的食品企业既要给予罚款、罚金的行政处罚、刑事处罚,又要其承担民事赔偿责任时,应当明确民事赔偿责任优先的原则,使权益受到损害的消费者优先得到赔偿。草案新增规定:"违反本法规定,应当承担民事赔偿责任和缴纳罚款、罚金,其财产不足以同时支付时,先承担民事赔偿责任。"

最后,全国人大常委会高票通过食品安全法。

(三)把综合整治攻坚战持久战引向深入着力提高食品安全水平

2012年2月8日,国务院食品安全委员会第四次全体会议召开。会议强调,食品安全是关乎人人的重大基本民生问题,要深入贯彻落实科学发展观,坚持标本兼治,主动出击,把解决影响人民群众食品安全的突出问题同构建长效机制更好地结合起来,把综合整治攻坚战持久战引向深入,坚决依法严惩重处食品安全违法犯罪行为,完善全程监管体制,着力提高食品安全水平。

会议听取了国务院食品安全办和国务院食品安全委员会成员单位的汇报和发言,审议了《2012年食品安全重点工作安排》。会议认为,过去一年,各地区、各有关部门认真贯彻落实党中央、国务院决策部署,深入开展严厉打击食品非法添加和滥用食品添加剂、"瘦肉精""地沟油"违法犯罪等专项整治和乳制品、酒类、保健食品等综合治理工作,依法严厉惩处了一大批违法违规企业和相关责任人(注:2012年最高检察院向全国人大工作报告:坚决惩治损害群众切身利益的犯罪。协同公安机关和行政执法机关开展食品药品安全专项整治和严厉打击"地沟油"违法犯罪专项活动,依法批准逮捕生产销售假药劣药、有毒有害食品等犯罪嫌疑人2012人,提起公诉1562人,立案侦查"瘦肉精""假牛肉"等食品安全事件中涉嫌渎职犯罪的国家机关工作人员202人)。及时应对和稳妥处置食品安全事件,积极推进食品安全监管体系建设,广泛开展食品安全宣传教育培训,有效维护了人民群众利益,维护了市场秩序。同时,我国现阶段食品安全基础仍然薄弱,制约食品安全的突出问题仍未得到根本解决,违法违规行为时有发生,食品安全形势依然严峻,加强食品安全工作不可放松。

第二篇 农业供给侧结构性改革——乡村振兴的重要内容

会议指出,加强食品安全工作意义十分重大。进一步做好食品安全工作是惠民生、促和谐的重要抓手,不断提升食品安全水平是调结构、转方式的重要任务,确保我国食品安全是牢牢把握扩大内需这一战略基点的重要保障。各地区、各有关部门一定要继续全力以赴,攻坚克难,扎实做好食品安全工作,让群众吃得安心、吃得放心。

会议强调,做好食品安全保障工作,一是依法深入开展综合治理。治乱需用重典,要坚持严字当头,针对重点品种、重点场所和薄弱环节,加大综合治理力度,保持严厉打击食品安全违法犯罪高压态势,依法坚决追究犯罪分子的刑事责任,并加大经济处罚力度,坚决铲除影响食品安全的毒瘤。二是着力建立健全长效机制。要进一步完善食品安全法律法规体系、标准体系和技术支撑体系,切实增加投入,完善政策措施,狠抓基础工作和规范建设。三是进一步落实企业主体责任。加快建立激励和约束机制,加强诚信体系建设,强化社会监督,推动企业改进食品安全管理。四是全面加强政府监管。要进一步完善食品安全工作体系,建立健全食品安全监管综合协调机制,促进各部门、各环节监管措施有效衔接,形成监管合力,堵塞监管漏洞,增强食品安全工作的系统性,提高综合监管水平。

会议要求,各级政府保障食品安全守土有责,必须进一步加强食品安全工作,使措施真正落实到基层,将问题切实解决在基层。加强动态监测,建立健全食品安全事故应急处置机制。确保人员、资金和设备到位,增强食品安全监管能力。加大宣传教育培训工作力度,广泛普及食品安全知识,提高全民食品安全法律意识和责任意识,落实群众举报奖励制度,构建全社会共同参与的食品安全工作格局。

后记:

此文原名"我国农产品质量安全管理分析",曾刊登在国家发改委宏观经济研究院主办的《宏观经济研究》2007年3期要目第二篇,并加了"编者按"。当时全国正在开"两会",编辑部提前印出,将此期杂志送到部分代表手中。各大网站陆续转登出了此文。文中首次提出了国务院应成立国家食品安全委员会,由国务院统一领导,以解决"多龙治水"的问题。2008年三鹿毒奶粉事件后,作者做了深层思考,2009年6月1日完成此文最后修改版,以示纪念我国食品安全法开始实施的日子。

　　食品安全问题成为民生问题的焦点原因在于食品安全制度和法制缺陷。什么免检产品、认证、监督食品安全等都被潜规则的巨大黑洞吞噬。生产单位及超市中偷改生产及保质期的事项司空见惯。此文在制度和法制缺陷和治理潜规则方面做了补充,强调对农产品生产流通的主体——农民进行重点培训,大力发展农民专业合作社问题,以及生产流通及监督治理中犯罪的立法问题。

(本文写于 2011 年)

参考文献:

　　[1] 徐柏园,李江华. 绿色农产品市场培育、认证与生产、消费指南——21 世纪的食物安全. 化学工业出版社,2005(5).

　　[2] 周洁红,钟勇杰. 美国蔬菜质量安全管理体系及对中国的政策启示. 世界农业(京). 2005.1.39-42.

　　[3] 郭永刚. 是"齐抓共管"还是"齐抓不管". 中国青年报,2005.4.25.

　　[4] 国务院关于加强新阶段"菜篮子"工作的通知. 国发〔2002〕15 号,2002-8-3.

　　[5] 徐柏园. 我国农产品市场食品安全状况、问题与解决思路.

　　[6] 王石川. "两会"上引起关注的顺口溜. 共产党员.

　　[7] 徐柏园. 我国农产品质量安全管理分析. 宏观经济研究,2007(3).

　　[8] 食品不再实施免检. 北京晚报 2008-10-24-2 版.

　　[9] 国务院设立食品安全委员会,以加强对各有关监管部门的协调、指导. 人民网. 北京 2 月 28 日电.

　　[10] 全国人大常委会高票通过食品安全法. 人民网. 北京 2009-2-28.

　　[11] 食品添加剂问题何在. 中国质量新闻网. 2004-02-16.

积极创建绿色农产品市场
——发挥绿色市场的保安全、促消费作用

一、"诚信"是创建"绿色农产品市场"的核心基石

商务部和国家标准委推行、开展的"绿色农产品市场"行动，是推进食品安全、由千万家市场自己监管的重要一步，是一个重大措施。

商务部会同有关部门推行的"三绿工程"及同国家标准委、国家认监委等部门组织制定了《农副产品绿色零售市场》《农副产品绿色批发市场》两个国家标准和《绿色市场认证管理办法》及有关实施规则，先后举办了6期绿色市场标准与认证培训班，培训了1000多家市场管理人员，组织考核绿色市场认证审核员61名，确定了3家绿色市场认证机构。截至2009年3月17日，共培育了4000多家争创绿色市场的试点、示范单位，已通过认证的达261家，其中批发市场83家，零售市场178家。

绿色市场严把市场准入关口，使不合格产品在绿色市场无立足之地；通过鼓励"场地挂钩""场厂挂钩"，合理引导农产品生产种植，有效解决卖难问题；通过设置优质农产品专卖区域，加快产销衔接，增加了农民收入，促进了消费的升级和扩大。调查显示，通过绿色市场认证的批发市场，平均每个市场内固定经销商数量增加10%，流动经销商数量增加12%，年交易额增长20%~30%。笔者2005年5月参加的全国第一家绿色批发市场的审核——南京应天路水产品批发市场。2005年5月21日，《南京日报》A第二版发首批审核绿色市场认证消息报道后，也就是审核的第

二天，该水产品批发市场营业额有了较大幅度的增加。同时，审核的全国第一家农贸市场——南京香铺营农贸市场也取得了同样的效果。这说明消费者信得过绿色市场。

笔者 2007 年 4 月接受中石恒信绿色市场认证中心的委托，曾参与对北京顺鑫石门绿色农产品批发市场全员三天的培训。该市场经过自身的努力和有关部门的培育，是北京市 19 家通过认证的绿色市场之一。在这里，每个档位的销售员统一穿着白色大褂、肉档销售员还戴着蓝色塑料手套，经营许可证、卫生许可证悬挂在档位显眼的地方。一位经销商反映，他在这里经营豆制品 10 多年了，每天直接从厂里进货，没有出过任何食品质量问题。批发市场对每个厂家、每个经营户、每个产品都建了产品安全档案，使每一个环节都成为食品质量安全的一道关口。因此，"这里每天的蔬菜销量达 110 万公斤至 150 万公斤。从这里出去的所有农产品都是绿色食品，可以让消费者放心"。商务部有关部门 2009 年 3 月 17 日，在"发挥绿色市场作用，保安全，促消费"主题活动中，北京市顺鑫石门农产品批发市场总经理郭舫军介绍说，绿色市场高度重视环境保护，提倡节约资源，对废弃物进行分类处理和再生利用，促进了循环经济发展。北京顺鑫石门绿色农产品批发市场建立的废弃物处理中心日处理垃圾达 70 吨。"绿色市场"行动石门市场一直在延续，自 2011 年下半年开始该市场实行食品安全"亮剑行动"。剑锋所指：严肃整治散装熟食制品经营环境、开查酒水打假、加强食品专项检测制度如"瘦肉精""食品添加剂"发现一品查扣一品、严格实行限塑、建立食品安全管理的长效机制，打造名副其实的"百姓放心市场"。北京回龙观商品交易市场经过绿色市场认证后，利用电子监控系统对主次干道、市场地面采交易厅棚实施全天候监测管理，保证营业期间无杂物、垃圾和污水。

绿色食品认证在"发挥绿色市场作用，保安全，促消费"中发挥了作用。但此项国家标准是企业自愿认证，没有约束力，因此，目前已评上的 261 家绿色市场同全国 10 余万家农产品市场数量之比，可以说寥若晨星。

二、内容:"诚信"是创建"绿色农产品市场"的核心基石

绿色农产品市场包括两方面市场,即指 GB/T19220《农副产品绿色批发市场》和 GB/T19221《农副产品绿色零售市场》两个国家标准。其目的是积极创建绿色农产品市场,让百姓买得放心、吃得放心。本人系《农副产品绿色零售市场》《农副产品绿色批发市场》两个国家标准专家审定组组长、绿色市场国家标准审核员。

(一) 绿色市场标准概念

农副产品绿色批发市场是指环境设施清洁卫生、交易商品符合本标准的质量管理要求、经营管理具有较好信誉的农副产品批发市场;农副产品绿色零售市场是指环境设施清洁卫生、交易商品符合本标准的质量管理要求、经营管理具有较好信誉的农副产品零售市场。

包括绿色市场的"三绿"工作背景特点是:"反弹琵琶。"即从提倡绿色消费抓起,加快绿色市场的培育和绿色通道的开通,引导绿色生产的发展,解决千家万户分散生产,难以开展卫生质量管理的问题。

(二) 出台两个绿色市场标准的重要意义

1. 对市场流通标准体系建设具有重要意义。两个绿色市场标准填补了我国农副产品市场由每个市场监管责任的空白。

2. 对保障人民群众食品安全具有重要意义。两个绿色市场标准规定进入绿色市场销售的农副产品实行严格的市场准入制度和产品质量卫生安全追溯制度。

3. 对提高市场竞争力,促进我国农副产品出口贸易具有重要意义。

4. 还有利于促进农业结构调整,增加农民收入。

(三) 绿色市场标准突出特点

1. 首次在国家标准中提出绿色市场概念

围绕保障农副产品的质量和完善现代企业管理两个方面，把"绿色"的概念拓展了。同时，对农副产品绿色市场概念也作了清晰的定义。"绿色市场"就是环境设施清洁卫生、交易商品符合标准的质量管理要求、经营管理具有较好信誉的农副产品批发市场和零售市场。

2. 首次在国家标准中提出市场信用

两个绿色市场标准中的市场信用内容，充分体现了中共中央关于完善社会主义市场经济体制若干问题的决定的精神和要求，从对消费者、对经销商、对国家、对内部人员四个角度提出了企业信用管家的要求，突破了以往我们仅从企业财务制度审核企业信用的评价标准，代表了国际信用体系先进的评价标准，对其他行业企业的管理技术标准的制定均有积极的借鉴作用。审核中，市场一把手要率领全体工作人员在承诺书上签字，保证市场的食品安全、不搞价格和品牌的欺诈、环境卫生达标、足斤足两、服务态度好、投诉通达等诚信书，也是市场工作人员的规范操作的规章。而且，每年复查，否则取消其资格。

3. 实行严格的市场准入

严格的农副产品市场准入是保障农产品安全流通和消费的有效措施。这既是发达国家的通行做法，也是国内农产品质量管理的必然趋势。两个绿色市场标准规定了严格的农副产品市场准入条件，以及进货索证制度，对农产品进入市场实行"身份证"和"通行证"管理，保证食品安全问题可追溯。

(四) 标准实施的目标

标准实施的目标是建立我国食品在市场流通环节中的市场准入制度，促进批发、零售市场企业加强农副产品入市前的"场地挂钩""场厂挂钩"，健全食品销售前的质量安全监测体系，积极地保障消费者的消费利益；同时，鼓励批发、零售市场企业将先进的营销管理、电子结算、信息技术应用到交易中来，推进企业的管理技术升级，增强企业综合竞争力。

（五）标准实施的原则

标准的实施要认真、坚决，严格遵守相关的法规，保障消费者的安全利益；要积极地贯彻落实国家有关的产业政策，促进我国流通行业的管理技术升级，维护绿色市场的品牌和信誉。

（六）实践结果—成效明显

实践效果可从首批审报绿色市场认证的单位体现出来。南京首批审报的有南京市应天路水产品批发市场和香铺营、东箭道、宁工农贸市场共4家。审核的第二天，南京应天路水产品批发市场营业额就有了较大幅度的增加。消费者信得过绿色市场。绿色市场严把市场准入关口，使不合格产品在绿色市场无立足之地；通过鼓励"场地挂钩""场厂挂钩"，合理引导农产品生产种植，有效解决卖难问题；通过设置优质农产品专卖区域，加快产销衔接，增加了农民收入，促进了消费的升级和扩大。调查显示，通过绿色市场认证的批发市场，平均每个市场内固定经销商数量增加10%，流动经销商数量增加12%，年交易额增长20%至30%。

商务部会同国家标准委、国家认监委等部委组织制定了《农副产品绿色零售市场》《农副产品绿色批发市场》两个国家标准和《绿色市场认证管理办法》及有关实施规则，先后举办了6期绿色市场标准与认证培训班，培训了1000多家市场管理人员，组织考核绿色市场认证审核员61名，确定了3家绿色市场认证机构。

第一批有厦门银祥集团有限公司猪肉专卖店、大连熟食品交易中心、南京水产品中心批发市场、南京宁工副食品市场、南京市香铺营集贸市场、南京东箭道集贸市场6家农副产品市场。

截至2009年3月，全国共培育了4000多家争创绿色市场的试点、示范单位，已通过认证的261家，其中批发市场83家，零售市场178家。

三、问题和解决建议

（一）存在的问题

商务部应该在绿色市场中起主导作用。商务部和国家标准委提出的批发和零售两个绿色市场标准，GB/T 19220—2003 和农副产品绿色批发市场（Standard of Green Wholesale Market of Product），2003年6月23日发布，2003年10月1日实施。实施中制度缺陷在于：一是GB/T其中T意味是自愿执行的国家标准，就是说，企业愿意执行就申请，不愿意就当没有这个标准；二是企业执行需交费认证。我国任命三个机构认证，而这三个机构全部按市场经济机制操作，收费后才认证、颁证、挂牌，且审核员大部分为兼职，认证一个市场给一份钱。复查时每年还要交费。企业的积极性不高，因而出现绿色市场认证出现寥若晨星的局面。

（二）解决的建议

1. GB/T 中的 T 字应去掉，定为国家强制推行的国家标准

也就是说，农产品市场绿色认证应该成为国家推出的强制推行标准。国家必须这样做。试问，如果是一个不诚信的市场，老百姓谁还敢去买食品或商品。建立市场，就应该是"绿色的农产品市场"。这样，可以突出千万家市场自己监管的积极性。解决目前只靠工商、质检等少数部门去检查千家万户厂、场、商、品种产品的制度性缺陷的局面，根本检查不过来。食品安全出问题，这也是重要原因之一。此项国家标准是企业自愿认证，没有约束力，因此，已评上的261家绿色市场同全国10余万家农产品市场数量之比，可以说寥若晨星。

为改变这一状况，下一步要加大绿色市场培育力度，尽快完善绿色市场功能，运用市场信息引导产业结构调整，发现消费热点，促进消费结构升级功能，引导健康、科学消费；注重绿色产业链建设，促使供应商提供绿色产品和服务，指导消费者绿色消费打造完整的绿色产业链条，结合一

系列扩大消费政策的落实，全面推进批发，零售市场在基础设施、管理、技术等方面提等升级，推进绿色市场建设工作上新台阶。

2. 商务部在"九龙"治水、在食品安全方面，应该榜上有名

建议商务部成立绿色农产品市场管理的单独的管理机构、负责行政管理和培训、认证，及推动工作。该机构应为行政事业单位编制，所需费用应为财政事业拨款，对于市场培训、认证等工作，企业均不需交费。此举，在认证上避免潜规则，做到公平、公正、透明。认证人员均不许收受被认证单位的任何钱物，此方面要制定严厉的规章制度。

3. 绿色农产品市场管理的单独的管理机构组成

应以原起草单位参与的人员为主，此举可进一步贯彻绿色农产品市场制定的精髓精神，而不至于走样。同时，调集相关的食品安全检测技术人员组成。这些人员均为事业单位编制，工资发放均由财政支付。

四、法律的利剑在显现和建议

"刑法修正案的修改，强化了刑法对食品安全这一重大民生问题的保护，关键在于落实。当前保障食品安全，最重要的是加大对违法的商家和监管不力的职能部门的处罚力度，增加他们违法和不作为的成本。"但还应在农贸市场的缺斤短两、超市的价格欺诈、过期食品换日期的售卖、熟食售卖运输环境等方面作出严厉的法律规定。

继续大力培育农副产品绿色市场。按照国家有关标准和要求，加快农副产品市场升级改造，落实市场食品安全制度，推进食品包装化、品牌化经营。推行农村连锁超市、便利店等现代流通方式，大力培育农村绿色市场。按照《三绿工程五年发展纲要》的既定工作目标，做好相关培训工作，积极推进由第三方认证机构开展的绿色市场认证。同时，地方各相关部门应当积极争取当地政府对开展绿色市场认证的市场给予支持。大力发展农副产品物流配送，逐步推动净菜进城入市，支持和培育农副产品冷藏、运输和物流配送企业，形成产、储、运、销配套服务体系，把坚决打好食品安全整治特殊战役落到实处。

（原文见《中国批发市场》2008 年第 7—8 期）

大力推行农产品批发市场标准化

2004年10月1日,《农产品批发市场技术与规范管理条例》国家标准公布,这标志着我国在农产品批发市场管理进入了全面规范阶段。同时,国务院办公厅发出通知,要求三年内全国规范2000个农副产品批发市场。

一、商务部、农业部、国家税务总局、国家标准委关于开展农产品批发市场标准化工作的要求

根据《国务院办公厅关于进一步做好农业标准化工作的通知》(国办发〔2003〕97号)和《国务院办公厅转发商务部等部门关于进一步做好农村商品流通工作意见的通知》(国办发〔2004〕57号)要求,商务部、农业部、税务总局、国家标准委发出通知(商建发〔2005〕30号),要求在全国范围内开展农产品批发市场标准化工作。

(一) 充分认识开展农产品批发市场标准化工作的重要意义

目前全国有4000多个农产品批发市场,承担着近70%的农产品流通任务,是我国农产品流通的主要渠道。由于缺乏统一的标准和规范,大多数农产品批发市场基础设施差,装备水平低,经营秩序不规范,难以充分发挥对农业生产的引导作用并保证农产品流通安全。通过实施标准化,促进农产品批发市场改善经营环境、改造经营设施特别是加强质量检测等措施,保障农产品流通安全;通过实施标准化,促进农产品批发市场更多地采用拍卖、电子商务等新型交易方式,更好地发挥流通对农业生产的带动作用,实现农业增效,农民增收;通过实施标准化,促进农产品批发市场

规范化管理,改善交易环境,保障农产品流通顺畅,切实保护农民利益。各地商务、农业、税务、质量技术监督部门要从实践"三个代表"重要思想、树立科学发展观的高度来认识实施农产品批发市场标准化的重要意义,把这项工作作为流通领域解决"三农"问题的重要任务抓紧抓好。

(二) 目标任务

全面宣传和贯彻《农产品批发市场管理技术规范》(GB/T19575—2004),推动农产品批发市场的改造、规范和升级。用三年左右的时间培育2000个标准化、规范化管理的农产品批发市场,并通过标准化市场的示范作用和辐射效应,带动和引导农产品批发市场全面创新,设施完善,优化服务,规范经营,逐步形成布局合理、功能互补、产销结合的农产品批发市场体系。

具体安排:第一年重点选择运营基础好、管理规范、区域优势明显、结构与布局合理的约400个市场进行标准化示范;对在市场管理和经营设施上短期内还达不到要求的市场,提出整改方案落实培育期,分类指导、扶持。在此基础上,第二年完成培育约600个市场的任务,第三年完成培育约1000个市场的任务。

(三) 工作要求

1. 商务、农业、税务、质量技术监督部门要加强协调配合,并积极争取地方政府的支持。要建立必要的工作联席制度和协调机制。日常工作由同级商务部门承担。

2. 农业部门要从源头上加强农产品生产管理,特别是要加强农业投入品监管,加快农产品基地标准化建设,推进产地农药、兽药残留的例行监测。

3. 质量技术监督部门要积极指导农产品批发市场建立和完善标准体系,负责为其提供咨询与服务,主动为市场提供农产品生产、加工、销售一条龙的标准化服务和对质检人员的培训,加强对强制性标准的实施监督。

4. 各有关部门要加强对标准化农产品批发市场建设工作的组织引导，在申报、评审、验收过程中，要坚持实事求是，确保质量不得采取任何名义、任何方式向企业收取费用、增加企业负担。

5. 各地要结合区域经济特点，按照《关于开展农产品批发市场标准化工作的实施方案》（附件），做好标准化农产品批发市场规划与建设方案。

6. 省级商务部门要会同农业、税务、质量技术监督等部门建立"标准化农产品批发市场"的动态监管、定期评估和信息上报制度，并做好"国家级标准化农产品批发市场"的统一推荐工作。

（四）政策措施

1. 商务部会同农业部、税务总局、国家标准委等部门对全国标准化农产品批发市场建设进行总体规划、考核和验收，指导各地落实标准化农产品批发市场建设方案。对于达到标准化管理要求且交易规模大、跨区域辐射力强、发展潜力大的农产品批发市场，由四部门联合命名为"国家级标准化农产品批发市场"并授牌。其他达到标准化管理要求的农品批发市场，由省级相应部门统一组织考核、验收、命名为"省级标准化农产品批发市场"并授牌。

2. 鼓励农产品批发市场按照《农产品批发市场管理技术规范》（GB/T 19575—2004）要求进行改造升级，并向产加销、贸工农一体化企业转型，带动农户生产，形成产供销供应链。

3. 中央财政安排专门资金，支持标准化农产品批发市场建设。相关部门要在资金等方面尽力提供保障，给予必要的支持和补助。

4. 省、地市两级应建立标准化农产品批发市场配套资金，争取将工作经费列入地方财政预算，同时采取相应的配套措施，推动标准化农产品批发市场建设工作。

二、国家标准《农产品批发市场技术与管理规范》编制说明

（一）任务来源

为贯彻落实国务院办公厅《关于进一步做好农业标准化工作的通知》的文件精神，商务部会同国家标准化管理委员会、农业部组织起草了《农副产品批发市场技术与管理规范》国家标准。该项目来源于2003年国家标准制定修订计划批复项目，项目号为20032238-T-322《农副产品批发市场开业条件和技术规范》。为了更好地完成这次标准的制定工作，商务部组织召开了标准起草小组工作会议，确定由全国城市农贸中心联合会、商业科技质量中心、深圳市农产品股份有限公司综合各方面专家的意见组织起草，商务部市场体系建设司统筹审定。商务部市场体系建设司对标准的制定宗旨、总体要求、目的意义、工作程序、标准总体规划，做了较明确指示。

（二）制定本标准的目的和原则

本标准制定的目的是促进农副产品批发市场管理的规范化、标准化，建立健全我国食品流通安全保障体系，培育可持续发展的农副产品流通企业，引导整个农副产品批发行业向着健康安全、规范有序、管理高效、注重信用的方向发展，真正形成科学、高效的市场流通体系。

本标准制定的原则是立足我国流通企业发展的实际情况，以严格遵守国家及地方相关的法规，积极贯彻国家有关的产业政策，围绕城市商业网点建设规划的要求，参考各种相关的国家标准、行业标准和相关文件，为相关部门的管理提供科学的依据，使形成各尽其责、齐抓共管的良好局面。

（三）标准起草的过程简述

《农副产品批发市场技术与管理规范》（讨论稿）经过专家组的考察调

研、资料整理、国内外法规查考、专家座谈，历时两年时间，于 2002 年 7 月起草完成。先后多次向农业部农村经济研究中心、中国农业大学经管学院国际农产品贸易研究中心、中商商业经济研究所、中国肉类研究中心、中国人民大学环境学院、北京工商大学经济管理学院、中国标准化研究院农业与食品研究室、国内贸易工程设计研究院、国家经贸委屠宰技术鉴定中心、中食恒信（北京）质量认证中心等相关领域的专家和各地的农副产品批发市场征求意见。根据反馈的意见，及时论证修改和补充，历时一年半时间。汇总意见修改后，于 2004 年 3 月将修改稿送交国家流通主管部门的有关专家审阅，经对各位专家提出意见的汇总修改，形成了本标准征求意见稿。3 月 25 日，在北京组织召开"农副产品批发市场国标座谈会"，商务部、国家标准委、农业部等部门的专家和领导出席了座谈会，会议邀请了北京市商务局、丰台区政府、北京市商业投资服务中心、新发地农产品批发市场、八里桥农产品批发市场、北京锦绣大地农业股份有限公司、北京农产品中央批发市场、石门农产品批发市场等农副产品市场方面的专家和企业代表，各位专家和企业代表均表达了对标准出台的热切愿望，就标准的条款提出了宝贵的意见。4 月 9 日至 23 日，商务部在网站上公布了该标准征求意见的函，第三阶段向全国公开征求意见，并将修改稿发到各省市流通主管部门征求意见。最后将意见汇总，形成了送审稿。

（四）标准主要条款说明

1. 本标准规范了农副产品批发市场的经营环境、经营设施设备、经营管理技术条件三个方面的内容。全面覆盖了批发市场从硬件设施条件到软件管理规范的各项要求，并为农副产品的流通安全提供了必要的制度保障。本标准的内容构架参照了 GB19220 的内容。

2. 经营环境要求包括对场地选址、场门、场内地面、道路交通、停车场、场内建筑、建筑内分区等方面的要求，内容覆盖了批发市场经营环境的各项基本要素，是对批发市场的整体布局的鸟瞰图。经营设施设备要求包括服务设施设备、计量设施设备、保鲜储存设施、运输设施设备、卫生安全设施、检测设施设备和消防设施设备共七个部分内容，覆盖了农副产

第二篇　农业供给侧结构性改革——乡村振兴的重要内容

品批发经营场所的各类相关设施设备。两部分内容构成了本标准对农副产品批发市场全部的硬件要求，是"实行收购、储存、加工、运输、销售等全过程质量安全控制，大力推进农产品质量安全、质量等级、计量、包装标识等标准的实施"的硬件基础。

3. 本标准经营管理技术条件部分包括商品质量管理、经销商管理、交易服务管理、人员管理和信用管理五个方面的内容。商品质量管理部分提出了从农副产品的进货、索证，到检验，到商品堆放，进而对不合格商品进行清退的销售全过程要求，覆盖了商品质量管理各个关键点的控制要素。经销商管理部分提出了从经销商进场，签署规范合同，到对其进行食品安全培训，进而从长远角度建立场地、场厂挂钩合作的全过程管理要求。交易服务管理部分围绕批发市场的服务管理和对经营设施设备的管理提出具体的管理要求。人员管理部分提出了对批发市场商品质量检验、卫生防疫、环境卫生、设施设备检修、车辆装卸、治安管理、信息宣传、消防安全等各类从业人员的资格要求，同时也提出市场对全体从业人员进行培训的要求。信用管理部分提出了对经销商的经营行为和市场的各项工作进行公示的制度。从全过程商品质量管理的角度看，是对市场所有经营行为的记录，是对完整的农副产品批发市场管理制度的最后印证和把关。

4. 本标准的适用状况。我国农副产品批发市场的发展起步较晚，始于20世纪80年代中期，但发展十分迅速。截止到2002年底，全国有各类农副产品批发市场4000多个，其中年成交额超过亿元的农副产品批发市场有821家。市场的快速发展在各地表现出严重的差距，有65.9%的农副产品批发市场集中在东部地区，17.5%集中在中部地区，16.6%集中在西部地区。亿元以上的农副产品批发市场在西部地区只占7.8%，中部地区占18.4%，东部地区占56.3%。在交易额上，东部地区农副产品的批发交易额占全国农副产品批发交易额的74.4%，中部地区农副产品批发交易额占全国农副产品批发交易额的15%，西部地区农副产品批发交易额占全国农副产品批发交易额的10.3%。批发市场的交易规模反映出各地区农副产品批发市场的良莠不齐。在经营硬件方面，中西部地区和东部农村地区的大部分农副产品批发市场，经营环境比较简陋；地面缺乏硬化处理，雨天地面有淤泥、积水,车辆打滑,农副产品多为露天交易,商品分区比较粗,市场对水质的污染缺乏保护管理;各类经营设施设备都比较缺乏,农副产品进场交易没有相应的检验设施,保鲜储存设施严重不足。在管理规范方面,中西部地区除中心城市大型批发市场外,经营管理制度落后;经销商流动性强,商品入场没有准入管理措施,市场人员的教育程度也十分有限,建立文件制度体系比较困难,信用管理几乎空白。中西部城市交易额超过亿元的农副产品批发市场,运营时间较长,客户关系基本稳固,已进入成熟发展阶段,有提升服务设施和规范管理的意识和经济基础。本标准将为其提升服务质量,规范经营管理起到指南的作用。东部沿海城市的农副产品批发市场管理者经营的意识较强,交易额相对较高,达到以上的场地环境要求相对比较容易;在设施设备方面需要增加投入、添配齐全,在管理制度方面需加强人员的培训、规范经营,完善商品安全的制度保障体系,逐步建立信用管理机制。由于这些地区的市场农产品交易量较大,是我国农产品流通安全的主要治理对象,本标准将在它们身上体现出食品安全卫士的作用。本标准经过一段时间的推行,可以积极改观我国现有农副产品批发市场的整体状况,增强我国农副产品流通的安全比率。

本标准为推荐性国家标准,在国内和国际均属于空白领域,为更好地指导我国特定历史时期对农业标准化的工作需要,标准的内容积极地汲取了国际先进的管理理念,如参考了国际 ISO/DIS9000 族质量管理体系中建立文件管理体系的理念和正在被国际广泛认可的 GMP 食品企业良好操作规范的管理要求,并以支持我国现有的相关强制性标准为原则。本标准引用了国家标准《GB8978 污水综合排放标准》《GB10001 标志用公共信息图形符号》《GB14881 食品企业通用卫生规范》《GB/T17217 城市公共厕所卫生标准》和《GB19085 商业、服务业经营场所传染性疾病预防措施》等国家标准,并支持本标准所列引用标准的最新版本。

(五) 分歧意见处理经过和依据

标准中 3.1 农副产品的定义一直是争论的焦点,本标准讨论稿中曾使用"包括蔬菜、水果、肉禽蛋、水产品、粮油等产品及其加工品"。后有专家认为应改为"包括粮食、畜禽、水产、蔬菜、水果等产品及其为原料的加工食品",认为"加工品"前面的都应该是初级农产品,农副产品就是"粮食、畜禽、水产、蔬菜、水果"这些主要的农产品和由它们加工的食品;又有专家认为如果这样改就不包括食用油、食用糖、蜂产品、土特产品等农副产品,建议在本句前面加"主要"一词。起草组在1993年出版的《中国商业百科全书》找到农副产品的定义为:"农产品按照商品经营划分为5类:(1)食品类,包括粮食、食用油、活畜、活禽、肉制品、蛋品、蔬菜、水产品、糖料、调料、干鲜果品等;(2)畜产品类,包括制革和制裘原料皮、翎羽、绒毛、猪鬃、肠衣等;(3)纺织纤维类,包括棉、麻、茧、羊毛等;(4)土特产品类,包括生漆、棕油、天然橡胶、毛竹、草编织品、日用陶瓷器皿、野生植物等;(5)中草药类。"可见农副产品的定义是无法穷尽的,并且它随着社会的发展还在不断地演变,建议仍维持原有定义,因为该定义是参考台湾农产品批发市场管理办法中的定义,并与国家标准GB/T19220-2003一致。

三、规范要点

标准规定了农副产品批发市场的经营环境要求、经营设施设备要求和经营管理技术条件。

标准适用于申请开业和运营中的农副产品批发市场,也适用于包含农副产品批发交易活动的其他类型的批发市场。

(一)标准对经营环境的要求

场门应整洁、美观,各种标识规范、鲜明,应设有车辆和人员专用出入口。

场内地面应做到硬化、平整、清洁,便于清洗。

交易厅(棚)应在入口醒目的位置设置标识或牌匾,标示经营的农副产品类别。厅(棚)内应通风、明亮。

应按农副产品大类分区,同时要兼顾农副产品的保鲜特性,同类型商品应在同一交易区内经营。蔬果、肉类、水产品、粮食和副食品要分区,冷冻农产品和非冷冻农产品要分区,生鲜农产品和熟食品要分区,有包装食品和无包装食品要分区,防止农副产品之间的交叉污染。

交易场地人流、物流、车辆应组织畅通,应设有专用的机动车停车场,道路和停车场地地面应承重、耐磨、防滑。

新建市场应符合本地区的商业网点规划要求,设在交通方便之地,考虑与周围商圈服务的协调性,并符合环境保护和市容环境卫生的要求。应与同类型、同规模的批发市场保持合理的距离,大中城市销地农副产品批发市场应充分考虑与零售市场运销的省时、通畅、便捷和低成本。

交易大厅宜建为单层建筑结构。多层的市场应有承重和货车吨位限制及堆货限高要求。

水产品和鲜畜禽肉类交易厅(棚)内场地设施应每日冲洗,不存污水,保持清洁。

(二)经营设施设备要求

1. 服务设施设备

应设立导购图、车行路线标示图、公用电话、公告栏、投诉电话、校秤点等公共服务设施,各类公共设施应标识醒目,应符合 GB10001 的规定。

应设有信息发布公告栏。

以拍卖交易为主的批发市场应配备电子屏幕,并有网络设备和电子结算设备。

以生鲜肉类交易为主的应与国家认定的定点屠宰点场厂挂钩,并配备胴体吊架、低温保鲜设施、低温保鲜运输车辆和卫生消毒设施。

2. 计量设施设备

应使用检定合格、未超过检定周期的计量器具。

应设置符合要求的公平秤,并负责验证、维护和监督检查,并定期送法定计量检定机构进行检定。

应有交易结算、信息交流、交易统计等服务设施和功能。应准确及时地反映交易情况，为交易双方和有关部门提供交易服务和统计信息。

3. 保鲜储存设施

以鲜活水产品交易为主的应配备蓄养池，水产摊位前须设置明沟，并盖有下水井盖。

以生鲜肉类交易为主的应有闭合的交易棚。

以粮食交易为主的应具备满足粮食安全保管的仓储设施。

以冷冻产品交易为主的应具备满足交易需要冷冻储藏设施。

以果品交易为主的应配备满足交易需要的保鲜储藏设施。

有活畜和活禽交易的应有专门的区域和围栏设施，便于隔离管理。

冷冻产品陈列应保持冷冻状态。

由于空间的局限不能自建仓储设施的，应根据不同农副产品的保鲜特点，租用附近地区相应的仓储设施。

4. 运输设施设备

应根据农副产品交易的需要配备相应的运输工具和装卸、搬运等辅助设备。

5. 卫生安全设施

应建卫生间，卫生间数量应与经营规模相匹配。卫生间应符合 GB/T 17217 的规定。卫生间的上、下水管要通畅，冲洗设施齐全，并保证清洗的用水。

应有垃圾桶，设垃圾中转密闭间，对废弃物集中处理并清运。对特殊固体废弃物能集中管理，并移交相关单位作无害化处理。

应建卫生消毒间，统一管理和使用杀虫药剂，承担市场的防疫工作。

现场食品加工应符合 GB 14881 的规定，食品加工应有加工间，防止污染。

有畜禽屠宰业务的农副产品批发市场应建立符合 GB 14881 要求的集中的安全屠宰操作车间。

应有污水排放管道设施。污水排放应符合 GB 8978 的规定。

6. 检测设施设备

以蔬菜、水果交易为主的应配备农药残留的快速检测设备和相关辅助设施设备。

以水产品交易为主的应配备检测甲醛、水质的检测设备。

以鲜畜禽肉交易为主的应配备检测肉内注水含量和兽药残留的设备及相关辅助设备。

7. 消防设施设备

应配备消防安全设施，并有专人监督管理。

(三) 经营管理技术条件

1. 商品质量管理

应设有专门的机构并建立相应的质量管理制度负责对进入市场的农副产品质量进行查证、抽检和监督管理。

应查验场内交易的农副产品的质量检验合格证明，定期或不定期对场内交易的农副产品质量进行抽检，对抽检不合格的农副产品及其经销商依合同约定或有关法律法规进行处理。

交易商品应感观清洁，并堆放整齐。推行交易商品规格化、标准化，使用统一的包装。

质量不合格的农副产品要停止交易，及时清退。

2. 经销商管理

应有市场准入管理制度，设有专门的机构和人员负责经销商的管理。应对申请进入市场交易的经销商经营资格进行审查，建立管理档案，监督经销商开展合法的经营活动。

应对进入市场交易的经销商进行卫生管理和食品安全方面知识的宣传和培训。

应与经销商订立进场经营合同。合同应约定双方保障食用农副产品安全卫生质量的有关权利、义务、违约责任及处理方式。

推行"场地挂钩""场厂挂钩"。

3. 交易服务管理

应建立投诉管理制度，并设立专门的投诉机构，专人负责，投诉电话应在全市场公示，投诉处理情况要跟踪。

食品检测、卫生防疫环境卫生工作应形成制度，并有工作记录。

应有计量管理制度。市场对场内使用的属于强制检定的计量器具应登记注册，向当地质量技术监督部门备案；配合法定计量检定机构做好强制检定工作；设置符合要求的公平秤，定期送当地法定计量检定机构进行检定；做好市场定量包装商品、零售商品等计量监督管理，对市场票据、票证、商品标识等应当使用法定计量单位。

国家公告的传染性疾病暴发时期，市场管理应符合 GB19085 的要求。

应有仓库管理制度，有专人管理，并形成记录文件。

应有消防管理制度，有专人管理，并形成记录文件。

应有设施设备的检修部门，有专人管理，应保证设备检定合格。

4. 人员管理

应有负责质量检验、环境卫生、设施设备检修、车辆装卸、治安管理、信息宣传、消防安全管理等方面的服务人员，各类从业人员应具备当地劳动和保障部门要求的从业资格。

应有食品卫生检验和卫生防疫专业技术人员。应定期检查市场服务人员的健康状况，经营熟食品的人员应有当地卫生主管部门颁发的健康证明。

应对市场从业人员进行卫生管理和食品安全方面知识的宣传和培训，推行培训上岗制度。

5. 信用管理

应建立市场信用记录制度，对场内经营违规行为实施警示通告管理。

（原文见 2012 年《新农村建设与市场热点研究》）

参考文献：

［1］李泽华．我国农产品批发市场的现状与发展趋势．中国农村经济，2002.6.

［2］毕美家．中国农产品批发市场建设与发展方向．中国农村经济，2001.12.

［3］《全国农产品批发市场发展规划纲要》（2001—2010），2000.8.

［4］农业部市场与经济信息司．农产品市场体系建设调研报告，2001.11.5.

［5］2002 中国农副产品批发市场建设与现代管理高层研讨会在北京隆重召开．"中国批发市场"会刊，2002.5.

食品安全问题应警钟长鸣

——关于上海福喜等食品安全事件的分析与建议

2014年7月20日晚间新闻报道,上海广播电视台记者通过两个多月的暗访,曝光上海福喜食品有限公司将过期肉类原料重新加工、更改保质期后销售给下游企业。仅2014年6月18日,上海福喜食品有限公司就用18吨过期半个月的鸡肉作原料,制成麦乐鸡,提供给下游企业。2014年6月11日和12日,该公司加工的迷你小牛排使用了10吨过期的半成品。按照食品质量标准,这些材料应当依法作为垃圾处理。新闻报道后,上海市食安办人员第一时间到达上海福喜食品有限公司处理此次食品安全事件。2014年8月12日新华社等媒体又曝料深圳沃尔玛再曝食品安全问题:熟食用油一个月不换;长虫大米做成快餐出售;机打限用日期改手写;26次执法检查均合格、称较少检查熟食原材料。举报人被停职是个危险信号!据《羊城晚报》2014年8月13日报道:深圳沃尔玛使用过期原料做熟食事件曝光后,举报人为沃尔玛内部职工被停职,是个危险信号!违法者处罚轻、举报人奖励少,甚至停职除名,打击报复,保护不力使中国内地成为不法企业的沃土!以后还敢举报吗?这位员工就是一个"榜样"!

福喜"过期肉"事件的曝光引起社会各界高度关注。虽然上海福喜公司所属的OSI集团向消费者致歉,并称"愿为整个事件承担全部责任",但仍然不能抚平中国消费者失望及伤痛之心。人们不禁追问:此类食品危机该怎样防患于未然?事件暴露出中

第二篇 农业供给侧结构性改革——乡村振兴的重要内容

国食品供应链的哪些漏洞？近日围绕这一热点问题，《中国批发市场》就农产品流通环节食品安全问题专访国务院特殊津贴专家、农业部农村经济研究中心研究员徐柏园教授。

记者：您认为此次福喜"过期肉"事件暴露出我国食品安全保障体系方面哪些突出问题？

徐柏园：上海福喜"过期肉"事件可以定性为一个商业欺诈事件，也是食品企业不诚信的恶劣表现。食品安全问题的出现要全面分析，在此次事件中，不仅暴露出食品安全检测监管的问题，从流通角度来说，也暴露出肯德基、麦当劳等知名洋快餐品牌在监管供应链上的弱点。据英国路透社2014年7月29日报道，肯德基、麦当劳这样的大企业需要通过低廉的进货价保证市场竞争优势，类似福喜事件的发生在所避免。20世纪80年代末90年代初，肯德基、麦当劳等洋快餐进入中国时属于高档消费，近些年早已演变为大众消费。在通货膨胀的大背景下，麦当劳等大企业都是微薄利润来进行竞争，而这种竞争优势恰恰需要通过低廉进货价格、压缩原料成本进行保证。因此，在此事件中，洋快餐一味追求利润，压低采购成本，未能表现出国际食品餐饮业巨头应有的自律，也难辞其咎。因此，下游对上游供应的产品不能过于压价，应与上游产企业形成良性的利益分成，并且应对上游供应原材料进行再检测。因此，下游对上游供应的产品不能过于压价。应与上游产企业形成良性的利益分成，并且应对上游供应原材料进行再检测。就食品监管而言，应加大对食品企业进货商的监管，并提高处罚力度，支持消费者索赔，让餐饮店先行赔付，确保市场能够把好进货关，尽到把关责任。

就政府监管来讲，此次"过期肉"事件爆发后，上海食品药品监管局的快速反应值得肯定，上海市委，市政府也高度重视，相关负责人强调，食品安全无小事，事关广大人民群众身体健康和安全，政府各监管部门必须坚持"五个最严"，从标准、准入、执法、处罚、问责各环节落实依法从严监管的原则。在"福喜事件"中，媒体发挥了重要作用，要支持媒体，保护记者，保护举报者，这样的舆论监督是正能量。"在上海，不管什么企业,只要违法,都必须依法受到严惩。"但是要怎样严惩,从政府监管方面看,需要从法律制度建设、监管体系完善、诚信体系建设三方面着手,相互结合才能从根本上解决食品安全问题。

一要严格法律惩处,提高违法成本。当前,中国对于食品安全事故责任主体的处罚力度不够,国外一家企业违法经营就面临着破产的风险,而在我国,违法成本很低。2014年6月下旬,被称作"史上最严"的《中华人民共和国食品安全法(修订草案)》在第十二届全国人大常委会第九次会议上初次审议,并面向社会公开征集意见。其中,第一百二十五条规定,违反本法规定,生产经营标注虚假生产日期的食品、食品添加剂,或者经营超过保质期的食品、食品添加剂的,由食品药品监督管理部门没收违法所得和违法生产经营的食品、食品添加剂以及用于违法生产经营的工具、设备、原料等物品;违法生产经营的食品、食品添加剂货值金额不足一万元的,并处五万元以上十万元以下罚款;货值金额一万元以上的,并处货值金额十倍以上二十倍以下罚款;情节严重的,吊销许可证。这种从法律制度层面进一步加大违规者的处罚力度,加强从严监管,对于减少食品安全违法事故的发生具有一定的震慑作用。

福喜集团受到严惩的信息已经显现。据2014年9月23日《第一财经日报》报道,福喜事件受伤的不仅是福喜集团,一条产业链上的企业都遭遇重挫。受福喜事件冲击,麦当劳全球8月销售额创11年以来最大降幅。上海福喜命悬一线,遣散340名员工,6名员工被批捕。合作伙伴麦当劳、肯德基、必胜客和711连锁店切断联系。美国福喜集团用了20多年的时间和7.5亿美元来打造的中国业务,在这次事件后轰然倒塌!

二要建立覆盖整个食品生产链条的监管体系。中国目前对于终端食品的监管比较严格,但对于食品供货商和生产商之间的流通监管相对不足,食品安全法第九十六条规定,食品销售商只有在明知食品不符合食品安全标准,仍然销售该食品才承担赔偿消费者的损失。如果将此次事件中的"洋快餐"行为认定为销售行为,就可以根据食品安全法第九十六条规定不承担任何责任,在某种程度上过度保护了销售企业的利益。作为销售商的"洋快餐"不能把责任完全推给原料供应商,食品销售商如果不存在任何过错，承担赔偿责任之后，可以向供货商追偿。这样可以倒逼食品销售商，严格审查供货商的资格，建立台账制度。政府应加大对食品供应商、加工商、销售商等产业链上下游企业的全面监管，加大对各环节违法的处罚力度。因此，对监管的失职、渎职的行为的加大惩处的细则提到了重要议程。

三要推进诚信建设制度化，全社会全面参与。企业是食品安全第一责任人，但目前企业诚信意识和社会责任感相对缺失。正因为诚信的缺失，才导致食品安全事故的时有发生。诚信是社会主义核心价值观的重要内容，是公民基本道德规范，是社会主义市场经济的基础。2014年8月1日，中央精神文明建设指导委员会向全社会公布《关于推进诚信建设制度化的意见》，第二十条中明确提出，要健全法规制度。"推进信用立法工作，推动相关部门和立法机构依据上位法出台配套制度、实施细则及司法解释，使信用信息征集、查询、应用、互联互通、信用信息安全和主体权益保护等有法可依、有章可循。推动各地把一些行之有效的管理经验上升为法规制度，制定诚信建设地方性法规、行政规章和规范性文件。具有立法权的全国文明城市、提名城市在诚信法规制度方面要先行先试、积累经验，为国家信用法规建设提供借鉴。"仅把社会诚信问题纳入道德体系建设中是不够的，还必须纳入政府保障和提高民生质量的社会管理中；社会诚信建设，也不仅是社会诚信教育、相关制度健全和完备的问题，更是制度挺立而具有权威和实效的问题。制度有信用，人有信念和信仰，社会充满信任，诚信的社会才能到来。《关于推进诚信建设制度化的意见》第十七条提出要完善诚信监督体系。

"坚持行政监管、行业管理、社会监督相结合，构建多层面、全过程、广覆盖的监督体系，对各类社会信用主体实施有效监管，从源头上遏制失信行为。"这就需要建立政府监管、市场约束、行业自律、社会监督于一体的失信惩戒机制，一是要进行行政监管性的约束和惩戒，建立各行业黑名单制度和市场退出机制；二是进行市场化的惩戒和约束，要制定信用基准的评价指标体系和评价方法，完善失信信用记录和披露制度，使失信者在市场交易中受到制约和限制；三是要进行行业性的约束和惩戒，通过行业协会来制定行业的自律规则并监督会员遵守，对违规的失信者采取惩戒性的措施；四是要进行社会性的约束和惩戒，完善社会舆论的监督机制，加强对失信行为的披露和曝光，营造守信光荣、失信可耻的舆论氛围。此外，消费者的食品安全意识也要提升，只有让劣质食品无生存市场，才能从根本上杜绝劣币驱逐良币的现象。

诚信体系建设是一个系统工程，需要政府、企业、个人、社会组织的全方位参与。落细、落小、落实，是下一步的重点。在诚信建设中，政府提供了底线规则，各行业需要根据自己特有的情况制定本行业的运行规则，从而形成一个完善的制度体系。在信用信息建设中，要加快社会征信系统建设，完善信息共享机制，建立起覆盖全社会的信用信息系统。要促进各部门信息的整合，确保信息畅通。尤其在落实上要与法律惩戒相结合，同时加强行业自律。

德国、美国、法国等国家食品安全监管法制健全，有法必依、执法必严、违法必究，并以严厉的处罚与严格的执法作为食品生产加工企业建立诚信制度的基础，这些国家的一些经验可供我国借鉴。

美国有立体监管网络，各大食品生产企业中设有驻厂监督员，驻厂监督员隶属于美国卫生教育福利部的美国食品和药品管理局（FDA）。驻厂监督员负责检查生产流程，购买、抽取样本，检查生产记录，跟踪企业的退货信息，核实消费者的举报信息等，对出现食品安全事故的企业处以严厉处罚。法国在食品供应链的源头实行了严格的监控措施。供食用的牲畜如牛、羊、猪都会挂有识别标签，并由网络计算机系统追踪监测。屠宰场还要保留这些牲畜的详细资料，并标明被宰杀牲畜的来源。肉制品上市要携带"身份证"，标明其来源和去向，对于经营过期食品的商店勒令关门。

德国是全球食品法规最严格的国家之一，以肉制品监管为例，从立法、监管、销售到追惩环节，德国的食品法所列条款就多达几十万个，涵盖了原材料采购、生产加工、运输、储藏和销售等每一个环节。在肉类生产上，都要通过食品质量安全认证。从饲料、畜牧场、屠宰场、肉品出售、运输业到食品零售商的产销链中，均有规定。像饲养场的每种饲料配方，必须抽取500克保存3个月，以供检验机构的后续查验。德国在肉类监管方面也十分严格。"不给肉类欺诈一点机会",是德国食品检查员的工作口号。日本在流通和销售环节实行严格的食品标注制度。日本米面、果蔬、肉制品和乳制品等农产品的生产者、农田所在地、使用的农药和肥料、使用次数、收获和出售日期等信息都要记录在案。农协收集这些信息,为每种农产品分配一个"身份证"号码,供消费者查询。

日本对待福喜事件的处理方法是:日本麦当劳公司7月21日中断了上海福喜的供货,500家店铺不再销售"麦乐鸡块"。此时全家便利店也与7月22日宣布在日本约1万家店铺,停止销售"蒜香鸡块",该公司股票也随之下降。日本对食品安全事故的处理做法:一是问题食品全部下架;二是如果是上市公司所为,将面临股票暴跌、倾家荡产的下场。上述这些严惩措施都可以借鉴。

记者:农产品市场是我国农产品流通的主渠道,也是食品安全的关键控制环节,您怎么看待农产品市场在保障食品安全方面的角色?

徐柏园:我国是个农产品、食品消费大国,同时,又是小生产、小作坊生产食品的汪洋大国。但无独有偶,本文的两个案例,都是世界上的大品牌、跨国大超市。可见,如果没有诚信的、严厉法治的一整套机制、体制的运行,只靠少数的监管机构监管,食品安全问题无法从根本上解决。

市场经济是一种契约经济,要用诚信来维系。没有诚信作为前提和基础,就不可能有真正的契约经济存在,也就不可能有下一个契约的产生。随着我国社会主义市场经济的发展,作为市场经济基础的诚信理念建设就成为建立规范的社会主义市场经济秩序的迫切任务。基于此,党的十七届六中全会指出,要"把诚信建设摆在突出位置,大力推进政务诚信、商务诚信、社会诚信和司法诚信建设,抓紧建立健全覆盖全社会的征信体系"。

党的十八届三中全会更明确指出,"诚信"是社会主义核心价值观的重要内容之一。市场经济活动中的诚信是以经济行为为主体、以偿还为条件的各种借贷关系的总和。它要求经济行为主体履行自己最初的承诺,即具有一定的诚信理念。因此,诚信建设是建立社会主义市场经济的内在要求。当前,我国市场经济条件下的法律、法规还很不完善,社会信用制度也还未完全建立起来。在此情况下,一些行业、领域出现了程度不同的失信现象。必须加大对失信行为惩戒力度,在全社会广泛形成守信光荣、失信可耻的氛围。

这些违背诚信原则现象的不断出现不仅损害了本企业、本部门、本行业的形象,给国家、企业、个人造成了重大损失,而且严重搅乱了市场秩序,影响社会稳定,有碍于社会主义市场经济的健康发展。以对企业的影响为例,我们知道,信誉是企业的形象,也是企业的生命线。企业只有得到社会的信任,才能不断提高知名度,创造出更大的利润。我国各地都有一些老字号,迄今长盛不衰,其中道理之一就是自身的诚实和守信。相反,企业如果不讲信用,没有诚信理念,采用坑蒙拐骗的手段,制造假冒伪劣的产品,最终必将自食其果。

农产品市场是我国农产品流通的主渠道,也是食品安全的关键控制环节,农产品市场企业在保障食品安全方面必须担当第一责任的主体,市场一把手是法人代表,要首先担当行政和法律的责任,是第一责任人。

各级各类农产品批发市场要对入场销售的产品把好索证索票关,并应设立或者委托农产品质量安全检测机构,对进场销售的农产品质量安全状况进行抽查检测;发现不符合农产品质量安全标准的,应当要求销售者立即停止销售,并向相关行政主管部门报告,并将销售人记入信用档案。

另外,要进行行业性的约束和惩戒,通过行业协会来制定行业的自律规则并监督会员遵守,对违规的失信者采取惩戒性的措施。2013年国务院在机构改革和职能转变方案中提出,"按规定需要对企事业单位和个人进行水平评价规范由有关行业协会、学会具体认定"。

借鉴国际经验,辐射面广、销售份额大的大型农产品产地及销地批发市场、大型食品加工企业必须有国家质检、农业部质检机构进驻日常检查把关,合格后才能进入流通领域消费市场。

笔者1996年12月到美国新泽西州的比布朗肉类、水产加工批发公司考察,这是一家供应1000多家超市、200多家餐馆和二级批发商的大型企业。据介绍,其检疫是由美国农业部防疫检查部门进驻该公司负责。并加入了美国肉类出口协会,服从行业协会的自律原则。该公司有90多年历史,300多员工,营业额为4亿多美元,出口额1亿多美元。笔者还到中

第二篇　农业供给侧结构性改革——乡村振兴的重要内容

国台湾地区调研，了解到农产品批发市场的农产品最后要经台湾地区卫生单位检测合格后才能出售；笔者多次到深圳南山农产品批发市场调研，该市场是供应香港农产品的主要市场，农产品的质量合格率在全国一直名列前茅。深圳市农业局在该市场内设立了检验检测室，对农产品质量进行把关，此检测室也担负社会委托检测职能。

记者： 三绿工程是加强食品安全管理的一项有效的系统工程，其中培育绿色市场是其中重要一项。您曾担任GB/T19220《农副产品绿色批发市场》和GB/T19221《农副产品绿色零售市场》两个国家标准的专家审定组组长，绿色市场审核员。请您谈谈绿色市场在保障食品安全方面起到的作用，您认为行业协会在绿色市场培育建设方面是怎样一个定位？

徐柏园： 要积极创建绿色农产品市场，让百姓买得放心、吃得放心。

"诚信"是创建"绿色农产品市场"的核心基石。商务部等13部门推行和开展的"三绿工程"，特别是"绿色市场"培育和认证工作，是推进食品安全、由千万家市场自己监管的重要一步，是个好措施。2004—2006年，笔者连续三年五次为全国三绿工程办公室组织的全国绿色市场标准及认证培训班作培训报告。2003—2006年连续四年四次在国家图书馆由北京社联、《北京晚报》共同举办"社科科普周"作有关"21世纪食品安全与北京实例""创办绿色市场、倡导绿色消费"等题目报告。仅2007年一年，以"积极创建绿色农产品市场——坚决打好食品安全整治特殊战役"为题，在"北京周末社区大讲堂"平台上，分赴延庆、平谷、房山三区四地作报告，单场听众超过500人，讲课声音还通过有线广播传递到偏远乡村山区等。笔者还分别在北京的石门市场、广州的江南市场、陕西商务厅组织的培训会讲课。这些充分说明了绿色农产品市场广泛受到欢迎的程度。讲课部分内容收录在《北京周末大讲堂集萃》（第一辑），同心出版社2008年7月出版。

绿色市场的诚信内容主要体现在两个绿色市场国家标准中。商务部会同国家标准委、国家认监委等部门组织制定的GB/T19221《农副产品绿色零售市场》、GB/T19220《农副产品绿色批发市场》两个国家标准和《绿色市场认证管理办法》及有关实施规则，首次在国家标准中提出绿色市场概念，提出市场信用。两个绿色市场标准，规定了严格的农副产品市场准入条件，以及进货索证制度，对农产品进入市场实行"身份证"和"通行证"管理，保证食品安全问题可追溯。

绿色市场行动取得了一定的成果。先后举办了6期绿色市场标准与认证培训班，培训了1000多家市场管理人员，组织考核绿色市场认证审核员61名，确定了3家绿色市场认证机构。截至目前，共培育了4000多家争创绿色市场的试点、示范单位，已通过认证的达499家。

北京顺鑫石门绿色农产品批发市场是北京市19家通过认证的绿色市场之一，笔者2007年受中食恒信认证中心的委托，曾参与对其全员三天的培训。"绿色市场"行动一直在石门市场延续，据了解，自2011年下半年开始，该市场实行的食品安全"亮剑行动"剑锋所指：严肃整治散装熟食制品经营环境、开查酒水打假、加强食品专项检测制度如"瘦肉精""食品添加剂"发现一品查扣一品、严格实行限塑、建立食品安全管理的长效机制，打造名副其实的"百姓放心市场"。同样，北京回龙观商品交易市场经过绿色市场认证后，利用电子监控系统对主次干道、市场地面采交易厅棚实施全天候监测管理，保证营业期间无杂物、垃圾和污水。

在全国成千上万家农产品市场中，"绿色市场"的数量还是寥若晨星。问题主要出在食品安全"九龙治水"中不见商务部的名字。商务部应该在绿色市场中起主导作用，但两个绿色市场标准实施中均存在制度缺陷：一是标准GB/T其中T意味着是推荐执行的国家标准，也就是说，企业愿意执行就申请，不愿意就当没有这个标准；二是企业执行需交费认证。目前认证机构全部按市场经济机制操作，收费后才认证、颁证、挂牌。且审核员大部分为兼职，审核一个市场给一份钱。复查时每年还要交费。由于市场经济行为运作，难免会出现潜规则。企业由于自愿和交费的积极性不高，因而出现绿色市场认证出现寥若晨星局面。

针对这些问题有以下解决的建议。

一是建议将《农副产品绿色零售市场》《农副产品绿色批发市场》两个国家标准，定为国家强制推行的国家标准。

GB/T中的T字应去掉，也就是说，确定为国家推出的强制推行标准。

国家必须这样做。试问，如果是一个不诚信的市场，老百姓谁还敢去买食品或商品。建立市场，就应该是"绿色的农产品市场"。这样，可以突出千万家市场自己监管的自觉性和积极性，解决目前只靠食品药品监管、工商、质检等少数部门去检查千家万户厂、场、商、品种产品的制度性缺陷的局面。

建议有关部门下一步要加大绿色市场培育力度，尽快完善绿色市场功能，运用市场信息引导产业结构调整，发现消费热点，促进消费结构升级功能，引导健康、科学消费；注重绿色产业链建设，促使供应商提供绿色产品和服务，指导消费者绿色消费，打造完整的绿色产业链条，结合一系列扩大消费政策的落实，全面推进批发，零售市场在基础设施、管理、技术等方面提档升级，推进绿色市场建设工作上新台阶。

二是应重建绿色市场体系。

农产品销地市场：可由商务部主管，全国城市农贸中心联合会（原两个绿色市场国家标准的起草单位）主导制定社会信用体系制度，并形成一整套认证机构机制规章条例，协会内组成验证机构并负责实施。

农产品产地市场：可由农业部主管，中国农产品市场协会主导制定社会信用体系制度，并形成一整套认证机构机制规章条例，协会内组成验证机构并负责实施。

多年来的事实证明：这两个行业协会在过去的行业健康运行中都能发挥出积极的正能量作用，它们可以完成此项工程任务。

面对农产品绿色市场验证机构的人员编制和经费问题，需要另议。笔者的经验建议是：应由国家编制单位给予事业单位编制；经费应由财政拨款。

（原文见《中国批发市场》2014 年第 8 期）

加入WTO提高农产品国际竞争力和创新贸易方式

加入WTO后，对中国农业的影响举世瞩目。本文就加入WTO后农产品市场提高国际竞争力和创新农产品市场贸易手段方面做一粗浅分析。

一、运用国内资源成本分析农产品国际竞争力的大小、影响和对策

国内资源成本是指本国生产某种可贸易商品所需支出的社会机会成本与商品国际价格的比较，其倒数就是国内资源生产力（DRP）。因此，国内资源成本法也被称为国内资源生产力法。显然，如果国内资源成本大于1，说明本国生产此种商品的机会成本高于国际市场价格，无竞争优势；如果小于1，则具有竞争优势。同样，其倒数即国内资源生产力越大，则该国在该商品上的国际竞争力越强。国内资源成本的大小，主要是由国内生产的投入产出系数、可贸易商品国际价格、生产要素的影子价格所决定。显然，与上述方法比较，其区别主要是用商品国内生产的机会成本替代了国内价格，这就排除了国内市场短期供求、产品与要素价格扭曲、特殊政策等因素对农产品进出口的影响，从而能够更好地反映由资源状况所决定的潜在竞争力水平。

我国农产品中肉蛋奶、蔬菜、羊毛、皮革以及除棉花之外其他工业原料在国际贸易中一直具有较强的竞争力（DRP>1），具有地域特色的其他农产品国际竞争力在不断增强。棉花、水果、林产品（DRP）接近于1，

第二篇 农业供给侧结构性改革——乡村振兴的重要内容

在国际贸易中不具备绝对优势,但仍具一定的竞争力。水稻、小麦等粮食作物的国际竞争力一直很差;粮食作物内部比较,稻谷的国际竞争力要强于小麦等粮食品种。

总的来说,水稻、小麦等粮食作物国际竞争力比较差,这主要是资源禀赋条件(包括自然禀赋、后天禀赋)和生产技术水平所决定的。在现有生产技术水平的条件下,人多地少的农业资源特征是影响我国农业国际比较优势的主要原因。人均耕地只有世界平均水平的1/3。这就决定了我国在生产劳动密集型(生产投入中劳动比例相对较大)农产品方面具有优势,而在土地密集型(生产投入中土地的比例相对较大)农产品方面不具有优势。生产一些劳动力比较密集的农产品,如蔬菜、水果、鲜花、肉蛋奶和部分经济作物会有明显的竞争力。

(1)土地密集型农产品特别是粮油产品总体上不具有优势。

(2)在国际市场冲击下生产相对萎缩,粮食自给率可能下降,不利于保障粮食安全。

据美国农业部经济研究局报告分析:中国加入WTO后,会使稻谷、小麦、棉花、羊毛、植物油等农产品不同程度减产,减产幅度在14%~37%之间。

(3)粮油主产区农业劳动力过剩问题可能突出,农民收入将受影响。

目前,我国农业部门吸纳3亿多劳动力,但随着种植业萎缩,将减少就业机会1300万个。国内有关部门预计国内小麦、豆油、玉米、大米、棉花等农产品生产下降会减少农民就业机会2000多万个。我国二、三产业吸纳劳动力有限,小城镇建设刚起步,大量剩余劳动力转移会有较大困难,对城市造成一定压力。

(4)农业产业化程度低以及流通体系效率差,将成为提高我国农产品国际竞争力的严重制约。

目前,我国农民组织化程度低,全国2.3亿农户面对国内外大市场,显然不能适应市场变化。加入WTO后,此问题会更加突出。另外,流通主体单一,流通费用较高,效率低,难以适应国际市场竞争,不利于我国国内农村市场同国际市场对接,以促进农业生产增长方式的转变。

二、提高我国农产品国际竞争力的思路和措施

加入 WTO 后,要积极采取措施,将一些不利影响减少到最低程度,强化优势农产品的国际竞争能力。

(一) 积极主动地调整农业结构,减少土地资源型的农产品生产,增加高品质的劳动密集型农产品的生产

要主动减少次等粮和油糖等土地密集型农产品,增加优质菜、果、花卉、肉蛋奶及加工品等劳动密集型农产品的生产。2000 年农产品出口额达 207 亿美元。以蔬菜为例,目前全国各地都把发展蔬菜产业作为农村结构调整的重要内容,据统计,2000 年全国蔬菜种植面积已达 2.5 亿亩,产量高达 4.4 亿吨,占全世界蔬菜总产量的 66%,人均年消费总量超过 350 公斤。而国家城调队统计,2000 年人均实际消费仅 120 公斤左右,扣除加工、出口和计算方面的问题,可分析有很大一部分蔬菜根本没有进入流通环节,而是损失在菜地里。显然,提高农产品竞争力的首要问题,并不是苛求数量的增长,而是着眼于品种优化与质量的提高。

粮食上要压缩春小麦、南方小麦、劣质早籼稻的生产面积,增加国内需要的硬粒小麦、特种玉米、饲料稻、优质早籼稻和小杂粮的生产;棉花生产要发展抗虫优质和特种棉生产;水果要压缩大路品种,增加优质品种、小品种生产;蔬菜生产的发展方向是协调南北方的生产关系,稳定反季蔬菜的供给量,大力发展无公害蔬菜。养殖业也要从产量最大化向提高质量,追求效益方向调整。

(二) 依靠科学技术,积极转变农业增长方式

加强培训,加强对农业科研、技术推广的支持力度。1996 年国家用于农业科研的经费只占农业 GDP 的 0.36%,相当于发达国家的 1/6。应加大科研支持力度,提高农产品的科技含量。

（三）合理设计农业支持和保护体系

1. 改变目前的补贴方式，充分利用"绿箱政策"。
2. 充分利用 WTO 规则内的国内支持空间，尽快建立比较完备的农产品价格调控体系，特别是完善粮食收购保护价制度。
3. 按照 WTO 规则要求，限定农产品市场准入空间，建立起科学的农产品质量标准及检测体系，通过一些非关税手段促进我国农产品出口，限定国外部分农产品进口。

（四）加速农村二元经济结构的转变，大力推进劳动密集型产业的发展，更多、更有效地吸纳农业剩余劳动力

农产品竞争力与农业生产规模有关，要尽快将农业剩余劳动力从土地上转移出去，发展二、三产业和向产业化进军，以提高农业生产规模效益。

三、改革国内大宗农产品流通体制，创新贸易手段，提高流通体系运营效率

（一）加入 WTO 后深化改革流通体制的要点

1. 培育以农民为主的合作组织，培育成为市场经营主体。
2. 尽快结束内外贸、生产的三线流通、生产脱离的生产流通体制。
3. 改革国内粮棉油购销体制，特别是收购体制，要让有条件的非国有企业逐步进入市场，以培育多元化的市场主体。
4. 制定新的市场准入政策，从全国选择几家大的国有企业和私营企业，进入粮棉油以及农业生产资料的进出口贸易领域，开展市场竞争。
5. 完善农贸市场、批发市场、期货市场的市场体系建设，特别同期货市场形成价格对接，规避国内外价格风险，健全市场法律法规，促进全国统一市场的形成。

（二）创新贸易手段，提高流通体系运营效率

创新贸易手段中，更应做好绿色贸易、连锁贸易、网络贸易的基础工作，为提高运营效率插翅腾飞。

1. 绿色贸易

在绿色消费的世界潮流中，我们应该调整我国对外贸易发展战略，摒弃我国外贸发展忽视资源利用，不计环境成本的传统模式。按可持续发展的要求形成绿色增长模式：从对自然资源竭泽而渔的做法，转向以再生能源为基础，重复循环利用资源的经济。主要依靠科技进步，注重资源替代，加大向自然资源的投资。通过环境成本内在化，对外贸易发展与环境保护紧密结合。环境资源的稀缺性决定必须将环境视作一项生产要素，并且通过市场将它的价格机制反映出来。因此，要实施从产品设计、生产到产品营销的绿色一体化。

（1）设计绿色化。绿色设计是为环境而设计，从未来看，"产品易于毁掉和易于制造同样重要""我们不生产垃圾"，这是绿色设计界的行话。

（2）推广清洁生产，开发绿色产品，扩大绿色包装。在农产品加工过程中，开始对全过程所使用的原料、生产工艺以及生产完成后的产品使用进行全面的分析评价，就可能出现环境问题。事先进行预防，环境面临的危害就会减轻。清洁生产包括清洁的生产过程和清洁的产品两方面内容。绿色包装是指用后易于回收再用和再生，易于分解又不污染的包装。

（3）转变经营观念，开展绿色营销。绿色营销是指企业在营销中要重视保护地球资源环境，防止污染和保护生态，充分利用并收回资源以造福后代，核心是考虑社会环境及生态等可持续发展因素，在满足市场需要和企业营销目标实现的同时，也益于保持生态平衡和提高环境质量，强调企业经济效益与社会环境利益的统一。

（4）建立有利于生态环境的进出口产品结构。初级产品在出口商品结构中所占比重进一步下降；减少和限制资源性商品出口，鼓励和发展技术含量高附加值高及可实现资源替代产品出口，出口重点在绿色食品、环保技术与食品，使之成为我国对外贸易导向型产品；将环保产业作为支柱产业，扩大环保

第二篇　农业供给侧结构性改革——乡村振兴的重要内容

技术和设备出口，使我国出口贸易向节约原料、节约资源的"绿色结构型"发展，从资源消耗型向资源节约型转变，由速度型向效益型转变。

2. 连锁贸易

农产品批发市场要不要同零售业态结合起来，这在我国沿海发达地区城市销地批发市场有许多成功的经验。这也是有条件的、规模比较大的销地批发市场扩展业务、提高运营效率的发展方向。"发展连锁经营是流通领域结构调整的主要方向"有关部门也将此作为流通领域深化改革的首要内容。大、中城市原来鲜活农产品靠农贸市场进行零售的格局已不适应市场发展的需要，但现行在超市中辟出一定面积销售鲜活产品的价位又过高，大、中城市中的工薪阶层又承担不起。因此，目前正是有这一巨大的市场空间，拓展批发市场向零售发展的有利的大好时机。这是由于批发市场具有以下特点。

（1）价位低。批发市场是大宗农副产品形成价格的中心，价格形成公平、合理，而稍加加工、运输成本费用，就可销售到消费者手中，价格肯定要比一般超市低，可以做到"天天平价"，把实惠派给消费者。

（2）品种结构供给合理。现行销地大型批发市场供销鲜活产品品种齐全，根据需要随时可以调整供给品种机构。

（3）运输便捷。在销地批发市场为中心，在城市布点连锁零售，能够合理定出供应半径。

（4）扩大农产品批发市场的供应量，能够根据市场需要更好地形成地域型的农产品集散中心。

但是，鲜活产品连锁业的发展政府必须在政策和税收上给予优惠倾斜，因为实际上，这是一项社会公益事业的购销工程系统。"保障供给，发展经济"，根据市场需要，稳定供应是政府责无旁贷的责任。因此，政府必须在财政税收、贷款、租金等方面予以大力支持。另外，特别要培养和锻炼一批从事连锁经营的高素质管理人才。

3. 网络贸易

（1）一般概念和特点

网络贸易，就是经济团体和个人通过国际互联网为代表的电信网络在特定和不特定的贸易伙伴之间完成的商品生产、改进、订购、销售、分发和支付的贸易方式,其特点如下。

一是网络贸易可以大大提高贸易效率。

二是网络贸易的交易场所、市场范围和地理方向发生了变化。

三是在这种方式下,也就是网络贸易的买者和卖者可以跨越中间商直接结合,既节省成本又节省时间。

四是使国际贸易经营方式发生了变革。突破了传统贸易以单向物流为主的运作格局,实现了"四流一体",即以物流为依托,资金流为形式,信息流为核心,商流为主体的全新战略。通过信息网络提供全方位、多层次、多角度互动式商贸服务。

(2) 网络贸易对我国传统批发市场的影响

一是对我国传统的批发市场或流通企业经营模式提出了挑战。通过计算机相互联网,信息交流从而获得信息成本低廉,信息取得更为容易,并可在跨行业、跨地区,甚至跨国界的信息中产生新的信息。在网络贸易方式下,能够实现企业间物资流、现金流的统一管理,使得交易更简单,更有效率,而成本最低。

二是对企业内部管理方式提出了改革,也就是上下层的沟通变得便捷、容易。

三是改变了流通企业传统营销观念。可以改变同质化、大规模化单向市场营销,营销管理分散,独立。而网络贸易,市场调研—产品设计与生产—价格变动—销售—服务融为一体,营销各职能和其他企业部门之间保持持久的合作、互动,充分发挥营销功能。

四是生产组织方式和雇佣劳动关系得以改变。网络贸易,可以实现"零库存"。随着网络贸易发展,空间上的分离,一旦超出本地域或国界,就会有许多工作岗位被移出,可以减少企业内部固定的雇员数量,在市场交易成本的幅度超过企业组织低的幅度情况下,企业会从市场上那里获得更多的劳务,而后者根本没有劳资合同的制约。

(3) 应该做好网络贸易的准备工作

一是转变观念,创造物资条件,做网络经济中的诚信者、守法者。

二是无纸贸易和网络贸易双管齐下。

三是采取正确的行动策略,在干中学。

四是注重网络人才的培养。

五是不忽视传统产业和营销方式,同时学习国外的先进经验。

因此,建设我国农产品批发市场必须做好国内外农产品信息联网、电子结算和试行电子拍卖工作,为国际化网络贸易做好基础工作。

四、几个问题的探讨

(一)国际上农产品市场本质的挑战

1. 来自农产品深加工及现代流通业

加入 WTO,中国农业遇到的本质性挑战来自外国农副产品的深加工及现代流通业。以麦当劳、肯德基、雀巢咖啡为例,他们将种植业、加工业与流通业融为一体,将科技、文化、管理融为一体,整体性渗透,占领外国及中国的市场,稳定赚取了高额利润。这同我们有相当大的差距,发达国家加工产值大都是农业产值的 3 倍多,我国还不到 80%;发达国家加工食品约占食物消费总量的 80%,我国还不到 30%;发达国家的农业制成品的销售已普遍发展到自动销售机、连锁店、超市、网上购物、仓储式商店,集娱乐购物于一体的超大型商城等多种方式,而且与时尚、文化、保健等现代消费理念及行为相结合。如果我国总体上不能把握,不注意培育自己的产业体系,不认真改革现有生产、流通(又分内贸、外贸)的体制,与之而来的挑战应对不好的话,不仅使我国在国外蔬菜市场的份额优势会失去,而且国内市场,由于发达国家的技术、资金、管理方式及新的经营理念的冲击,也将失去市场份额。

2. 消费者福利的得益与生产者巨大的损失

加入 WTO 后,国内外非生产者福利的得益,是以生产者的巨大损失为代价的。福利净得益一般都仅为生产者剩余的几分之一甚至几十分之一,也就是说生产者剩余的减少通常是福利总变动的几十倍。

这些都是深层次的、本质的挑战。

(二) 造就海尔式的人才，是农产品企业的急需和应树立的意识

1. 造就一支开拓国内国际市场的农民购销大军比什么都重要

比如山东金乡县大蒜的农民购销组织发展很快，也就是四五年的时间。1994年前，有的还是地道的农民，现在已是拥有相当固定资产的产、供、销公司的经理，并把金乡大蒜销售到了国内外市场。其中，大蒜出口一项就占全国总出口量的70%，到1998年已达12.3万吨，"中国金乡大蒜"驰名日本、东南亚等地农产品市场，并已与美、日、澳、俄、英等地区100多家客商建立了稳固的业务关系，出口合格率全国最高达90%。

金乡出口大蒜的成绩是主要的。但是，仔细分析一下这支购销大军发现，目前金乡农民的购销组织，大多数是代销代购，至多是赚取一点手续费。而实际销到国外、国内的消费者手中前，最多的一块利润——中间利润，可以说是大部分的效益都控制在中间经营者手中，而很多农民组织本身，对现代营销知识、国际贸易规则、国内外市场调研，特别是国际市场的价位等方面，茫然无知。因此，要培育、引进大批人才，而这些人才在蔬菜市场的国际竞争中，必须具备下列意识。

(1) 既然要"与狼共舞"，你就必须先成为狼，否则就会被吃掉，也就失去了生存的资格。

(2) 在新经济时代，如果生产没有订单的产品，就等于生产库存，新经济不仅仅是眼球经济、点击率。

(3) 国家的金融市场逐渐开放，名牌蔬菜产业化组织应该积极进入，这些组织的明天就是抓好资本和品牌的两个运营。

(4) 市场经济时代没有个人崇拜，只有市场认可，今天市场认可你，你说崇拜也好，狂热也罢，都无所谓。

2. 对整个农业战线而言，要增强五个意识

(1) 市场意识。除了培育开拓市场外，要注重农产品质量和食品安全。

(2) 开放意识。要把眼光放在开拓国际市场和参与国际竞争上，要打破地区和行业的自我封闭，形成国内统一大市场。

(3) 创新意识。不但要重视经济体制、运行机制和工作思路的创新，还要重视农业科技创新，推进农村经济两个根本性转变，以创新促发展。

(4) 可持续发展意识。牢固树立保护生态环境就是保护生产力，改善生态环境就是发展生产力的观念，把保护生态环境和节约使用资源放在突出位置，真正把农业和农村经济转到可持续发展轨道上。

(5) 服务意识。要在加强政策引导和法律规范的同时，把更多的精力转移到为农户和企业服务上来，特别在调整结构、促进增收的形势下，必须增强服务意识，搞好信息引导，技术推广和产销衔接等多方面服务上下功夫，在为农民创造良好的生产经营环境上下功夫。

(三) 在农民合作组织体制上、机制上要有重大创新

我国加入WTO，正是我国发展农村各类合作组织，使农民在国际和国内市场上成为抗衡力量的有利时机。与此同时我们仍将面对的是两亿多农户如何同国内和国际市场衔接的严峻挑战。在外部环境对商品化农业发展不利的情况下，农民只有组织起来，开展各种形式的联合与合作，以便与市场中各种经济力量相抗衡，以较低的成本，较快捷的方式整体进入市场。农村基层组织改革有如下建议。

1. 实行"土地股份制"，让农民变"股民"

在股份的构成上，农民主要以土地使用权入股，也可以资金、技术、设备入股。在用人机制上，企业与农民实行双向选择，企业原则上优先招收土地股民。

上述办法可解决我国农村"承包制"的四个突出矛盾。

(1) 农户超小规模经营与现代集约化的要求相矛盾。

(2) 农民因土地承包而产生的恋土情结与发展土地规模经营的客观需要相矛盾。

(3) 按福利原则平均分包土地与按效益原则，由市场机制配制土地资源的要求相矛盾。

(4) 分散经营的小农生产与社会化大生产的要求相矛盾。

2. 实现农村股份合作化企业

上述两个方面的做法使我国农村合作经济组织在更广阔的背景下实现农村股份合作化。

（1）股份合作制是正确处理现阶段农村集体经济所继承的过去遗留下来的土地及其他公共财产的最恰当形式（如土地产权股份制）。

（2）实现股份合作制可有效地吸收农民群众的资金，办好合作经济。

（3）在全部农户和农民都拥有股份产权的情况下，便会更认真地行使当家作主的民主权利，实现民主管理，管好合作企业。

（4）实行股份合作制，实行按劳分配与按资分配相结合，有利于实现有差别的共同富裕，符合社会主义初级阶段的精神。

（四）绿色消费和名牌策略

名牌是高质量的代名词，是消费者青睐的标志，是企业获取厚利的"法宝"。创出消费者信任的"名牌"产品意味着在国内外市场竞争中站稳了脚跟，并会取得可观的经济效益。

1. 创造名牌的客观性

创造名牌是推进现代化农业步骤的必需，是农业产业化的内在要求。创造名牌，就会具有产品创利、市场扩张与产业升级的巨大功能。因此，只有在名牌的功能的作用下，各经营主体才能获得经济效益实现经营目标，同时在市场机制作用下形成利益共同体，使产业链形成、巩固、延伸与发展。创造名牌是进入现代国际市场的必要举措，特别是农业企业在网页上的品牌形象设计与营销决策的运用和进行电子商务的活动，这是21世纪企业进入国际市场的必然选择。

2. 创造名牌的市场机遇

21世纪，消费者的潜在需要，即"保护环境，崇尚自然"，并把可持续发展作为未来发展的道路，是科技革命与机遇。因为名牌一半是科技，另一半是文化，是劳动成果与产业文化的结合体，是科技与文化内涵的优化结合。尤其在因特网上设计品牌与特色形象，就更有特别价值，谁能吸引更多的消费者，谁就是赢家。

3. 创造名牌的营销思路

（1）要名牌闯关

农产品创名牌的难点在于自然环境因素影响大，品质质量不稳定；动植物都具有遗传性，农业生产者很难独占某种农产品的品质特征；不同生产者的产品品质差异性难以区别，所以防治仿冒难度大。而名牌产品的基本要求是产品品质稳定，美誉度高和市场占有率大，同时经过注册的名牌商标具有知识产权的独占性。因此，必须克服"不生产""不流通"状况，闯关的关键是要由分散的家庭经营向集团化、产业化经营转变，使创名牌活动成为农业企业的集团活动，发挥产业优势作用。

（2）名牌的途径

其模式：自然资源型→企业加工型→产业文化型。

（3）名牌的定位

要根据企业实力避开强大对手，选择尚未控制（或无法控制）的细分市场，开辟市场，扩大影响，创造名牌。

（4）名牌的促销

除通用的报纸、杂志、广播、电视四大媒体外，还有顾客参与的评品活动等。

（5）名牌的保护

多方位注册和运用法律手段。

4. 创造名牌的措施与建议

（1）要强调名牌意识

其实质是可以带动农业走富裕之路，可以带来高效益，是一项战略性的长期行为，一定要深入市场调研。

（2）要实现科技与文化结合

名牌文化含量，实质是企业经营理念与消费者价值观念的统一体，而不是简单的产品命名。

（3）发挥龙头企业的作用

龙头企业关键是要以诚信为本。

(4) 建设专业批发市场，创造名牌效应

比如以特色名优农产品产地为依托的专业市场；以基地大户和龙头企业为依托，走产、供、销一体的发展路子；以股份制形式办专业市场；利用"农产品信息网"发展网上批发市场。

(5) 政府做好创造名牌产品的服务工作

如为企业名牌正名。除利用法律打假外，还应从管理角度制作一面甄别真假名牌的"镜子"，为企业名牌铺路。如制定名牌评价体系、规范评选行为；深化产权制度改革，学会品牌资产经营；进行科学的品牌管理；对商标注册主体的资格审查避免抢注行为。制定倾斜政策，推动农业创名牌的积极性。如国家政策性银行对名牌农业企业给予资金支持，特别运用法律权威，保护名牌利益，旗帜鲜明地扶持农业创名牌，保护名牌。

(五) 推进农产品批发市场建设和面向全球的电子商务

1. 推进农产品批发市场建设

批发市场的出现对活跃我国以鲜活为主的农产品流通的市场经济，极大改善城乡居民生活，增加农民收入起到了历史性的功绩作用。

(1) 市场主体培育、市场建设中的问题

① 农民合作组织的价格谈判的主体地位始终没有形成。这表现在农民进入收购市场的合约化和组织化程度低。多数农民是先将产品生产出来，然后再寻找收购者，这意味着农民在与收购商议价过程中处于不利地位，利润分配向收购商倾斜。

② 具有中国特色的农产品拍卖机制还未形成。一方面，东南亚和发达国家的农产品批发市场一般都采取拍卖机制。根据各国经验，拍卖通过买方对同一批产品的竞价购买，使价格形成过程公开透明，明显提高信息的集散传播效率，节约交易主体的信息搜寻成本，有利于理性的交易决策。另一方面，拍卖能使同一批产品卖出最高价格，买方投标竞价在公开场合短时间内作出决策，依据是其经营效率和预期利润的约束。这既符合资源优化配置的原则，又有利于利润的分割公平、公开。如买方是生产者或其代理商，则能减少生产利润流失，改变其交易的不利地位，有效避免价格

歧视。可惜我国拍卖机制运用凤毛麟角。

③ 批发市场缺乏统一的布局规划，规则不健全，功能不完善、重复建设、空壳市场、欺行霸市等现象屡屡出现。

④ 国家还没有农产品批发市场法。日本早在1923年就出台了《农产品批发市场法》，以后每五年都修改一次，而且是责成农林水产省来修改和实施，对其规划、建设、交易方式、布局、筹资方式、经营主体、资格审定、违规违约行为的处罚、管理方式、主管部门等方面都有详尽的规定。而且，根据供需市场的情况，不断修改。我国由于没有这么一部法律规范，因此大集贸市场的状态还不能进一步的改观。

（2）批发市场建设推进对策

① 大力培育农产品市场主体，继续鼓励农民进入流通领域。特别是农民购销的合作组织，要大力扶持并制定倾斜政策，并充分发挥龙头企业的作用。配套运作产业政策和区域政策，把农产品加工业逐步移到农产品产地，把建设龙头企业作为贷款投资的重点，支持龙头企业优先上市和减免税收；改造传统的国合商业组织，引导他们与农民建立多种形式的联合与合作，从利润返还入手，逐步形成利益共同体，以保持和占有市场份额。

② 继续加强有形市场建设。重点是农产品批发市场。搞好市场布局规划，对产区批发市场建设给予重点支持。产区批发市场具有社会效益的明显特征，应界定为非经营性农业基础设施，纳入国家农业基本建设投资范围，完善市场基础设施和强化市场管理。

③ 制定具有中国特色的《农产品批发市场法》，逐步开展农产品批发市场拍卖的交易方式，达到公开、公正、公平，提高效率的目的。

2. 建立面向全球的电子商务

（1）发展概况和问题

① 概况。全球电子商务飞速发展所形成的一种广义的商业环境，给经济生活带来机构、产业和市场的根本性变革。

② 问题。我国电子商务刚从理论研究走向实际操作的摸索阶段，制约因素多，难度大。其一是计算机网络知识贫乏，信息化观念淡薄；其二是国内计算机网络设施尚有很大差距，比如宽带入网问题；其三是物流配送

的缺陷；其四是网上支付的效率和安全性不适；其五是电子商务人才缺乏，缺少深谙计算机技术，又掌握一定金融商务知识的复合型人才；其六是电子商务立法滞后。电子商务是全球化、数字化、虚拟的，它涉及关税、税收、信息安全、知识产权、隐私权等诸多相关问题。

从农产品信息网络上看，一是网上信息老化，空的、宏观的多。二是互联网功能单一，仅仅相互浏览，还不能完成整个交易。

（2）发展电子商务对策

加快我国电子商务健康、有序的发展是大趋势，要做好以下几点。

① 宏观方面。一是加强政策研究，创造政策环境。特别是扶持性政策，包括金融财政等政策，以促进电子商务的发展。二是加快电子商务的相关法律建设。应组织银行、信息产业、税务、法律等部门集中攻关解决电子商务保密、电子支付、安全及法律认可等。三是加强国际国内电子商务发展的交流和合作。四是建立电子商务风险投资基金。五是普及电子商务知识和加强电子商务人才的培养、开发。六是国家与企业共同参与，共建电子化的物流系统。比如，在高速公路、铁路、航空、信息网络等方面，加大资金的投入，形成交通流、信息流的覆盖网络。

② 微观方面。一是广大企业必须正确认识电子商务发展大势，做出战略性选择，企业高层组织专门班子进行运作。二是现阶段应致力于建立传统营销与网络营销之间相互支撑的结构。实现两者之间的良好配合，既充分利用网络互动性特点带来的营销观念与功能的变革，又避免自身的不足，形成两者支持，增强竞争力。三是创新营销体制及改善经营者的知识结构。比如，要了解网络营销的目的，熟悉网络技术和销售产品，并与消费者沟通，预见消费者的需求，以便作出科学的生产决策。同时，要了解网络市场决策对企业组织的影响，以便解决经营管理中出现的问题。

总之，农产品的电子商务应首先建立权威性的农产品信息网络并视作公共产品，让农民免费入网，及时了解价格、生产、库存、供需、气象及市场预测分析等方面的情况。其次大力发展农业电子商务。尽快实现方便、快捷、高效的交易方式。

（原文见2003年《面对WTO海峡两岸农产品批发市场二次创业》）

第三篇

农业产业化兴旺
——乡村振兴的核心力量

农业产业化是乡村振兴的根本。在"三农"工作重心转向全面推进乡村振兴的新阶段,产业振兴成为乡村振兴的关键。

推进乡村振兴落地见效,就要抓住农业产业化,抓住乡村产业的高质量发展。包括城乡统筹,与工业化和城镇化的结合;包括因地制宜,深化农业产业链条延伸,数字经济与实体经济的融合,现代农业与现代服务业的融合;包括营商环境的优化,流通方式的创新,农业组织化、规模化发展,市场主体活力和创造力的激发,等等。通过农业产业生态建设,实现市场化和国际化,成为实现乡村振兴的核心力量。

开展乡村振兴，统筹城乡发展

——对开展社会主义乡村振兴的几点认识

党的十六届五中全会指出，建设社会主义新农村是我国现代化进程中的重大历史任务。要按照生产发展、生活宽裕、乡风文明、村容整洁、管理民主的要求，扎实稳步地加以推进。

一、改变农村经济社会发展明显滞后的局面，是全面建设小康社会过程中最艰巨的任务，时机成熟

1. 改变农村社会经济明显滞后的局面、任务艰巨

针对这种情况，党中央、国务院及时明确了要对农业、农村、农民实行"多予少取放活"的方针，并出台一系列强有力的政策措施。

2. 开展乡村振兴，是全面建设小康社会的客观要求

开展社会主义乡村振兴，是统筹城乡发展、解决"三农"问题的重大战略举措。

二、坚持以城乡统筹发展来推进社会主义乡村振兴

1. "工业反哺农业、城市支持农村"
2. 推进乡村振兴是促进城镇化健康发展的重要途径

这就需要深入分析一下如何使农民也能分享城镇化成果的问题。外出流动就业的农村劳动力大约是 1.2 亿人，其中有部分举家外出，因此，流

动外出的农村人口估计在 1.5 亿左右。这部分人在按居住地统计的口径中被纳入了城镇居民的范围。

3. 开展乡村振兴，是统筹城乡发展、缩小城乡差别、构建和谐社会的必然选择

2011 年 9 月中国社科院报告显示，城镇居民和农民收入差距之比已经达到了 3.23∶1，是世界城乡收入差距最大国家之一（《中国经济周刊》2011 年 9 月 20 日）。要根本解决这个问题还需不懈努力。如何缩小城乡差距？业内知名专家日前会聚京城，共同研讨这一问题。

全国人大农业与农村委员会副主任委员尹成杰认为，转变农业发展方式、发展现代农业、促进农民增收，需要解决"四个滞后""四个差别"。

四个滞后：一是农业现代化建设水平滞后，这与农业肩负的确保农产品供给和农民增收，提高农业国际竞争力的任务很不相适应。二是农业基础设施建设滞后，与面临的任务和抗御风险不相适应。三是农村事业发展滞后，与改善民生加快乡村振兴的要求不相适应。四是农村公共服务体系建设滞后，与建设现代农业的要求不相适应，难以发挥公益性的主导作用。

四个差别：一是公共农产品价格剪刀差。从农产品的价格来看，虽然是讲按照市场定价，但是基本还是政策调控价，农产品价格长期偏低，甚至发生剧烈的波动。二是农民工的工资差，农民工的福利待遇明显低于城镇居民的工资水平。三是征用农民土地价格差，从土地征用价格来看，土地征用的补偿，包括安置补助费、土地补偿费明显偏低，这个差也是很大的。四是金融存贷的逆差，54% 的农村资金还是流向了城市。

尹成杰认为，这些差别影响农民的收入和合法权益，而且扩大了城乡收入差距和发展差距，应该通过加快转变经济发展方式，特别是农业发展方式，推进城乡统筹发展来加以解决。

韩俊认为，工业化、城镇化、农业现代化要同步发展，一个难点是解决农民怎么融入城镇的问题。现在的农民工在城镇面临着就业不稳、家分两地、居住不定、服务不均的问题。我们国家特殊的城镇化路径，在城镇之间形成了一个庞大的农民工群体，现在已经是 2.57 亿人，不仅城乡二元

结构没有有效整合，在城市内部又形成了新的城市内部的二元结构。怎么打破这双二元结构，是"三化"同步发展需要破解的难题。在这样的背景下，加快城市社会管理制度的改革，促进农民工融入城市是大势所趋。

韩俊提出，必须以基本公共服务均等化为核心，以提高农民工的就业技能和就业质量、保障农民工的合法权益、完善农民工公共服务制度和吸引农民工进城落户定居为重点，深化户籍制度改革，让农民工个人融入企业、子女融入学校、家庭融入社区，提高人口的城镇化水平，促进农民工共享改革的发展成果。

推进乡村振兴，加快农业农村发展，增加农民收入，改善农民生活，缩小城乡差距，对于构建社会主义和谐社会有着十分现实的意义。

三、推进乡村振兴是扩大内需、保持国民经济平稳较快发展的现实需要和深远意义

扩大内需，通过扩大农村的投资，加快农村的建设，可以增加农民的收入，从而提高农村购买力；可以改变农村的基础设施条件，从而改善农村的消费环境，进而拉动经济良性循环的一个很好的结合点。发展农产品批发市场是建立现代农业流通的中心环节。

（一）现代农业流通的问题

这些年来，我国屡屡出现的区域性、品类性农副产品"卖难"和同一产品此地"卖难"彼地"买难"的问题，表面上看是农民对市场判断的失误，实质上是农副产品交易价格形成过程社会化程度低下导致市场信号失真对农民的误导。应当承担这一角色的恰恰就是处在农产品生产与流通中间环节的批发市场，批发市场形成价格、发现价格和农副产品供需平衡。

目前农村市场体系的健全是一个十分艰巨的工作。主要问题是现代农业流通的核心问题仍不清晰。

"三农"问题的核心是农民增收和粮食安全，目前三农问题有个瓶颈是农产品的流通，如果农产品流通十分顺畅，对三农问题解决是一个先导

和关键性的一步。而农产品批发市场则是建立现代农业农产品流通的中心环节，目前国内一些部门在认识上还不足，在体制上没有理顺。

从西方现代农业发展看，没有农副产品流通的产业化、组织化、集约化演进，就不会产生农村经济产业化发展的冲动。从这个意义上讲，分散、零星的农副产品流通，正是目前实际制约我国农业产业化发展和开拓市场、保持国民经济稳定发展的主要因素。

虽然相关部门制定了一些国家标准，加强了对市场体系的软硬件建设，例如，农业部的"定点批发市场软硬件要求"，商务部颁布"绿色农副产品批发市场"和"绿色农副产品零售市场"，商务部建立了"农产品批发市场技术管理与规范""禽畜产品超市进入标准"等，但是由于品牌农产品批发市场的比例小，目前整体上农村流通市场仍然处在初级阶段。

(二) 解决现代农业流通的方法

社会主义市场经济是市场形成价格，国家调控市场。因此，政府应该对农产品批发市场的现状及其重要性有较清醒的认识，在用地、投资、信贷、税收、收费、治安管理等方面制定相关的优惠倾斜政策。

近年来，政府继续加大对农产品批发市场的扶持力度，引导、支持农民兴办各种类型的购销合作组织，引导、支持乡村集体经济组织、服务实体开展农产品的加工销售服务，引导、支持多种所有制形式的经营主体参与农产品流通。

农产品批发市场已成为鲜活农产品流通的主渠道，农民是农产品流通的主力军。政府应将发展农产品产销组织与促进农业产业化、一体化经营结合起来，鼓励产业化龙头企业组织和带动农民开拓市场，并创建与农民建立利益均沾、风险共担的机制。要组织对农村经纪人的技能培训、经验交流和资质管理，将农村经纪人队伍纳入有序发展轨道。同时，大力推行"农副产品绿色批发市场""农副产品绿色零售市场""农产品批发市场技术与规范管理"，并尽快推出国家"农产品批发市场法"。

农产品批发市场需要向上、下游延伸。上游是农产品生产领域，建立无公害的、有特色的、有品牌的生产基地，生产出可信度高，消费者需要的优质品牌农产品。下游是建立连锁超市（包括配送中心）。未来远期交易和远程交易将成为农产品批发市场交易的主体内容，并将出现专业进出口服务的农产品批发市场。

（三）现代农业流通体系的目标

2011年一号文件确定了现代农业要健全农村市场体系，发展适应现代农业要求的物流产业，现代农业的关键点在于健全安全生产食品体系，健全农村市场体系。

而在现代物流产业的发展上，现代物流产业应独立于批发市场，在机构设置、人员培养上应区别于批发市场管理。农村商业的发展潜力必须建立合理的产业结构和完善农村市场流通体系。在未来10年现代化的农产品市场体系的发展目标：建设一个统一开放，竞争有序，以农产品期货市场为先导，以批发市场为中心，以连锁超市、集贸市场、便民零售店为基础，形成网络化。既覆盖面广，又节约流通时间，保证农产品质量和鲜度（健康绿色食品）。做到高效率、低成本，既能提高生产者、经营者的经济效益，又能把"天天平价"的农产品送到消费者手中的农产品市场体系，要特别重视期货市场在市场体系中的价格导向作用，并与国际农产品市场接轨。

（原文见2012年《新农村建设与市场热点研究》）

农民合作社对农业经济转型的意义及作用

农业经济体制的转轨和农业增长方式的转型给农业及农村经济发展带来了一系列深刻的影响。

一、农民合作社的意义

（一）可以解决小农户生产与大市场需求之间的矛盾，减少农业的市场冲击和风险

在相当长的时期内，我国农业和农村经济发展将面临这样一个现实：在家庭承包经营这一基本制度下，小规模农户经济将与现代化经济共存。面对竞争激烈、千变万化的市场，分散、弱小的农户难以克服其自身弱点，如规模小、信息不灵、专业技术和专业化水平低、经济实力差等。由此造成三大问题：一是交易问题，小规模农户在与工商企业进行原料和产品交易中，得不到平等的谈判地位，往往受到多重盘剥；二是信息问题，由于信息不对称，小规模农户不可能获取准确的市场信息，从而出现买难卖难现象，重复性的结构调整将进入一种恶性循环状态；三是利益流失问题，小规模农户不可能分享与农业相关联的二、三产业的增值利润，从而造成利益流失。在这种情况下，中国农业发展将进入一个"低水平均衡陷阱"。发展农民专业合作经济组织，是解决分散、弱小的农户经营与千变万化大市场的矛盾，从而跳出"低水平均衡陷阱"的最有效制度安排。通过合作经济组织，不断提高农民的组织化程度，从更高层次、更大范围进入市场，实现小生产与大市场、小群体与大规模的有机整合，实现农业的科学化和专业化。

（二）农民合作可以提高农民的组织化程度，有效解决农业的弱质性和发展的滞后性问题

在产品加工增值与后处理方面，单个的农户无论是生产原料还是生产设备和生产技术，都显得力量单薄，只能使生产加工处于作坊式的手工加工阶段。历史经验证明，把农民组织起来，实现农民合作，使农民们为了谋取和维护自身的经济利益，在自愿互利的基础上结合起来，从事有关农田基建、农业发展融资、农产品加工、农产品销售等经济活动，利用合作行为达到特定的目的，具有良好的成效。随着产业化经营的不断深入和推进，简单的"企业+农户"的运作方式已显得越来越不适应市场经济体制下利益分割的激烈竞争。龙头企业面对分散经营的千家万户，难以提供有效的服务，相互之间的利益关系不好处理，在原料来源上缺乏稳定性，迫切需要在龙头企业与农户之间建立一种中介组织来缓解企业与农户之间的矛盾。把农民组织起来，建立起农民的合作组织，就可以在此担当中介的责任。这个合作组织，它下联农户、上对企业，可以提高农民进入市场的组织化程度，降低市场交易成本，增强农民经受市场冲击、承担市场风险的能力。同时，还可通过专人负责了解市场行情动向，向农民提供信息，使农户直接按市场需求生产，避免产品结构同构和生产不适销对路的产品而造成的损失，从而有效地保护农民的利益。

因此，农民合作可以推进农业的经营制度创新，在政府和农户之间架起一座桥梁，提高政府对农业的宏观管理水平。

（三）农协是组织日本农民进入流通领域的关键组织和借鉴

笔者于1992年10月6日至10月19日，参加农业部农村经济研究中心组织的考察团，对日本农产品批发市场作了系统考察，了解到农协是组织日本农民进入流通领域的关键组织。

日本具有全国性的农业协同组合中央会、经营购销活动的全国性的农业协同组合联合会、县农业协同组合联合会、市町村农业协同组合，以及农户的组合员共四层的流通组织，其组织非常严谨。我们参观的长野县山、内町平稳农业协同组合的选果加工厂，为农民送来的苹果，用机械化现代化的手段进行选果、包装，从而使产品大大增值，然后送到批发市场委托销售，不仅方便了农民，而且增加了农民的收入，其得到的部分利润还返回给农民支持生产。

日本农协是根据1947年11月9日国会正式通过的《农业协同组合法》，由单独农户自愿联合组织起来的群众经济组织，是一个拥有强大经济力量的遍及全国的民办官助的农民群众的经济团体，是拥有巨额资金、大量经济管理人员和科技人员的经济实体。日本全国3000多个村，都普遍建立了农协基层组织，据1991年统计，全国综合农协数3574个，专门农协数4023个，合计7597个；正组合员数555万人，准组合员数293万人，合计848万人。

全国农协从中央到地方有一套完整的组织系统、组织机构、各种加工厂、公司、仓库等。其基本方针有以下三条。

一是发展农业。包括提供信息、技术指导、经济效益指导、产品流通的合理化、投诉、生产结构调整、开发研究、加工农产品等。

二是提高农协会员的生活。包括信用事业、贩卖、购买事业、医疗、卫生事业。

三是农协会员之间互助。包括投资、保险、养老等事业。政府调控农业发展的一些措施，有的往往通过全国农协系统来贯彻，是代表农民经济利益的组织，农协委托批发市场中的批发业者（或直接）销售农产品是其主要任务之一。

现在回忆当时参观的实景是：日本果农只要把苹果送到农业协同组合的选果加工厂就完成任务了，选果、包装、销售，都由农业协同组合完成。我们看到，在日本长野县选果场附近的路边摆放着包装好的水果箱，等待日本长野县农业协同组合送往各大批发市场销售。长野县农业协同组合适时观测全国批发市场的苹果的价格并在两小时内，就可决策下一批苹果销往的批发市场的地点。在结算上，农业协同组合在一个星期内销售的款项，就可打到长野县农业协同组合中农户的账页上。也就是说，日本长野县农业协同组合中的果农只要生产优质的苹果，就是完成了任务，其他的事情都由日本长野县农业协同组合各个部门完成。

目前，我国农户买卖农产品难以及农产品价格过山车现象，农户及消费者都蒙受巨大损失，其中原因之一是我国农民专业经济合作组织的比例过低。

二、专业合作经济组织的作用

提高农业生产经营的组织化程度，增加农民收入。专业合作经济组织把从事相同农产品生产的农民组织起来，形成"小生产、大群体"的经营格局，实现规模化产出，提高了农业生产的组织化程度。

推广科技成果，提高农产品质量安全标准，开创名牌产品。专业合作经济组织在技术人员的指导下，引进新技术、新品种，组织技术培训，提供技术服务，统一使用高效低残留的农药、兽药，提高了农产品的质量安全卫生标准。有利于按照国际的农产品质量卫生标准，规范农业生产、加工、营销全过程，提高国际市场竞争力，促进农业出口贸易的发展。

实现产销结合推进农业产业化经营，促进农村经济发展。实现了产销结合，形成了"公司+专业合作社+农户"的产业化经营模式，带动了当地农村种植业、养殖业的发展，促进了农村经济的发展。

弘扬合作精神，提高农民的思想道德修养。专业合作经济组织通过技术培训，提高了农民的科学文化知识水平。通过开展各种业务活动，农民懂得了团结协作的好处，有助于逐步提高农民的整体素质，从而提高农民的思想道德修养。

三、发展农村专业合作社存在的制约因素和解决方案

（一）法律认为观念的滞后

一是认为合作经济是集体经济性质即社会主义性质的，股份制是资本主义性质之说。二是关于农民专业合作经济组织的营利性问题。一般认为，农民专业合作经济组织应该是非营利性的。事实上，如果没有盈利，合作经济组织就难以存在，更谈不上发展。三是合作经济组织只是"劳动合作"。四是农业产业化龙头企业、能代替农民专业合作经济组织，能把企业利益与农民利益联结在一起的错误观念。事实上，企业追求自身利益，是第一位的。

（二）理论观念上的误区导向

在发展农村专业合作社问题上，存在理论观念的误区，一些学者认为从事实际工作的同志认为搞市场经济，用不着发展合作社；还有一些学者认为合作社是低效率的、反市场的经济组织。实际上，合作社是市场经济的产物，完全可以成为一种现代企业的组织形式。

（三）资金融通问题

资金是农民专业合作组织扩展纵向一体化服务边界的保障，当前合作社的发展就是缺乏这一保障。有的合作社缺资金，款贷不出来，得有抵押金，只好去"抬钱"。

（四）客观现实条件和资源禀赋问题

一是多数农民专业合作经济组织规模小，缺乏经济实力，服务内容单一。二是由于多数农民专业合作经济组织在成立时具有其明显的地域性和"草根性"特征，很多就是当地"能人"或村干部发起的。各方面的责、权、利关系不明确，没有形成符合合作经济规则的决策机制和利益分配机制。

（五）发展合作社面临的挑战

1. 合作社的发展面临资本的挑战

资本在大多数情况下仍对劳动处于支配地位，资本导向型的大股东控股型企业、家族企业、合伙企业仍有发展的潜力，这必然使各类合作社（尤其是工人合作社）的发展受到阻碍。回想近些年农产品价格的大起大落，农民生产者遭受巨大经济损失，主要是农民没有组织起来，农民专业经济合作社普及比例低，在资本市场中没有谈判权所造成的。

2. 面临权力的挑战（权力的资本化）

关键是各级政府在合作中发展中的地位、作用，也就是政府职能的界定。如何界定强势集团的角色和作用，政府在发育和完善各类农民合作社中究竟处于何种地位、发挥何种作用。即使是农民自发组织的经济组织，在发展过程中往往就走了样，政府插手进来，就不一样了。要警惕资本和权力的结合，资本的权力化或权力的资本化。

3. 农民面临市场经济的挑战

农民在市场交易中谈判地位低，农民自我服务组织的发育相当缓慢。

四、如何发展合作社的对策思考

一是发展合作社必须保持合作社质的规定性。原则在具体运用时，要从客观实际出发，因地制宜。如民主管理原则，是完全按"一人一票"原则，还是可以变通；如不可分割的公共积累问题，是全部不可分割还是有一部分可以量化给社员，比例是多少；资本报酬是按市场利率还是按银行利率；如何对待外来资本。这些问题只有在实践中探索，求得解决。

二是当前一些国家的合作社出现了公司化的倾向，与一般的投资者导向的企业之间的差距越来越小。

三是农民与市场对接可以有多种形式。

四是通过中央和地方政府发布文件这种变通方式，给农民合作社以法律保障。

五是从长远来看，必须开放农村的资金市场。

六是推进农民专业合作经济组织健康发展的基本思路。

综合各地的发展经验，推进农民专业合作经济组织健康发展应坚持"政府支持、精英领导、农民参与"的指导思想。

五、发展农村专业合作经济组织的具体对策

主要解决以下几个问题。

（一）法的保证和合作社的登记的规范

国家已颁布了农民专业合作社法。截至2010年，已有11个省市先后颁布了农民专业合作社地方法规。据介绍，农民专业合作社涉及种植、养殖、农机、林业、植保、技术信息、手工编织、农家乐等农村各个产业，业务活动内容涉及农资供应、农技推广、土肥植保、加工、储藏和销售等各个环节。

合作社的真假判定：一是取决于法律的规定，二是取决于工商登记机关。从法律实施到现在，一直有一个很大的问题没有解决好，就是绝大多数的合作社在工商登记与变更过程中，往往只登记少数成员的信息，形成了一些工商登记中的隐名成员，这对依法明晰合作社所有成员的产权关系十分不利。从工商登记情况看，2010年一季度末全国工商登记在册的成员数，平均每个合作社为19.1人，仅比2009年底增长4.1人。除江苏、西藏、天津、云南、北京、重庆等六省（区、市）外，其余各省平均入社成员数均低于全国平均水平，最低的仅为7.6人，只比法定设立人数高2.6人。这个问题责任不在大家，根子在上面。这几年我们也一直在与有关部门沟通，希望能从制度上予以解决。但在上面没有相关规定的情况下，地方经过努力也是可以解决好的。比如，江苏省农委与省工商局联合发了一个文件，很好地解决了这个问题，2010年一季度末全省工商登记成员数量已经达到343.3万，占了全国登记成员数量总数的56%，平均每社93.4人，全国19.1人的平均数主要是靠江苏拉上来的。又比如西藏，虽然合作

社数量只有 439 家，但登记成员数量却是实打实的，平均每社达到 90.9 人，为全国第二。因此，在引导合作社快速发展的同时，我们还要高度重视入社成员的登记数量问题，这样才能更加真实地反映合作社发展的成效。只要它符合法律规定，在工商部门注册登记领取了"农民专业合作社法人营业执照"，它就是一个真的合作社。如果有人觉得它不太像合作社，那充其量也只是规范不规范的问题。而合作社发展是否规范，则主要取决于经管部门的指导。在这个问题上，各级经管部门和广大合作社辅导员责任重大。必须把加强指导合作社规范化建设放在更加突出的位置，尤其在合作社发展进入快速增长的新时期，更要强调规范发展和质量提升。

（二）决策和利润分配

合作经济组织成员的权利与义务平等，但不宜完全采用国外合作社发展初期决策上的"一人一票"制和利润分配上的"惠顾制"。

（三）政府等部门对农民专业合作经济组织的扶持

经费不足是制约农民专业合作经济组织发展的主要因素之一。要适当减免农民专业合作经济组织的登记、检查等费用，禁止向农民专业合作经济组织进行任何类型的摊派（如强行订购报刊等）和"吃、拿、卡、要"行为。要努力改善农民专业合作经济组织的经费状况和贷款担保问题。

（四）逐步规范专业合作经济组织的运行机制加强自身建设

1. 建立健全农民专业合作经济组织的组织机构和规章制度

现阶段加强合作社规范化建设的关键是要抓好几项重大的制度建设。一是要有一个符合合作社实际情况的管用的章程，切实做到依法办社依章办事。这几年，现在不少合作社，都有章程，也都挂在墙上了。但实事求是地讲，多数合作社的章程，基本上是照抄照搬农业部颁发的《示范章程》。试问这样的章程管用吗？有什么实际意义？充其量是个摆设。我们讲"依章办事"，这个"章"就是指章程。章程是什么？章程是所有入社成员必须遵守的合作社的"小宪法"，是大家共同遵守的行为准则。既然如此，从章程的起草制定到修改，都必须由全体成员共同参与讨论和议决。章程定了的事，大家都必须共同自觉地维护和遵守。合作社是什么？合作社是民主的大学校，是"小人物"在世界中的大舞台。在这个"小人物"的大舞台里，要充分保障成员民主管理、民主决策和民主监督的权利。在合作社中，人人都是合作社的主人，人人都是合作社的"老板"，只有多数人同意的事才能办，合作社绝不能成为为少数人谋利益的工具。

2. 增强农民专业合作经济组织的凝聚力

合作社以人为本，对内服务于社员。合作社的理念是"诚实、公开、社会责任、关心他人"。

3. 合作社人才队伍建设

吸引具有合作精神的企业家人才担当合作社的领导人是提高农民专业合作经济组织市场竞争力的重要保障，要逐步培养造就一批合作社的职业经理人。以农业部为例，2011 年启动实施"现代农业人才支撑计划"合作社人才培养工作，2011 年培训 1500 人；阳光工程培训，2010 年培训了 13 万合作社管理人员，2011 年扩大到 19 万人。

4. 要切实建立健全成员账户

成员账户是明晰成员与合作社产权关系的根本依据，也是合作社法所规定的一项十分重大的产权制度安排。所有合作社都必须遵守，尤其是对公司企业牵头兴办的合作社，如果把成员账户建立起来了，把公司与合作社的会计账户分开了，把公司与合作社及其成员的资产和出资分清楚了，你就不用担心人家说你是挂羊头卖狗肉的假合作社。成员账户上要清楚记载每个成员的出资情况、国家补助形成资产的量化情况、公积金和盈余分配情况、与合作社的交易情况，包括农资购买使用和产品交售量情况等。要切实依法搞好合作社的盈余分配。法律明确规定合作社的可分配盈余，要按照成员与合作社的交易量（额）进行分配，这部分的分配总额不得低于全年可分配盈余总额的 60%，具体比例是 60%还是 70%或者 80%，则由章程规定或成员大会议决。这个分配制度是合作社与公司企业的根本区别，所有合作社都必须遵照执行，尤其是对公司企业牵头兴办的合作社。这也是一些专家学者判断我们合作社是真是假的重要衡量标准。

5. 切实建立健全各项内部管理制度

重点是财务管理与公开制度，成员大会、理事会和监事会等"三会"制度，以及会议记录制度。在财务管理与公开制度方面，要把合作社财务会计制度的各项规定落到实处。"三会"制度方面，要切实发挥好"三会"的各自功能，成员大会作为合作社的最高权力机构，决定合作社的一切重大事务；理事会作为合作社的日常办事执行机构，要贯彻执行好成员大会作出的决定；监事会作为合作社的监督机构，要监督理事会的日常管理工作，不能成为一个摆设。在会议记录制度方面，要完整记录好每次会议的内容，什么时间开的什么会、谁参加了会议、谁发表了什么意见、最后形成了什么决议或者没有形成一致意见，都应当有比较完整的记录。这是检验一个合作社是否民主办社的重要依据。总之，合作社规范化建设的内容很多，从现在还处于初级阶段的现实情况出发，不可能一下全部到位，但上述几项内容是必须加强的，至少要朝着这个方向去努力。

6. 树立标准意识、质量意识、竞争意识

合作社要组织和带领成员率先实行标准化生产，提高产品品质和质量安全水平，树立诚信意识、增强产品市场竞争能力。

食品和农产品质量安全问题已经成为全社会高度关注的焦点和热点问题。农民专业合作社在生产中存在以下几个方面的原因：一是因为确实不懂，使用了一些违禁药物和非法饲料添加剂，造成这样那样的农产品质量安全事件；二是少数不法分子有意而为，坑害了群众；三是千家万户的分散生产，不知道该如何开展标准化生产。

合作社生产，最为严重问题就是合作社产品质量出问题，因为合作社产品出现质量问题，损害的不仅是消费者，而是砸了整个合作社的牌子。

（1）合作社要教育引导成员树立诚信意识

合作社法第七条明确规定，农民专业合作社从事生产经营活动，应当遵守法律、行政法规，遵守社会公德、商业道德、诚实守信。总的看，绝大多数合作社在这方面都做得很好。但是也有一些合作社或者少数成员做得不是很好。特别是在农超对接中，有的超市企业向我们反映，一些合作社成员不遵守合同，当市场价格高的时候，为了眼前利益，悄悄地把产品卖给其他商贩，造成超市货源短缺，不得不从其他渠道采购。因此，合作社要建立健全良好规范的信用管理制度，教育引导成员树立诚信意识，遵守社会公德和商业道德。不仅要生产质量安全可靠、让城里人吃得放心的农产品，而且做买卖要守合同讲信誉。

（2）合作社要增强市场意识

要加强品牌化建设，积极开展"三品一标"认证，注册自有商标品牌，提高合作社知名度，扩大合作社及其产品的社会影响力。要改进产品包装，既要美观，也要实用，防止过度包装。要加强市场供求信息的分析，合理布局产品上市时间，防止生产大起大落，造成不必要的经济损失。要增强市场谈判能力，注重合同细节。

（3）合作社之间展开联合与合作

为获得更多的市场话语权，可以积极探索开展合作社之间的联合与合作。随着实践发展的需要，农民专业合作社的发展必然走向行业或区域间的联合，实现在更大规模和更高层次上的合作经营。这是国际合作社发展的一个普遍规律，已被国际合作社联盟确立为合作社的七项原则之一。与其他市场主体相比，目前我国的合作社普遍规模较小，经济实力较弱，竞争能力不强。与欧美日韩澳等农业发达国家相比，我国合作社在农产品流通领域的作用还远远没有发挥出来。在目前个别农产品价格市场波动较大的背景下，农业部与商务部等有关部门一道，先后组织开展了"农超对接""农校对接"等一系列促进产销衔接的活动，为拓宽合作社产品营销渠道、提升合作社参与流通经营能力营造了良好环境。但实践中还存在着对接面不够广泛、对接关系不够稳定、对接地位不够平等等问题。特别是不少合作社因产品数量不够、规模不大，无法满足超市需求。因此，开展合作社之间的联合与合作就逐渐成为新的客观现实需要。近两年，江苏、浙江、北京、湖北、黑龙江、河北、山西、安徽、陕西等省、市出现的合作社之间各种形式的联合与合作，既从实践层面印证了这一普遍规律，也反映了我国农民专业合作社发展的新特征和新要求。对合作社的联合与合作，要正确加以指导和引导，使其按照合作社发展的一般规律健康发展起来。

一要研究总结联合与合作的有效途径和形式。合作社之间开展联合与合作，一般有三种形式。第一种是纵向的联合社，就是由同业合作社之间组建联合社，在工商部门注册登记，领取"农民专业合作社法人营业执照"。如河北省的蔬菜行业合作社联社、山西晋中市的犇牛奶业合作社联合社等。第二种是横向的联合会，就是由同一行政区域范围内若干不同产业的合作社之间组建联合会，在民政部门注册登记为社团法人。如浙江、湖北、黑龙江等地的农民专业合作社联合会。第三种是横向的销售联社，就是由同一行政区域范围内若干不同产业的合作社组建销售联社，在工商部门注册登记，领取"农民专业合作社法人营业执照"。如江苏扬州市的高邮、江都、宝应、邗江、仪征等5个县市区的22家专业合作社联合成立的"苏合扬州市润泽农产品销售专业合作联社"等。

二要认真思考联合与合作的功能和定位。合作社开展联合与合作的不同方式、不同内容，决定了联合与合作的不同功能和定位。联合社的主要功能，是在更大规模、更高层次上组织成员统一购买农业投入品，降低采购成本，统一生产标准和技术规程、统一品牌、统一包装、统一销售，开展生产、加工、冷藏、运输、销售等生产经营活动，以获取更多环节的盈余增值，增加成员收入。联合会的主要功能，是为成员提供信息交流、教育培训、行业自律等服务，不直接从事营利性的生产经营活动。销售联社的主要功能，是在城市社区建立合作社产品直销店、连锁店，为各成员社降低流通成本，减少中间环节，提供更广的销售渠道。

三要牢牢把握好联合与合作的原则。合作社之间开展联合与合作，一条十分重要的原则，就是必须坚持"自主自愿、自下而上"。所谓"自主自愿"，就是不管采取什么方式，在哪些环节、什么时候开展联合与合作，都应当由合作社及其成员自主决定，自愿选择，切不可强迫命令、包办代替。所谓"自下而上"，就是不管合作社开展联合与合作的层级有多高、范围有多大，都应当首先由有意愿的合作社提出动议，充分讨论和酝酿，切不可自上而下拉郎配、强撮合。要充分汲取历史的教训，那种自上而下搭好框子，然后生拉硬拽、强迫所在地区合作社入社入会的做法，对合作社的联合与合作有百害而无一利，必须坚决反对。在多数成员同意的前提下，在当地发起成立一批联合社或者联合会。

（4）解决资金匮乏问题

资金匮乏是农业农村经济发展的一个瓶颈问题，同样也是制约合作社发展能力提升的一个突出问题。

一要明确性质和定位。以成员信用为基础，以产业发展为纽带，在专业合作社成员内部开展的信用合作活动，是合作社业务领域的拓宽，不属于银行业金融机构。

二要明确原则和要求。要坚持"限于成员内部，用于产业发展，吸股不吸储，分红不分息"的基本原则。要按照"面向社员、对内不对外，规模适度、防止非法集资、试点先行、保障风险可控"的要求，稳步加以推进。

三要明确职责和任务。农业行政主管部门是农民专业合作社的指导服务机关，应作为指导合作社内部信用合作的主体。农业部正在与相关部门积极进行沟通协商，争取尽快出台农民专业合作社开展信用合作业务的具体办法。已经开展相关试点工作的，地方农业和经管部门应积极与银监部门密切协作配合，加强条件审核和运行监管。同时，各地要认真总结好本地合作社开展内部信用合作的经验做法，深入分析合作社内部信用合作存在的问题，结合实际开展工作。

四要建立"服务三农"、功能完善的农村金融合作组织体系和制度的几项建议。

大力发展以小农户为主体资金互助组织，培育新型的以社区为边界的村级合作金融；积极开展农村金融改革试点，在财政扶持和政策银行支持下，用国家支农资金引导和培育新型合作金融组织；大力推进以政府引导农户参与的互助保险和担保业；促进商业性信贷与保险机构和农民专业合作社和农户资金互助组织开展合作；发展适度竞争主体与竞争性农村金融市场；国家要积极引导和创造条件，加速推进农村商业银行改革，完善治理结构，转换经营机制；放开小额贷款组织的审批；稳步发展社区银行；鼓励邮政储蓄银行与农户资金互助组织结合，与农村信用社适当竞争；建立分层次需求主体和农村短期、中期和长期借贷市场。

(5) 大力推动农民专业经济合作社发展，促进期货市场发展

期货市场是流通体制中的价格指示器和避险装置。期货价格是期货业界对市场现在和未来价格掌握的综合表现，是流通体制不可代替的浮标和指示器，能够指导农产品企业实现预期的经营目标。期货市场的主要作用：为农产品企业提供各种市场信息，提供预期价格；由于运用套期保值，可以分散经营风险，有助于提高金融安全；由于按期、按量的实物交割，可以保证粮食企业生产的连续性和稳定性，并降低成本，保证正常利润；由于保证金制度，可以避免"三角债"和合同违约现象；为企业节约大量资金，加快资金周转，通过少量保证金，就可稳定大量货源，回避一次性收购和全年销售的市场风险。

在农产品市场体系中，农产品期货市场起着市场化、商品化的龙头的关键作用。比如，我国粮食市场改革基本上要实现农产品价格基本放开，由市场关系自主决定。农产品的生产与流通以期货市场价格为主要信号源，国家不参与，但不放弃宏观调控，以保护生产者、经营者、消费者，并使供需均衡增长。研究表明，虽然期货是对冲农产品价格风险的有效工具，但如果不下大力气帮助农民组织起来，一般的小农经济难以利用这个现代市场工具。这个问题事实上已经成为我国农产品期货市场交易萎缩的主要原因之一。为此，建议国家以优惠政策推进把农产品价格波动带来的市场风险转移给期货市场的试验，帮助组织起来的专业化农户实现预期的稳定收益，保持农业生产的连续性，促进农业的持续发展和增收。期货市场的完成只能大力推动农民专业经济合作社发展，一家一户的小农经济不可能完成。

因此，要建立资金互助信托，推动城市资金下乡，加强金融监管，引导农村金融组织创新和整体改革推进。

国家应该建立起分工合理、功能完善、长短结合、适度竞争、品种齐全、服务方便、城乡互助、监管有序的农村金融组织体系和金融市场。该市场要具有以下特点：分工合理，功能完善；长短结合，适度竞争；品种齐全，服务方便，建立符合小农经济需求的信贷、保险、信托理财、方便借贷、互相担保等金融服务；城乡互助，监管有序。

上述建议是综合一些学者及笔者研究的成果。笔者曾于20世纪90年代前期与中央政研室农村组长张丛明同志共同到温州调研农村合作金融问题，印象中农村民间金融合作很活跃，但也出现抬会等高利贷、组织者卷包失踪及贷款者不堪高利率自杀等负面现象。但笔者一行依然撰文热情支持农民合作金融，主要观点是趋利避害应该大力发展，并报有关部门。2012年《政府工作报告》明确支持民间金融合作。现在，民间金融温州破土，试验效果令人期待。

（五）转变政府职能、推动农民合作经济组织建立与发展

1. 充分认识转型经济的特征。转变政府职能，推动农民合作组织的建立完善和发展。提高各级政府对发展农民专业合作经济组织重要性和必要性的认识。引导广大干部从深化农村改革、发展现代农业、应对WTO挑战的战略高度重视农民专业合作经济组织的发展。

2. 正确处理农民合作组织与政府部门及产业化经营组织之间的关系，推动农民合作组织的稳定与完善。

3. 政府要积极引导、加强管理、依法规范，促进农民合作组织的稳定和完善。

4. 加大对农民专业合作经济组织的支持力度。

2010年，国家继续出台扶持农民专业合作社发展的政策措施：在财政扶持方面，积极争取扩大财政扶持资金规模，主要用于扶持农民专业合作社增强服务功能和自我发展能力。

2010年，在项目支持方面，农业部会同国家发改委、财政部、科技部、水利部、商务部、国家林业局等7部门印发《关于支持有条件的农民专业合作社承担国家有关涉农项目的意见》，明确适合合作社承担的国家涉农项目，都要将合作社纳入申报范围。2012年《政府工作报告》明确提出："扶持发展农民专业合作社、产业化龙头企业，开展多种形式的农业社会化服务，发展农业保险，提高农业产业化、组织化程度。"

（原文见2012年《新农村建设与市场热点研究》）

第三篇 农业产业化兴旺——乡村振兴的核心力量

参考文献：

[1] 张晓山．入世背景下大陆农村合作社的建立与发展．《加入世贸组织与提升农业竞争力》论文集．中国农业出版社，2003.3.

[2] 陈晓华．大陆农村专业合作组织建设与发展（同上）．

[3] 王雅鹏、杨涛．转型经济期农民合作组织的建立与发．（同上）．

[4] 孔祥智．农民专业合作组织．认识、问题及对策．农业经济导刊．2004.1

[5]《2002—2003》中国农村经济形势分析与预测．社会科学文献出版社，2003.4.

[6] 社会主义公有制论．中共中央党校出版社，2001.7.

[7] 韩俊．涉及农民切身利益的若干问题及建议．农业经济导刊．2006.1.

[8] 赵铁桥．当前农民专业合作社的发展形势和任务——在2011年农民专业合作社示范项目建设（西安/长沙）培训班上的讲话．

[9] 温铁军，善柏林．把合作金融还给农民——重构"服务三农的农村金融体系"的建议．农村金融研究．2007（1）．

推进农业产业化
实现小生产与大市场对接

一、农业产业化概念

农业产业化是指以市场为导向,以农户为基础,以龙头组织(企业或准企业)为依托,以经济效益为中心,以系列化服务为手段。通过实行种养加、产供销、农工商一体化经营,将农业生产过程中的产前、产中、产后诸环节联结为一个完整的产业体系,是引导分散农户小生产转变为社会大生产的组织形式,是各参与主体自愿结成的利益共同体。农业产业化的目标就是解决农民小生产和市场经济所要求的大市场之间的矛盾。农业产业化是一种新的生产经营模式,它已成为全国各地积极推行的农业发展的重大措施。可见,农业产业化是由传统农业转变为现代农业的演进过程,也是实现农业现代化的一种有效途径。通过农业产业化的各种形式实现,如"批发市场+农户""中介服务组织+农户""社区性服务组织+农户""龙头企业+农户"等,可以将千家万户联合起来,形成在风险共担基础上的利益共同体,可以有效地解决农业产前、产中、产后严重脱节的问题,在农业产业链中,减少农民的生产风险,在更高层次上实现对农业资源的配置。

农业产业化是以国内外市场为导向,以提高经济效益为中心,对当地的支柱产业和主导产品,实行区域化布局、专业化生产、一体化经营、社会化服务、企业化管理,把产供销、贸工农、经科教紧密结合起来,形成一条龙的经营体制。"简言之,它就是指改造传统的自给半自给的农业和农村经济,和市场接轨,在家庭经营的基础上,逐步实现农业生产的专化、商品化和社会化"①。

农业产业化的含义：在市场经济条件下，通过将农业生产的产前、产中、产后诸环节整合为一个完整的产业体系，实行种养加、产供销、贸工农一体化经营，提高农业的增值能力和比较效益，形成自我积累、自我发展的良性循环的发展机制。在实践中它表现为生产专业化、布局区域化、经营一体化、服务社会化、管理企业化的特征。②

二、农业产业化形式

（一）"公司+农户"

这里起"龙头"作用的公司通过合同契约关系与广大农民结成产加销一体的经济实体，利益共享，风险共担。"公司+农户"这种组织形式，在各地出现较早，同时有较普遍的发展，在种植业、养殖业中广为流行。近年来，我国大型工商企业开始进入农业，作为内联千家万户、外接国内外大市场的"龙头"，成为我国农业乃至整个国民经济发展的新"热点"，日益引起人们的关注。

农业产业化这一提法最早是1992年在山东潍坊提出的，其实践基础是在该地农村中自20世纪80年代以来所出现的"公司+农户""贸工农一体化""产加销一条龙"等新的农业经营形式。据统计，国家级重点龙头企业的数量由2001年的151家增加到2003年的372家；2012年3月27日，据农业部发布，我国国家级重点龙头企业的数量已到11万家。

（二）"合作经济组织+农户"

这里的合作经济组织可以以社区性合作组织为依托，还可以以供销社组织为依托，也可以以乡村经济技术服务实体为依托。合作经济组织主要

---

① 《人民日报》社论. 论农业产业化. 1995-12-11.
② 农业部. 农业发展报告. 1995. 159-160.

通过服务的纽带，联系、团结广大农民群众，建立、形成种养加、产供销、贸工农一体化的新的生产格局。合作经济组织能否当好引导农民进入市场的桥梁，关键在于建立和完善农业社会服务体系，做好为农业、农村和农民的服务工作，真正办成农民自己的合作经济组织。

（三）"农村专业技术协会+农户"

20世纪80年代以来，农村专业技术协会或研究会蓬勃发展，1995年年底已发展到13万个，会员农户达500万户，占全国农户总数的20%。现已正式成立中国农村专业技术协会。农技协涉及从种植、养殖到加工、服务各个领域，已达140个门类。①农技协对农户提供从科技信息、生产资料、管理技术直到运输销售的全过程、全方位服务，引导农民稳步进入市场。

（四）"农场+农户"

这一模式的表述并不确切，因为农场在这里已不是对农户起引导作用的"龙头"，而是由若干农户组成的经济实体，只是为了便于同上述三种类型比较，才采用了这种表达方式。在我国各地建立的农场差异甚大，村办、乡办乃至县办的集体农场，有由农民自行组织的股份合制农场，也有一些由能人、大户带头、雇佣长工和临时工所组织的私人农场。

（五）"专业批发市场+农户"

专业批发市场作为经济实体，可以引导所在地区的农户，以及市场辐射作用所覆盖地区的农户，按照市场需要调整产业结构，及时提供质量合格、数量足够的农产品。同时，专业批发市场要做好农业产前、产中、产后服务，包括提供市场信息、优良种子和农用生产资料，做好生产技术服等。

虽然农业产业化形式多样，但就其实质来说则有以下共同点：一是所

---

① 蒋峥. 农技协为何能迅猛发展. 经济日报，1995-12-19.

有"龙头"都对农户发挥了引导、组织、服务的功能,推动农业由计划经济体制向市场经济体制转轨;二是把农业生产、农产品加工和农产品流通诸环节内在地、有机地结合起来;三是"龙头"与农户几乎都结成了经济利益共同体。

同时,农业产业化上述五种形式的差别也是明显的:一是除了农场把农户内在地联为一体,在其他几种类型中,"龙头"与农户都只是一种外在的结合关系;二是有的类型是产、加、销诸环节的全面结合,有的类型偏重于生产过程的结合,有的类型则偏重于流通过程的结合;三是"龙头"与农户作为经济利益共同体,在不同类型之间,甚至在同一类型内部,其利益关系有的紧密、直接一些,而有的则松散、间接一些;四是从社会经济属性来看,上述类型也存在差异,特别就农场来说,有集体农场,有股份合作制农场,也有私人农场。

在我国农村经济改革与发展的实践中,出现多样化的农业产业化类型是完全符合事物发展规律的。农业产业化作为农民群体的一种伟大创造,由于各地自然、历史、社会、经济条件的巨大差别,出现多样化的形式是一件大好事,与自上而下、带行政命令推行一种模式相比,多样化更有利于发挥群众的创造精神,也更符合各地的实际,因此也能更有效地推动各地经济的发展。这里需要特别强调的是,不要过早地肯定农业产业化的某一种类型,自封为真正的"龙头",也不要过早宣布某一种社会经济属性的组织形式代表前进的方向。在一个相当长的历史时期内,应允许多样化的组织形式的存在,通过实践和经验的总结,再逐步规范化。即使今后需要对农业产业化多样的类型加以规范化,考虑到中国幅员辽阔和地区的极大差异性,在社会经济形式本质相同的大前提下,多样化将长期存在,农业产业化也不会例外。

三、推进农业产业化的意义

农业产业化作为运用现代工业管理模式,组织管理农业和农村经济的一项重大引导工程,已成为现阶段一种新型的生产经营形式而备受关注。

其积极作用就在于它对传统农业概念的更新拓展，对农业资源进行综合开发、优化配置、合理利用。这一有益尝试不失为促进农业和农村经济发展的英明之举。

一些发达地区的实践经验证明，推进农业产业化是引导农业走向市场、加速农业向现代化迈进的最佳形式；是解决农业效益低的好办法；是继联产承包责任制后，推动农村经济实现跨越的又一重大举措。

(一) 推进农业产业化是实现小生产与大市场对接的有效途径

由于农业生产难以进行有效的横向平衡纵向分工，生产环境复杂多变，劳动的质和量只能从最终产品体现等特质，决定了农户家庭生产经营还是一种最基本的效率很高的农业生产经营形式。在这种形式下，农民集决策与生产经营于一体，根据农业生产的具体条件，以灵活措施应付复杂多变的情况。农民是直接的"剩余索取者"，在市场调节下从事生产经营活动。对于市场而言，其配置资源的方式是在价格机制、供求机制和竞争机制的自发调节下实现的，有时在不完全竞争以及信息不完备不对称、不确定性等条件下，会导致形成较高的交易成本，所以完全靠市场调节难以解决目前中国的小农生产方式与大市场的矛盾。另外，由于农业生产分散，土地经营规模狭小，投入能力有限，农业资源和生产资料的集中度很低，农户信息不灵，农民抵御风险能力差，收入不稳定，对农业的进一步发展构成了严重障碍。因此，我国实行家庭联产承包责任制后，千家万户所形成的分散化、小规模、低效率经营不能适应农业的市场化、国际化发展趋势，要解决小生产与大市场的矛盾，必须将千家万户组织起来。

那么，应采取何种组织形式将千家万户联系起来呢？上面的分析表明，完全采取市场化的方式是有很大局限的，而如果采取直接组建企业的形式来组织农业生产也是不合适的，因为企业利用科层组织形式的行政安排、企业内部计划来配置资源，利用内部组织代替生产制度。企业虽然克服了利用市场配置资源时较高的交易成本，但农业生产的特质，使得企业又有较高的组织成本、代理成本及企业规模扩大导致的低效率，这些使企业对市场变化反应迟钝，资源配置效率反而下降。农业产业化经营是缓解乃至解决小生产与大生产矛盾的有效形式。无疑，采取哪种组织形式来配置资源，取决于它们对资源配置效率的比较。农业产业化中的种种准企业组织的制度安排，是介于企业和市场之间的一种配置资源的组织形式。准企业与农户之间的关系既非完全的市场交易关系，也非完全的企业内部组织关系。较之于纯粹的市场交易，准企业内部由于共同计划；企业——农户之间相互依赖和长期关系的多样性契约安排，使其具有较低的交易成本；较之于纯企业的内部科层制度，由于参与准企业的各经济主体并不损失独立性，还有相当大的剩余控制权和剩余索取权，因而具有较低的内部组织成本。

（二）推动农业产业化是实现生产要素合理流动的最佳形式

由于农村各业资源利用转化程度低，以及城乡二元经济结构影响，城市许多生产要素不向农村流转，农村的生产要素更难流向城市，结果导致生产要素的大量闲置浪费，城乡优势得不到互补。推进农业产业化，可以突破城乡分割、条块分割的局限，促进主导产业尽快形成规模优势，加快资源与生产要素跨地区、跨行业、跨所有制流动。一方面，城市的先进技术、科技人才、资金、设备、土地等合理流向农村，将会大大地提高农民的劳动效率；另一方面，也促使农业剩余劳动力向城市非农产业不断转移。一些富裕的农民为寻求剩余资本的滚动发展，资金趋向城乡二、三产业。客观上促进城市和农村生产要素的双向流动，实现城乡优势互补，优化配置，互相渗透，联动发展，加快城乡一体化进程。

（三）推进农业产业化是提高农业科技含量的内在要求

由于农民整体受教育程度偏低，思想观念转变较为缓慢，大多数人对科技投入的风险性估计过高，仍然沿袭传统的耕作方式，加之一家一户的分散小规模生产，在一定程度上直接影响着农业科技大面积的推广，导致农业科技含量低。推进农业产业化，集农科教于一体，科技进步的推广力度将会明显增强，龙头企业必定要适应市场激烈竞争的要求，积极引进优良品种和先进的技术设备，加快新技术的推广应用，以高起点来提高产品的商品率和附加值。通过最大限度地注入科技因素，充分发挥多因子、多学科的综合效能，使其逐步替代对传统资源投入的单纯依赖，真正成为农业发展的主动因，必将大幅度提高农业初级产品和精深加工产品的质量和档次。进而迅速把潜在的科技生产力转化为现实的生产力，不断提高农业技术水平，实现对传统农业的根本性改造。

（四）推进农业产业化是提高农村社会化服务水平的迫切需要

随着农村经济的飞速发展，越来越多的商品生产者由封闭式经营转向开放式经营，有关涉农部门往往生产环节服务多、系列化服务少；产前、产中服务多，产后产品加工、销售服务少。因而农业向深层次发展显得滞后，导致专业化生产与社会化服务不匹配的矛盾日益突出。推进农业产业化，龙头企业为了获得稳定的货源，要求原料生产相对集中，形成适度规模。而农民依托龙头企业的配套服务，也想尽可能扩大生产能力，获得规模效益。产业化的龙头企业，一方面本身可以为以户为基础的小规模生产向专业化、集约经营发展提供服务，并由产前产中服务向产后服务延伸。另一方面，又可与其他经济技术部门和乡、村合作经济组织紧密衔接，按照"配套、有效、及时"的原则，发挥各自的优势、从技术、物资、资金、运销等方面为农户和生产基地提供社会化服务。

（五）推进农业产业化是提高农业自身效益的有效措施

农业是弱质产业，社会效益高自身效益低。长期以来，农业向社会供给出售原料多，加工增值少，造成后续利益严重流失，致使农业积累不足，发展后劲不强，制约着农业和农村经济的发展，推进农业产业化，就要坚持以市场为导向，遵循经济价值规律，调整优化农业产业、产品结构，培植主导产业和产品，必然导致农村各类经济产业链的崛起，从而增加农产品的社会有效供给。

同时，在寻求共同利益的前提下，产业内又要按照专业分工生产，各方自愿建立利益均沾、风险共担的经济利益共同体，形成贸工农一体化的良性产业链，来推动农产品的精深加工，实现多次转化增值。这样就可以将过去流失到非农部门的经济效益,保留在本系统内,进而提高农业的自身效益。

四、农业产业化政策建议

上述分析表明,实现农业现代化,是农业发展的必由之路,是农业发展的目标之所在;加入世界贸易组织,使农业融入国际经济大循环,是大势所趋,是农业现代化推进过程中必须面对的背景;而农业产业化则是目前发展农业的有效经营方式。如果把实现农业现代化作为目标函数的话,那么,农业国际化则是这一目标函数所面临的一个新的约束条件,而农业产业化则是在这一约束条件下,达到目标最优的一条有效技术路线。为了更好地实施农业产业化经营方式,迎接农业国际化带来的挑战,实现农业现代化的战略目标,特提出如下政策建议。

(一)加强政府职能

实践表明,政府适当的理性干预对农业发展在一定程度上能发挥积极作用。由于农业现代化的实现不可能是一个纯粹的"自然历史"过程,政府在其中的推动作用必不可少,在面对国际化的挑战与产业化的实施上,政府都是有所为的。但政府的作用并不是越俎代庖,去直接组织生产,而是进行规划、引导、创造适合农业发展的宏观政策环境。比如,在农业产业化实施中,要防止由政府去直接给农业产业化设定组织形式,人为安排某种产业组织,应当引导农业产业的组织演进,给农业企业选择、调整组织形式和为农业产业组织的自发演进创造条件,促进农业产业化过程中的组织创新,从而促进农业产业组织的合理化。

(二)分类指导,因地制宜地推进农业现代化

农业现代化是从传统农业和不发达农业转向现代发达农业的过程,它是动态的、不断采用当代先进技术的过程。我国是一个农业大国,各地区生产资源条件不同,农村非农经济发展的背景存在差异,这些都可能导致

我国不同地区农业现代化实现的技术路线不尽相同；而且社会经济发展不平衡，必然导致现代化的进程有先有后。东部沿海的一些发达省份已经提前实现了小康，这些省份乡镇企业的发展带动了农业的发展，农业劳动生产率、农产品商品率、农业机械化水平、农业规模经营水平在全国都处于领先位置，它们率先实现农业现代化具有优越的条件。而对于我国相对落后的西部地区，从农业现代化指数看，还没有进入起步阶段，无论是农业技术水平还是农业生产效率和经济收入与东部地区相差甚远。因此，推进农业现代化，需要分类指导，因地制宜。

在进行农业现代化建设中，落后地区应重点推动农业产业化，因为当前和今后一段相当长时期内，这些地区农村生产力水平低，应把实现农业现代化作为长期目标，而把精力主要放在产业化上，把产业化作为向农业现代化迈进的具体工作。而对于沿海经济发达地区，则可把直接推进农业现代化工作和推动农业产业化工作紧密结合起来，如在有条件的地方搞农业现代化示范区，这些示范区既可作为率先实现农业现代化的试验地，也可作为农业产业化的基地。

(三) 进行土地制度创新，加快土地使用权立法步伐，促进土地使用权的流转

从总体上看，家庭联产承包责任制是目前行之有效的农业经营制度，必须保持这一制度在农村的长期稳定，这是我国农业的一项基本政策。但这并意味着这一农业制度就不需要进行改革，事实上，目前中国的土地制度不利于实行规模经营和对土地的投资，需要进行相应的改革。其目标是有利于土地的流转和对土地投资的增加，使包括土地在内的各种资源得到合理配置。因此，有必要通过农村土地使用权立法来解决土地权利分割和保障等问题。农村土地使用权的立法方向是长期化、市场化、资本化。尽管目前还有许多问题需要进一步研究，但立法的时机已基本成熟。

(四) 鼓励农民建立各种合作经济组织

农业生产的最基本特点决定了合作组织存在的必要性，农业的家庭经

营与农民的合作制度相结合，经实践证明是迄今为止最为有效的农业制度安排，也是当今世界凡受市场经济支配的农业，都存在农民的合作组织并扮演重要角色的原因。因此，应尽快制定中国农民合作组织的有关法律、法规，对农民合作组织的性质、法律地位、赋税关系、会员制度、分配原则等作出明确规定。以改革农业小农的生产方式，促进农产品生产规模的扩大，进一步促进农业产业化，增加农业竞争力。

（五）加快农业产业化的规范化、制度化建设

目前我国在农业产业化过程中存在的主要问题：一是在实际操作中地方政府对农业产业化组织创新的非市场化干预过多；二是一体化经营机制尚未真正形成，大多数企业和农户之间处于一种不规范的松散联系状态，没有形成一体化经营的利益共同体；三是由于缺乏有效的约束机制，龙头组织、农户等市场主体的行为不规范，"道德风险"问题较多，如在丰收年龙头组织容易压级压价，而在歉收年农户则易违约将产品销往市场。这些矛盾的出现呼唤农业产业化的规范化、制度化建设。

（六）政府应对农业产业化采取的具体措施

我国政府必须根据经济发展的特性、专业化的特性、产业化的特性，制定能够有利于农业产业化发展的政策措施。应该引起政府部门重视的几个政策性的思考如下。

1. 应该因势利导

由于农业产业化是建立在专业化的基础之上，而专业化是建立在经济发展的水平和基础之上，因此，推动农业产业化应从实际出发，因势利导。

2. 应该统一规划

在推动农业产业化的过程中，政府应该做的事，是加强市场的统一规划。当经济水平提高以后，如果农业的专业化、产业化程度很高，而市场容量很小，农村的剩余农产品就会出现卖难，这种情况在全国的很多地区都出现过。如我国的西部地区、东部地区，专业化的水平提高以后，马上

面临的就是市场问题。不解决市场问题，必然导致回归。因此，政府应加快市场建设，规避农户产后的市场风险，以利于推动农业产业化的发展。

3. 应该因地制宜

各个地区的自然条件、交通运输条件不同，各地区自然形成的人力资源结构不同，各个地区的农业产业化组织形式的选择、产品结构的选择，也应该因地制宜。

4. 应该提供必要的条件

包括技术的条件、仓储的条件、提高农业的产业化水平，需要提高农民的科技水平。即使专业化以后，也不见得农民的科技水平就能达到要求，实施对农民的教育任务，应由农业规模经营的单位承担起来。另外，农业产业化程度越高，商品量越大，它要求对专业化生产过程中的投入越集中，包括仓储、流动资金。

20 世纪 90 年代，多种形式的专业化的形成与发展的态势表明，中国农业产业化将成为 20 世纪末和 21 世纪初农业发展的热点。在这个时期，我国政府必须积极引导，果断决策，强力推进农业产业化的健康发展。只有这样，才能实现中国农业历史性的变革。

5. 国家财政资金引导

多年来，农业综合开发发挥财政资金引导作用，大力扶持农业产业化龙头企业和农民专业合作社发展。1994—2010 年，产业化经营项目共投入财政资金 507 亿元，投入总规模达 1500 多亿元，共扶持产业化龙头企业建设农副产品加工项目 8000 多个，扶持农民专业合作社建设种植养殖基地项目 1500 多个。

6. 支持农业产业化龙头企业发展意见

2012 年颁布的《国务院关于支持农业产业化龙头企业发展的意见》明确提出以下支持政策：一是支持龙头企业生产基地和基础设施建设，提出支持符合条件的龙头企业开展高标准基本农田建设、土地整治、粮食生产基地、标准化规模养殖基地等项目建设；二是扶持龙头企业带动农户和专业合作社发展产地农产品初级加工，提出对龙头企业带动农户与农民专业合作社进行产地农产品初加工的设施建设和设备购置给予扶持；三是支持龙头企业通过兼并、重组、收购、控股等方式，组建大型企业集团，支持符合条件的国家重点龙头企业上市融资、发行债券、在境外发行股票并上市；四是支持龙头企业发展现代物流，支持龙头企业改善农产品储藏、加工、运输和配送等冷链设施与设备，并提出铁道、交通运输部门要优先安排龙头企业大宗农产品和种子等农业生产资料运输；五是支持龙头企业开展质量管理和品牌培育，支持龙头企业申请商标国际注册，积极培育出口产品品牌；六是支持龙头企业强化人才培养，鼓励龙头企业采取多种形式培养业务骨干，积极引进高层次人才，并享受当地政府人才引进待遇；七是支持龙头企业开展科技创新，通过国家科技计划和专项等支持龙头企业开展农产品加工关键和共性技术研发，将龙头企业作为农业技术推广项目重要的实施主体，承担相应创新和推广项目；八是支持龙头企业承担重要农产品收储业务，支持符合条件的国家和省级重点龙头企业承担重要农产品收储业务，在税收、运输费和基础设施建设方面给予扶持等。

龙头"活"，产业兴。相信随着这些政策的落实到位，龙头企业会进入一个又好又快的发展阶段。

五、农业产业化经营的利益分配机制

（一）龙头企业与农户的利益关系

龙头企业与参与农户之间有两类利益关系：一类是利益共同体关系，另一类是合同约束下的"对立统一"的利益关系。

在利益共同体关系中，以获得大致相当平均利润为基准，在各参与主体之间进行利益分配。其前提是，龙头企业与参与农户存在产权关系。在紧密性强或独资企业实行纵向一体化系统中和利益分配带有利润均分的特点，比较效益偏低的环节（如初级产品生产者），可以获得达到产业平均利润的补偿。

合同约束下的"对立统一"的利益关系，包含两层意思。一是无论龙头企业还是农户，他们在合同约束下进行产业化经营，都是相对独立的市场功能主体，各自都有相对独立的利益，在共同交易中都追求利益最大化。因此，龙头企业有减少对农户支付的意愿，农户则力争获得较多的利益。二是龙头企业为了以较低的交易成本和稳定的价格，获得有品质保证的原料货源，农户为了使其初级产品以稳定的价格及时出售，同时从龙头企业得到优惠的服务，从而达成联合，共同发展。从总体上看，两者的利益又是一致的。至于两者的利益达到多大的一致性，取决于农户与龙头企业的交涉能力，其中既受市场供求状况的影响，又要看农户对龙头企业的依赖程度。

林万隆、张莉琴在论文《农业产业化龙头企业政府财税补贴政策效率：基于农业上市公司的案例研究》中，提出如下建议。

20世纪90年代"农业产业化"的提法提出以来，出于各种原因，各级政府把扶持龙头企业作为扶持农业产业化的主要手段，其中的逻辑是：通过促进龙头企业的发展壮大，来扶持农业和农民。为此，各级政府给予了龙头企业各种优惠政策和优惠补贴，其扶持力度越来越大。然而，本文运用2000—2002年58家农业上市公司的数据进行的实证分析结果却表明：至少就农业上市公司的案例研究来看，作为扶持农业和农民的两种手段，对行业的扶持和对特定企业的扶持，其政策效率不同。对农业行业的扶持，销售税金减免等"非专向性补贴政策"有一定的政策效率，而作为对特定企业的扶持，所得税减免和政府补贴等"专向性补贴政策"则明显缺乏政策效率。因此，我国政府对所谓龙头企业的扶持政策是低效率的。由于政府对龙头企业的扶持对农产品加工龙头企业的主营业务增长并无明显作用，甚至是那些接受政府补贴少的企业更具备经济效率，政府扶持并没有直接带来所期望的农业龙头企业产出的增长，因而也就谈不上通过扶持龙头企业来带动当地农产品原料的产销，"扶持龙头企业就是扶持农民"这一想当然的提法并不成立。这意味着，无论是何种原因，至少就目前的情况来说，政府对龙头企业继续进行扶持的政策依据并不充分。对于目前财税优惠政策效率低下原因的探讨不是本文的主要目的，但笔者仍愿意在此给出一个可能的解释。在现实中，一个企业如果能被认定为"龙头企业"，那么，它可以享受到的好处非常多，仅免征所得税一项就非常诱人，

第三篇 农业产业化兴旺——乡村振兴的核心力量

这一点可以从全国各涉农企业对"龙头企业"认定资格的激烈竞争中就可以看出来。在名额有限的情况下,只有那些与政府关系密切的企业才可以更容易地获得"龙头企业"的称号,也只有这样的企业才更容易获得政府的各种补贴和优惠。在这种状况下,企业的目标已经发生了变化。如果追求政府补贴成为许多企业的重要目标,那么,政府就很难区分优质企业和劣质企业,更何况出于种种原因,在许多情况下,许多的政府部门和政府人员也并不想这样去做。本文的研究可以引发的另外一个思考是,政府的财政专项农业支持资金的发放机制应该如何才更有效率。许多人往往相信,只要在扶持企业的资格认定上加强工作(例如严格认定标准、规范认定程序),就能够解决上述问题。这就涉及一个基本的理念判断,即政府到底是有限理性的还是无限理性的?本应由市场加以鉴别的内容(例如企业质量的好坏),政府是否也能做到?因此,从公共政策的角度来说,为了促进农业的发展,政府的扶持环节和扶持方式究竟应该是什么?这是必须认真思考的一个问题。

(二)利益分配的几种形态

农业产业化经营中现行分配机制,可归结为两大类七种方式。

1. 以商品合同为纽带的利益分配机制

公司企业或合作经济组织同农户签订销售合同和生产合同规定双方现行权利和履约条件,有三种分配方式。

(1)合同保证价格。一般按"预测成本+最低利润"或前三年应季市场平均价格,确定合同保证价格。这种价格比较稳定,与市场价格偏差不大,对于农户可以起到保护性利益分配的作用,而市场风险则由龙头企业承担。

(2)市场保护价格。这是龙头企业与农户按一定标准核定的保护价格,实际上成为最低基准收购价格。合同约定,当市场价高于保护价时,按市场价收购产品,当市场价低于保护价时,按保护价收购。这种价格对初级产品生产者保护程度很强,龙头企业承担的风险较大,不像合同保证价格平稳适中,只有少数实力雄厚的成熟型一体化经营系统有能力采用。

（3）按交易额返还利润。在合作经济中较为多见。龙头企业或合作社，按照参与农户交售产品的数额，将一部分利润返还给基地签约农户。农户一方以合作社形式整体进入市场，社员既是合作社的所有者，又是它的顾主，实行按交易额返还利润的分配机制，当数最便捷、合理、有效途径。

2. 以要素契约为纽带的利润分配机制

龙头企业与农户之间，以要素契约为联结纽带，对资金、土地、水面、劳动力、技术等生产要素进行产业组合，并按要素贡献进行利益分配。最为常见的有四种方式。

（1）租赁机制。当公司企业或开发集团与农户有土地或水面等租赁关系时，按签订的租赁契约，在租期内由企业或开发集团向租让土地或水面农户支付租金。这在区域性开发农业一体化经营中颇为多见。

（2）补偿贸易机制。大型涉农集团公司或其他龙头企业，向生产基地或农户提供生产建设资金，由基地或农户提供土地、鱼池、劳动力和设备，开发项目投产后，大部分农副产品按当地市场价或协议价直接供应出资一方，并以产品抵付其投入资金。当投入资金全部抵付完毕时，联合协议即告终止。这种利益分配机制，相当于出资方以预付金方式提前订货，确保一定数量和质量的产品来源，对提供产品一方，则可将出资者提供的资金与其他生产要素相结合，创造具有相当规模的生产基地和相应的主导产业，开辟新发展空间，形成新的产业链条。这样，对于双方均有利，但对资金的依附性较大。

（3）股份合作机制。这是以资产、技术、劳动等要素联合为纽带的利益分配机制，在开发性农业一体化经营中较为常见，也适用于双边和多边联合一体化经营。在双边联合经营中，双方按同比例投入股额，生产获利后按同比例分配利润（各为50%），或按不同的固定比例分配利润。在多边联合经营中，则按投入股金的不同比例分配利润。

（4）内部价格+二次分配。在自成系统的农工商联合企业中，先以内部价格（有的为成本价）的形式，与投入原料或提供初级产品的单位进行第一次结算；在加工制成品销售后，再将所获净利润（扣除第一次结算的利润）分成，按投入原料或投入产品数量返还给参与联合企业的各方。提供原料或产品者所得的内部价格，在一段时间内是固定的，所得的利润分成是随整个产业链经营好坏而变化的。第二次分配的意义在于可起到调整产加销或农工商三个环节利润水平的杠杆作用，以形成各环节的平均利润。

（原文见《新农村建设与市场热点研究》2012年）

参考文献：

［1］产业化：中国农业新趋势．中国农业出版社，1997.1.

［2］史万里、李玉珠、徐柏园等．《中国农村改革20年》．中州古籍出版社，1998.12.

［3］林万隆，张莉琴．"农业产业化龙头企业政府财税补贴政策效率：基于农业上市公司的案例研究"．聚焦"三农"．社会科学文献出版社，2006.1.

［4］林毅夫．制度、技术与中国农业发展．上海人民出版社，1955.

创新农产品流通方式
提高"菜篮子"供给效率

——对 2012 年中央一号文件农产品流通部分解读浅析

中共中央、国务院近日印发了《关于加快推进农业科技创新持续增强农产品供给保障能力的若干意见》。即 2012 年中央一号文件,本文重点在农产品流通方面作一浅析。

一、关于狠抓"菜篮子"产品供给方面

笔者认为,抓好"菜篮子",必须建好菜园子、管好菜摊子。要加快推进区域化布局、标准化生产、规模化种养,提升"菜篮子"产品整体供给保障能力和质量安全水平。也就是提高农产品的供应量和提高农产品的质量安全水平。2012 年《政府工作报告》指出,要增加生产、保障供给。继续把控制食品价格过快上涨作为稳定物价的重点。落实好"米袋子"省长负责制和"菜篮子"市长负责制,保障主要农产品供给。大中城市要有合理的菜地保有量,稳定和提高本地应季蔬菜自给水平,同周边地区和优势产区协作建设"菜篮子"产品基地。

据笔者观察,近年来大中城市的菜园子有所削弱,城近郊区大体都盖了楼房,大大消减了菜园子的面积。加大菜园子的面积,提高供应量,难点是如何扩大面积。北京市 2011 年下半年扩大面积是向河北省选择蔬菜基地。必须推进区域化的布局,同时要搞标准化生产、规模化种养以提高农产品质量。

第三篇 农业产业化兴旺——乡村振兴的核心力量

(一) 加快农业标准化建设

标准化农业、示范县都是新兴技术，都要大力推广，农业才能创新。大力发展设施农业，继续开展园艺作物标准园、畜禽水产示范场创建，启动农业标准化，整体推进示范县建设。

这样可以做到：加快推进前沿技术研究，在农业生物技术、信息技术、新材料技术、先进制造技术、精准农业技术等方面取得一批重大自主创新成果，抢占现代农业科技制高点。着力突破农业技术瓶颈，在良种培育、节本降耗、节水灌溉、农机装备、新型肥药、疫病防控、加工储运、循环农业、海洋农业、农村民生等方面取得一批重大实用技术成果。

(二) 产业布局合理

蔬菜生产产业的合理布局至关重要，起到事半功倍的作用。实施全国蔬菜产业发展规划，支持优势区域加强菜地基础设施建设。

(三) 培养优良品牌

培育中国品牌的畜牧业良种、奶业苜蓿发展、规模化养殖是畜牧业发展的关键。因此，要稳定发展生猪生产，扶持肉牛肉羊生产大县标准化养殖和原良种场建设，启动实施振兴奶业苜蓿发展行动，推进生猪和奶牛规模化养殖小区建设。

(四) 重视食品安全

中央下决心，要在源头上治理农畜产品的质量安全，目前食品安全的难点是在千家万户的小农经济的生产上，当前食品安全形势依然严峻。制定和实施动物疫病防控二期规划，及时处置重大疫情。强化食品质量安全监管综合协调，加强检验检测体系和追溯体系建设，开展质量安全风险评估。大力推广高效安全肥料、低毒低残留农药，严格规范使用食品和饲料添加剂。2012年全国人大五次会议记者会上，时任农业部部长韩长赋强调："我们将推进农业标准化的生产，无论是蔬菜的生产还是畜禽水产的养殖等,都标准化生产,在全国开展大规模的标准化生产园区的建设。只有使农产品的生产过程是可控的,使流通过程是可追溯的,这样才能从根本上提高农产品源的安全水平。我们国家每年的生产总量和每天的消费都很大,根据统计数据测算,大约每天要消耗 22 万吨肉、7 万吨禽蛋、15 万吨水产品、100 万吨蔬菜。所以,我们的消费量非常大,要加强监测。"

(五)强化食品质量安全监管综合协调

强化食品质量安全监管综合协调,首要解决的是"齐抓共管"还是"齐抓疏管"或"齐抓不管",这也是过去反映比较多的问题,还应大力探索。

(六)水产品的产量的提高和食品安全的措施

开展水产养殖生态环境修复试点,支持远洋渔船更新改造,加强渔政建设和管理。

(七)农业产业化龙头企业,依然是农产品产供销的火车头

充分发挥农业产业化龙头企业在"菜篮子"产品生产和流通中的积极作用。农业产业化龙头企业可以起到带动农户规模化、技术规范化生产作用。因此,一定要落实"菜篮子"市长负责制,充分发挥都市农业应急保障功能,大中城市要坚持保有一定的蔬菜等生鲜食品自给能力。

二、关于加强农产品流通设施建设方面

(一)改变农产品市场体系缺乏政府统一规划布局的状况

长期以来,我国对于批发市场的未来发展及农产品市场体系建设,缺乏统一的政策、规划和目标,特别是国家层面的关于批发市场法律、法规的制定。我们课题组(国家社科基金《农产品批发市场研究》课题组)呼吁 20 多年来,一直没有结果。

虽然商务部、农业部、原国家工商局等部门陆续出台了关于批发市场

的发展规划及管理条例等,但落实情况不容乐观。

2012年中央一号文件规定:"统筹规划全国农产品流通设施布局,加快完善覆盖城乡的农产品流通网络。推进全国性、区域性骨干农产品批发市场建设和改造,重点支持交易场所、电子结算、信息处理、检验检测等设施建设。把农产品批发市场、城市社区菜市场、乡镇集贸市场建设纳入土地利用总体规划和城乡建设规划,研究制定支持农产品加工流通设施建设的用地政策。"

(二) 农产品批发市场为主的市场体系的公益性建设得到体现

改变长期以来市场建设谁建设、谁投资、谁受益的格局。北京2011年四季度试行政府投资1亿元,入股北京最大的新发地批发市场,实施在春节前后的三四个月免收八种蔬菜和四种水果(都是市民必不可缺的品种)的进场费的公益性等举措,大大降低了市场的零售价。

2012年中央一号文件规定:"鼓励有条件的地方通过投资入股、产权置换、公建配套、回购回租等方式,建设一批非营利性农产品批发、零售市场。"

(三) 农产品的物流建设

2012年中央一号文件规定:"继续推进粮棉油糖等大宗农产品仓储物流设施建设,支持拥有全国性经营网络的供销合作社和邮政物流、粮食流通、大型商贸企业等参与农产品批发市场、仓储物流体系的建设经营。加快发展鲜活农产品连锁配送物流中心,支持建立一体化冷链物流体系。"2012年《政府工作报告》中指出:"加强重要商品产运销衔接,完善政府储备和商业储备体系,做好主要农产品收储和投放,增强市场调控能力。"

但是,要落实还任重而道远。铁路运输是最重要的运输渠道,铁路运输的成本远远低于航空和公路,但是运力不足是个巨大的困扰。南菜北上和东北的粮食南下,均受制于此。这种低成本的运输方式因为资源稀缺,形成了巨大的市场需求,甚至出现了许多专门以倒卖铁路路货运计划的倒爷,在一定程度上推高了农产品的价格。

据一位从事铁路货运代理业务多年的运输代理商介绍,不久前,他将一车皮面粉从郑州东站发往重庆站,铁路部门开具的运费是 1.1 万多元。但除了这些明码标价的运费外,他还额外付出了 2300 元的代价。这笔费用都是通过一些专门从事运输中介的多种经营公司收取,根本没有任何票据。

铁路运输费用的畸高使我国农产品参与竞争时,在家门口就败下阵来。一家油脂企业算过一笔账:美国大豆从东海岸运到我国,距离近 2 万公里,每斤海运费仅 0.08 元;国产大豆从佳木斯运到大连,运距仅 1500 公里,铁路费用却达到每斤 0.09 元。据了解,这也是许多加工企业弃用国产大豆的重要原因。不仅如此,一些企业因送不起"点装费",眼睁睁地看着货物积压,有的企业因此已落到停产的地步。①

(三)发展农民专业合作社

扶持产地农产品收集、加工、包装、储存等配套设施建设,重点对农民专业合作社建设初加工和储藏设施予以补助,农民专业合作社可以克服千家万户小农经济的缺陷。

三、关于创新农产品流通方式方面

(一)充分利用现代信息技术手段,发展农产品电子商务等现代交易方式

2011 年经各级政府的努力,年底市场菜价有所回落,据《北京晚报》2012 年 2 月 11 日第 6 版报道,上海受冷空气影响持续低温,蔬菜价格涨幅明显。上海统计局网站数据显示,鲜菜价格上涨 23.0%。但是,上海菜农自销菜受欢迎。新华社 2012 年 2 月 10 日的图片新闻报道,在国年路菜场,菜农自种自卖的蔬菜价格相对便宜,吸引了大量市民购买。

我们要充分利用现代信息技术,积极探讨建立生产与消费有效衔接、

---

① 新华每日电讯. 2012.2.15.

灵活多样的农产品产销模式，减少流通环节，降低流通成本。

（二）以市场需要确定生产

以市场需要确定生产是市场经济的一条基本原则。大力发展订单农业，推进生产者与批发市场、农贸市场、超市、宾馆饭店、学校和企业食堂等直接对接，支持生产基地、农民专业合作社在城市社区增加直供直销网点，形成稳定的农产品供求关系。

（三）国家供销合作社系统和农民专业合作社系统合作，可以完成联通城乡市场的双向流通网络

对于我国传统的一家一户的小农经济来说，目前还难以大规模地发展，据2010年年底统计，农民专业合作社仅占应成立的10%。而日本的农协针对农民的种子、种植、化肥、销售等进行全方位的合作，服务体系比较完整，我国是否能够建立一个类似于日本的全国农协的组织机构，帮助农民实现农业的一条龙的服务。笔者认为，国家供销社等部门经过体制改革后可以承担这一重大任务。国家要给予资金、人才、技术、信息化、税收政策等方面的大力支持，而这些方面是我国农产品流通能否得以长远发展的主要因素。目前，各级政府对于现代化的农产品流通体系还缺乏有效的政策、经济、法律、行政等方面的引导支持。因此，要大力扶持供销合作社、农民专业合作社等发展联通城乡市场的双向流通网络。

（四）要搞活流通、降低成本

严格执行蔬菜等鲜活农产品运输绿色通道政策。认真落实对农产品批发市场、集贸市场、社区平价菜店等的扶持政策，鼓励城市连锁超市、高校、大型企业、社区与农产品流通企业、专业合作社、种养大户对接，减少流通环节，增加零售网点，充分发挥流通主渠道作用。深化流通体制改革，扩大物流企业营业税差额纳税试点范围，完善大宗商品仓储设施用地税收政策。调整完善部分农产品批发、零售增值税政策，推动流通标准化、信息化建设。要多管齐下，切实把流通效率提上去、中间成本降下

来,真正让生产者和消费者都得到好处。

(五) 发挥流通主渠道作用

开展"南菜北运""西果东送"现代流通综合试点。但是,批发市场的龙头地位的市场流通体系不可动摇,才能完成综合试点的任务。要开展农村商务信息服务,举办多形式、多层次的农产品展销活动,培育具有全国性和地方特色的农产品展会品牌。

(六) 发展农产品期货市场的必要性

粮食等农产品的现货市场交易价格的随机波动性,价格涨落幅度大,价格信号短促,导致市场无法控制风险,而期货市场最大特点在于预期性。因此,期货市场在粮食流通体制中具有以下作用:一是很好的价格发现机制,二是平抑价格风险,三是价格的指导作用。因此,要充分发挥农产品期货市场引导生产、规避风险的积极作用。

(七) 降低税费

免除蔬菜批发和零售环节增值税,开展农产品进项税额核定扣除试点,落实和完善鲜活农产品运输绿色通道政策,清理和降低农产品批发市场、城市社区菜市场、乡镇集贸市场和超市的收费。笔者认为,应在法律层面予以规定(北京等地在试点运行),政策调控才得以实行,否则是空文。

四、关于完善农产品市场调控方面

(一) 准确把握国内外农产品市场变化,采取有针对性的调控措施,确保主要农产品有效供给和市场稳定,保持价格合理水平。

(二) 稳步提高小麦、稻谷最低收购价,适时启动玉米、大豆、油菜籽、棉花、食糖等临时收储,健全粮棉油糖等农产品储备制度。

(三) 抓紧完善鲜活农产品市场调控办法,健全生猪市场价格调控预案,探索建立主要蔬菜品种价格稳定机制。据《北京晚报》2012年2月

11日《批零相距十公里 菜价狂涨三倍》报道：2012年春节以来，湖北武汉蔬菜零售价格持续上涨，青菜价格涨幅更是连续翻番。在同一个城市同样的菜，从批发市场到相隔十公里的零售超市，价格竟然翻了三番多。市民怨声载道，而物价部门对此却"无能为力"，称无平稳菜价的执法权。

（四）加强国内外农产品市场监测预警，综合运用进出口、吞吐调剂等手段，稳定国内农产品市场。

（五）完善农产品进口关税配额管理，严厉打击走私违法行为。

（六）抓紧建立全国性、区域性农产品信息共享平台，加强农业统计调查和预测分析，推行重大信息及时披露和权威发布制度，防止各类虚假信息影响产业发展、损害农民利益。

此项的落实尤其要解决"最后一公里"农民千家万户及时得到准确的生产市场信息的问题，目前市场农产品价格的大起大落，农民利益严重损失，就是此问题未很好解决。

（七）要加强监管、规范秩序。2012年《政府工作报告》指出："重点加强对食品、药品价格和医疗、通信、教育等服务收费的监督检查，坚决治理交通运输领域乱收费乱罚款，纠正大型零售商业企业违规收费行为，严厉查处发布虚假信息、囤积居奇、操纵价格、恶意炒作等违法行为。"

据笔者观察，中央一号文件对农产品流通体系的全面布局、创新安排，这是首次。但要全面落实任务艰巨、任重道远。特别是牵涉全局的问题，不是某个或几个部门能做到的。笔者建议，中央须缜密部署、分解落实、规定期限，甚至到人员。有的项目还需立法，比如《国家农产品批发市场法》就急需制定出台，才能完成全面创新农产品流通方式。

五、以改善农村人居环境为重点，着力加强农村基础设施建设

要继续加大农村道路特别是村内道路建设，解决农村饮水安全问题，加强以"一池三改"为基本内容的农村户用沼气池建设，积极发展适合农村特点的太阳能、风能和小水电。建设垃圾收集和生活污水处理设施，搞好村庄

绿化，实施乡村整治，引导农民科学合理建设住宅。存在问题如下。

(一) 警惕新农村建设"变味儿"

现在建设新农村层层抓试点，结果导致试点好看不耐看，好听不可学。目前乡村振兴存在的问题有：一是"等、靠、要"思想严重；二是包办代替；三是盯着村容村貌做表面文章；四是热衷于立招牌。政绩为先的思想在一些地方还非常严重，老百姓最担心的是"大拆大建，搞面子工程、形象工程"。

(二) 警惕"穷村仍穷，富村更富"

一些地方新农村建设试点工作嫌贫爱富。有关部门和地方领导这样做的目的无非有两个：一是把基础好的农村打扮成光彩夺目的样本，给上级看，给媒体看，试图以点带面，为本部门本人的政绩加分；二是把试点搞得尽善尽美，可以作为典型向上面伸手要钱，争取更大程度的政策倾斜、要资金、要土地等。这种急功近利的心态十分有害，对此，县、乡干部和农民们几乎作出同样的解释：穷村做试点，起步差、标准低、问题多、进程慢，效果难料；富村做试点恰恰相反，容易出政绩，领导脸上光彩！可是，这种急功近利的心态发展下去会把新农村建设的"经"念歪。

六、现阶段扎实稳步推进新农村建设的工作重点

(一) 抓紧制定新农村建设总体规划纲要

坚持规划先行、科学指导，抓紧制定全国性的社会主义新农村建设总体规划纲要。

(二) 要从当地实际出发，尊重农民的意愿

一是因地制宜从实际出发；二是坚持尊重民意、农民主体，发挥亿万农民的积极性和主动性，动员社会各界广泛参与。

(三) 坚持政府扶持、资金引导，不断加大公共财政的支持力度，加快形成有利于促进农村公共事业发展的机制

2007年，国家农业综合开发办公室启动了"农业综合开发引导支农资金统筹支持新农村建设试点项目"，首批选择43个县（市、区、农场）实施新农村试点项目。2007—2009年，中央财政累计投入资金7.05亿元，用于新农村试点项目。在此基础上，地方财政也积极增加投入。新农村试点项目使新农村建设由单一的部门行为上升为政府行为，使人财物等资源真正优化配置。试点项目把发展农业优势产业作为促进生产发展的最佳切入点，实现了由项目开发向产业开发的转变。试点项目的实施，加大了当地新农村建设的投入力度，加强了农业基础建设，促进了优势特色主导产业发展，夯实了新农村建设的产业基础。同时，试点地区积极开展对农民的培训，提高了农民的科技水平。

(四) 切实保障农民的土地财产权益

2012年的中央一号文件，目标和指向更加明晰。中央农村工作会议已经传达了非常明确的信息，即农村改革的力度会进一步加大。改革方面第一个大的难题，是怎样通过深化农村土地管理制度的改革来依法保障农民的土地财产权益。"土地是农民最基本的生产资料，是农民维持生计的最基本的保障。土地还是农民的财产权利。"

深化农村土地管理制度改革必须以保护农民的土地财产权益为核心，要加快完善相关的法律法规，解决好以下四个问题。

1. 要明确界定农民的土地财产权益

这次中央农村工作会议明确提出土地承包经营权、宅基地的使用权，是法律赋予农民的合法财产权利。按照中央农村工作会议的部署，下一步要加快给农民颁发具有明确法律效力的土地承包经营权证书和宅基地使用权证书，让农民清楚知道自己的合法权益，要防止以农村土地属于集体所有为名强征农民的土地。

2. 要把握好土地流转的方向

从全世界来看，农业经营体制主要是实行以自然人为基础的家庭农业体制，公司法人农场只占很小的比例。把农民变成农业产业工人绝对不是我们国家农业经营体制改革的方向。现阶段工商企业下乡，大规模租种农民的土地，不符合我国的基本国情，不利于农民土地权益的保护。今后我们要把握好方向，一是要让农民种自己的地。二是要让更少的农民种更多的地，真正做到农地农用，自愿流转，要确保农业家庭经营的主体地位。

3. 要禁止强迫农民以"土地权"换"市民权"

国务院发展中心课题组曾经对全国20多个城市7000多位农民工做过调研，绝大部分农民工不愿意以放弃承包地和宅基地的权利来换取城市户口。现阶段农民工落户城镇，是不是放弃承包地，是不是放弃宅基地，是不是放弃承包的林地和草地，必须完全尊重农民个人的意愿，不能强行收回。可以说让农民带着土地权利进城，成为新市民，是保护农民利益的需要，也是促进城镇化健康发展和社会和谐的需要。

4. 要真正按照土地的市场价值对被征地的农民进行补偿

我们国家现在征地发展太快了，对被征地农民的补偿仍然偏低，土地收益的分配明显向城市倾斜。2011年我们的土地出让金的收入已经超过3.15万亿元，其中房地产出让土地的收益就2.7万亿元，到2011年10月末土地出让收益三农支出只有1234亿元。因此，在符合国家土地用途管制和土地利用总体规划的基础上，要把更多的非农建设用地留给农民集体开发，要让农民直接分享土地的增值收益。

（原文见《中国批发市场》2012年第6期）

在国际视野下重新认识农产品流通对生产和消费的促进带动作用

——加入WTO我国农产品市场体系建设与发展目标

一、我国农产品市场体系建设滞后

(一) 农民进入收购市场的合约化和组织化程度很低

合约化程度低,意味着农民进入市场的盲目性较大,农民在生产之前就与收购者签订购销合同的并不多。多数农民是先将产品生产出来,然后再找收购者。组织化程度低,意味着生产者在与收购商的议价过程中处于不利地位,利润分配向收购商倾斜。而且收购市场中买方主体很不完善,国有农产品收购企业、供销社的体制弊端很多,农产品加工业挤压农民现象突出。

(二) 批发市场缺乏统一布局规划,规则不健全、功能不完善

从布局看,有的地方重复建设市场,出现"有场无市""空壳市场"等问题,这主要是不遵循商品流向的客观规律,盲目建设批发市场造成的。也有的地方存在市场数量不足、市场建设滞后,出现"有市无场"等问题。特别是产区专业批发市场较少。从规则看,农产品批发市场的内部管理制度,政府对农产品批发市场的监管制度都不健全,欺行霸市现象频频出现。从功能看,目前农产品批发市场主要起集散的中心作用,其价格发现功能、信息引导功能,尤其是供需引导功能尚未充分发挥出来。

（三）硬件设施和交易方式落后

无论是批发市场或是零售的集贸市场，大多数都是露天的，设施条件很差，挤占道路，雨天泥泞，严重影响市容和交通；交易方式上，大多采用隐蔽式的一对一的对手交易，价格垄断、价格欺诈行为屡见不鲜。

二、新形势、新阶段，要重新认识农产品流通对生产和消费的促进带动作用

（一）农产品流通业是先导性的行业

经济体制改革以来，我国农产品流通业发生了巨大变化，逐步形成了多元化、多层次的发展格局。随着市场经济体制的逐步确立和流通体制改革的深入，农产品流通业将从末端行业向先导性行业转化，在社会化大生产、大流通中会发挥更加明显的作用。

（二）确立农产品流通业的主导性地位

随着农产品的产业结构调整，高科技产业将会成为农业、农村经济增长点，但单靠一个增长点很难起到拉动整个生产和消费的促进带动作用，应该有多个经济增长点，只有把农产品流通业连同其他经济增长点组合在一起，才能促进生产和消费整体发展。因此，要重新确立农产品流通业的地位和作用，彻底摒弃计划经济时期所形成的重生产轻流通的观念，确立农产品流通业在农业产业结构调整中的主导地位。同时，要制定相应农产品流通产业政策，提供良好的创新环境，促进农业、农村经济的全面改造和创新。

（三）全方位为生产、零售业服务

农产品流通产业要围绕生产、零售体制的变化进行根本性的调整和转轨，积极探索与生产企业、零售商业新的合作关系和合作方法，主动衔接

新形势下的产销关系、购销关系、批零关系、全方位为生产、零售服务，在与生产企业、零售商的融合中寻找发展之路。新型的农产品流通业，以市场信息为先导，以现代科技为基础，以增强批发功能为突破口，以满足生产企业和零售商需要为核心，以实现高独立自主率为目标，建立起体现新生农商关系的、与市场经济相适应的现代化农产品流通体系。

(四) 发挥本土农产品流通业的优势

我们始终有一个开放的心态，在市场开放过程中，农产品流通业要努力学习国外的技术、机制、管理和技巧，因此，我们有自己的优势，即本土优势。这些本土优势体现在省略了本土化过程的天时优势，先期开业占据有利的商业地理位置的地利优势，以及熟悉本土人文环境的人和优势。

三、农产品流通方式的变革要循序渐进、因地制宜

(一) 循序渐进

改革开放以来，我国农产品市场体系是伴随农产品流通体制改革的推进而不断发育的，也就要循序渐进。通过改革，农业的市场化程度有了很大的提高，其突出表现是，在农产品价格的形成中，由市场机制决定的部分增加，由国家指导价的部分逐步减少。以至到现在除少数粮、棉、油等少部分大品种国家制定有关价格外，其余的品种基本上统统敞开。针对部分农产品供不应求，价格上涨后出现的体制回归，以及部分地方、部分品种迟迟不放开价格和经营等问题，党中央于1987年初提出：定购以外的粮食要真正放开搞活；肉、禽、蛋、菜等鲜活易腐商品，尚未放开的品种和地区应当积极准备放开搞活；其他农产品，凡已完全放开的，应坚持实行自由购销；支持农民组织起来进入流通；按合理流向发展地区横向流通，逐步形成全国统一的农产品市场，切不可互相封锁，人为地堵塞流通。针对某些农产品大战和地方封锁，1991年召开的全国农村经济工作经验交流会确定：除了棉花、蚕丝、烟草实行专营外，粮食、油料在完成国家订购

任务以外的部分，以及其他已经放开的农副产品，必须真正放开经营，实行市场调节，严禁地区封锁，打破人为壁垒。总的来看，除少数农产品在较长时期内仍由国家控制价格和经营，直到1999年9月1日才放开价格，经营渠道直到2001年渠道上才有松动；粮食在"统"与"放"之间多次反复；其他多数农产品自20世纪80年代中期以后就陆续走上市场化道路。

(二) 因地制宜

经过近20年的发育，农产品市场体系的初步框架形成。

1. 收购市场

基本上是以收购为主，因此也可称收购市场，其特点是以无形市场为主，有形市场为辅。收购市场是产区初级市场，是生产者出售产品的市场，也称为生产者市场。生产者和收购者在集贸市场、批发市场上进行交易的为数不多。

2. 产地市场

随着农产品生产商品化、专业化、区域化，在一些农产品集中产区，批发市场成为生产者出售农产品的重要渠道。在产区市场，买方多是贩运者，卖方多是生产者，或是农民购销联合体，其主要功能是"集"，把农产品从众多分散的小规模生产者手中集中起来。

3. 销地市场

一般是指集中在大中城市的农产品批发市场，产生于20世纪80年代中期，大中城市出现的这种类型市场从根本上改变了农产品的流通模式，以市场经济的公开、公平、公正为主导的交易方式进行运作。在销区市场，买方多是零售商，卖方多是贩运者，其主要功能是"散"，而且起着农产品流通的中心环节作用，极大地活跃了农村经济和城市农产品供应市场。产地批发市场的买方和销地批发市场的卖方基本上属同一群体。

4. 零售市场

零售市场是以有形市场为主，无形市场为辅。农产品零售市场以集贸市场、副食商场、粮油经销店、超市、连锁店、果蔬摊点、游商等。但生产者、零售商与消费者在有形市场之外直接进行交易的为数不多。当前，以打出绿色食品为品牌的农产品零售市场悄然兴起成为农产品热销的新卖点。

四、农产品多种流通方式及其发展趋势的总体把握与估计

（一）有关国家农产品流通方式的演变情况及其现状

1. 日本农产品流通方式

日本政府的农林水产省与地方政府负责批发市场的布局规划、建设改造和发展，审批开设者、批发业者的资格，监督交易行为，进行业务指导，统计信息处理，以及执行对违法者的处罚等，都明确分工管理权限，不存在事权、推诿、疏漏问题。日本的农产品批发市场以经营生鲜食品为主，是19世纪20年代随城市的发展而实行的，其组织特点：政府是开办农产品批发市场的主体，日本批发市场的交易方式有拍卖、招标、买卖双方议价、卖方定价出售等，以拍卖为主。日本的《批发市场法》将拍卖和招标作为主要交易原则，规定批发业者在批发市场上进行批发业务，必须采用拍卖和招标方式进行，只能在法律允许的特定情况下，才可以采用相对交易（议价）形式。

2. 美国农产品流通方式

美国农产品批发市场的管理权限在农业部。农业部直属部门共有七个业务总局，国际事务及商品计划局是专管销售业务的。其组织特点是：批发市场的形式，多是由铁路运输的发展和自然地理位置规定的，政府不参与农产品批发市场的开设，只负责一定范围的管理。美国主要的中心集散市场（中央市场）的农产品都是通过交易买卖，有现货交易和期货交易两种。成交的农产品有三个特点：一是交易数量大；二是产品质量均标有规定的等级和标准；三是买卖双方人数较多，个人无法操纵价格。芝加哥的两大交易所，一是经营谷物，二是除农产品（肉牛、小牛、牛肉、活猪、猪肉）外还有股票、外汇等市场。美国拍卖市场专供烟草和牲畜交易。

3. 欧洲农产品流通方式

欧洲经济共同体成立于1938年初，是西欧发达资本主义国家的国际联

合,目标是实现经济一体化。农业一体化是其重要内容,它通过实施共同农业政策来逐步实现,以对农业生产和流通进行较强的保护和干预,共同抵挡外部农产品的冲击,达到保持内部农产品供应和价格的稳定。欧共体的批发市场上的经营行为受到政府法律的严格制约,交易是比较规范的,任何产品的质量都必须保证符合欧共体的统一标准,包括包装规格、包装和材质、运输方式,特别是卫生标准。质量、信誉、规格是欧共体批发市场的共同特点。欧共体批发市场发展趋势,不是朝着分散化和产销一体化道路发展,而是向着全国统一拍卖市场发展。

(二)我国农产品流通方式的发展趋势

1. 批发市场方式

农产品批发市场是农产品流通的中心环节。今后发展趋势如下。一是商流、物流可能相对分离。市场内不一定都有批量的现货存放,多数是根据样品签订合同成交。因此,交易活动要规范化,市场合同管理要跟上,明确违约应负的法律责任。二是市场设立专门机构,加强对经营者资格审查、条件限制,批发商要有一定资本才能入场经营。三是市场交易和市场管理都逐步现代化,如实行拍卖制、电子化网络交易、电子化结算。四是符合现代化要求的大的批发商,以农民为主体的批发机构为主要经营主体。五是成为绿色安全农产品供应的主要场所。

2. 集贸市场方式

集贸市场是生鲜蔬菜副食品供应的主要场所,也是低成本运营和服务的场所,仍为多数居民所认可。今后发展趋势如下。一是提高竞争意识,但不忘其社会公益性。如主动引进超市、兴办净菜超市、兴办"豆腐节",制作蔬菜营养价值宣传板,不断引导与促进消费。二是强化内部管理,不断提高经营水平与服务质量。做好"放心蔬菜、放心豆制品、放心肉、放心食品",杜绝"以次充好、短斤少两"问题。三是树立品牌竞争意识。如在"放心菜"的基础上,联系无公害蔬菜基地来直销,不仅可放心,而且价廉物美、品种俱全。打出品牌,提升市场竞争力。四是积极参与、努力净化市场内及周边环境。五是认清农贸市场必将向"超市化"发展方向。可通过改制、资产重组,托管托营等方式,成立农贸市场联合体,副食品集团公司(联盟)等,形成生鲜蔬菜、副食品的"连锁超市",适应现代商业营销物流及未来主流消费者,促进生态农业规模发展,取得最大效益。

3. 连锁超市

加入WTO后,我国大中城市零售业将面临全面的市场竞争,除了国内外,还包括来自海外竞争对手,而且后者多为世界一流商业集团。今后发展趋势如下。一是从观念上高度重视零售业。确立流通业(包括零售业连锁超市等)在大中城市及农业产业结构调整中的先导地位,同时制定相应的产业政策,提供良好的创新环境,促进连锁业的全面改造和创新。二是塑造连锁超市巨人。进行现有零售商业结构重组,逐步向研究开发(如主要绿色健康食品基地)和商品价值实现场所两极转移。三是提高连锁超市业组织化程度,是把现代化大生产的组织原则应用于商品流通领域,目的是通过提高协调运作能力取得综合效益,不仅能使企业系统迅速扩张,而且可将分散的农产品流通主体聚合为有机的统一体,提高流通的组织化程度。四是实现经营方式多样化。在网点布局、价格、服务、购物环境、销售方式及情感等各方面满足顾客需要,也有可能办境外连锁店和进入国际连锁企业采购系统。五是企业制度创新。加快现代企业制度建设,重塑商品分销主体;对连锁超市的企业进行制度改造,对企业的产权结构、治理结构、组织结构要有一个全新设计。

4. 便民零售方式

这种零售方式今后会继续得到加强,以社区为单位的便民零售摊点会逐步推广,而且同批发、集贸市场、连锁超市形成覆盖面全、方便居民购买的网络化系统。

五、我国农产品市场体系发展目标与建设

(一)农产品市场体系的发展目标

建设一个统一开放,竞争有序,以农产品期货市场为先导,以批发市场为中心,连锁超市、集贸市场、便民零售店为基础,形成网络化。

（二）分阶段建设农产品市场体系

1. "十五"期间目标

以推行拍卖制为主，提高我国农产品批发市场交易手段水平为重点，全面改造和提升我国现有的农产品市场体系的现代化水平。

2. 中长期目标

以引入农产品期货贸易为契机，构建农产品期货市场、批发市场、集贸市场（连锁超市等）为体系的科学合理的价格形成机制，以达到"市场形成价格，国家调控市场"目标，并与国际农产品市场接轨的农产品市场体系。

（三）分产品

1. 粮油

订购部分实行"确保数量，放开价格"；定销部分实行"价量放开，目标补贴"。对低收入者实行目标补贴的两种方案：一是确定目标群体发放食品券，确定目标群体可以与推行最低生活保障制度相结合；二是确定受补贴品种，由消费者自我选定。

2. 棉花

完善常年交易市场制度，使集中交易更趋于规范化、市场化。同时，打破棉麻公司专营收购的局面，应提倡其他购销合作组织积极参与棉花的购销业务，以促进竞争，保护棉农利益，进而在流通领域保持棉花质量，维护纺织企业利益。

3. 鲜活农产品

在现在全部市场化的基础上，要着重解决农民组织的价格谈判的主动权，维护农民的利益。同时，根据国内外市场的需求，及时调整产品结构和全部供应健康绿色食品问题。

（四）农产品市场体系建设实施要点

1. 数量目标

（1）批发市场：到2010年建成具有全国性或区域性影响的销地批发

市场 600 个，产地批发市场 1710 个。在产地批发市场中，蔬菜市场 500 个，水果市场 200 个，活畜和禽蛋市场 250 个，水产品市场 100 个，花卉市场 200 个，土特产品市场 200 个，粮棉市场 300 个，农贸市场 80 个。

（2）农贸市场：在 2010 年底建成农贸市场 2578 个的基础上，同样以改造和提升水平为主，严格扩建审批，要坚持全面规划、布局，保护生态环境的原则。

（3）期货市场：在全国郑州、大连、上海三家商品期货市场基础上，扩大粮、棉、油、油菜籽、糖、大宗畜产品（比如牛肉、猪肉等）等上市品种，并积极发展农业密切联系的期货上市公司。

2. 功能目标

在今后十年内努力使农产品体系的功能目标提高一个新水平。具体达到以下功能目标。

（1）农产品的集散功能；

（2）农产品价格发现和合理形成功能；

（3）产地、销地的信息服务功能；

（4）综合服务功能，如加工、运输、金融、保险、包装、餐饮等配套服务功能；

（5）健康安全绿色农产品的供应系统；

（6）期货市场为生产、加工和流通企业提供套期保值功能。

比如，在订单农业的基础上再发展一步，把一家一户的生产方式"工业化"，由企业统一经营，农民变为"农业工人"，价格风险转移给企业。企业再通过入市套保转移风险，或是建立一种中介组织，类似于国外的农协，把分散套保需求集中起来入市操作。

3. 硬件设施

中央、区域批发市场和部分集贸市场，2010 年内达到国际农产品市场的建设水平。

（1）设施配套化。批发市场水、电、路布局合理，基础设施实行标准化，交易所宽敞、明亮、地面平整、硬化、适宜全天候交易；农产品分选、加工、包装、储藏、保鲜和住宿生活等配套设施完善。

（2）管理现代化。建立批发市场区域网，对市场各项业务工作全面实现电子信息化管理；建立电子监视系统，全面、及时掌握市场运行情况；建立电子统一结算系统，规范交易活动；建立农产品农药残留及疫病检测系统，严格把好上市产品的质量、安全关。

4. 软件建设

（1）建立有权威的农产品市场信息收集、发布系统。尽快设立国家农产品市场信息网，该网的信息应当综合农业生产、库存、产区和销区批发市场、集贸市场、国际市场和进出口，以及各类农产品的需求和价格变化预测、气候变化预测等各方面情况。通过此网可引导农民调整结构而避免盲目性。同时，鼓励建立非政府化的独立于地方和政府的市场信息系统，农产品批发市场行业协会的信息系统的建立，并给予政策优惠倾斜。

（2）批发市场形成交易代理化，并形成配货中心、仓储中心 培育流通主体，发展批发代理商，逐步建立和完善代理制度，全面实行农产品批发代理，形成配货中心，并创建独立于批发市场的仓储中心。

（3）全面推行拍卖制，各省、市、中央或区域批发市场先行一两个试点然后全面推行。

（4）制定严格的农产品标准化和规格化体系，为拍卖制和国际化农产品市场接轨。

（5）建立统一高效的市场管理体系，厘清政府、管理者和经营者等不同的角色和职权关系，注重对批发市场经营者的资格审定。

（6）大力发展与农产品批发市场相关的中介组织，培育以农民购销合作组织为主的龙头企业，并创建与农民建立利益均沾、风险共担的机制。

（7）建立农产品化验检测体系。

（8）加强农产品市场的法律规范和制度保障。

（原文见2003年《面对WTO海峡两岸农产品批发市场的二次创业》）

第四篇

"治国安邦的一条基本经验"

《学习 研究 参考》杂志是中共中央政策研究室和国务院研究室联合主办的以政策研究为主的综合性刊物,创办于1990年。《政策 研究 荟萃》这套丛书是1990—1995年该杂志所刊文章的精华。其中选了徐柏园两篇:一篇是《建立和健全农副产品批发市场的研究报告》(原载于《政策 研究 参考》1992年第9期);另一篇是《对日本农产品批发市场的考察》(原载于《政策 研究 参考》1993年第3期)。

建立健全我国农副产品批发市场制度研究

一、重要意义

近七八年来,各地农产品批发市场纷纷建立。至1991年底,工商系统管理、统计的农产品批发市场已达1509个,是1983年的7.5倍。这些批发市场对于深化我国农产品流通体制改革意义十分重大。

(一)拓宽了农副产品的集散渠道

这是由于打破了三十多年来,按行政区划组织商品流通和纵向经济、独家经营的流通体制。按商品经济自然流向形成了多种经济成分参与新型交易中心,由地区性、封闭性的商品交换,发展成面向全国开放式的商品流通网络。特别是一些鲜活的果菜,批发市场适应了商品自然属性要求,适应了商品经济的需要,较好地解决了分散生产与集中消费、季节生产与全年消费的矛盾,能够吸引和汇集四面八方的商品和客商,使大量的商品在最短的时间内流通出去,既促进了生产,又满足了流通的需要。据统计,目前全国通过批发市场成交的果菜商品占社会交易量的比重已超过60%。这表明,批发市场的出现,在很大程度上提高了农产品的成交率,基本上缓和了一些产品不能转化成商品的矛盾,促进了农业生产商品化的进程。

(二)批发市场具有劳动效率高、经济效益好的明显优势

批发市场(或批发贸易)的劳动效率之高和它的费用率之低,是零售贸易无法比拟的,这也是批发市场得以迅速发展的原因。

（三）利用市场机制，调节生产和流通，推动商品经济发展

有人担心，利用价值规律，价格开放，是否会使物价暴涨，影响人民群众生活。据我们对北京大钟寺农副产品批发市场1988年6月至1991年6月四年追踪调查，一共12个蔬菜品种，价格下降和持平的占8个品种，比重占67%；仅4个品种略有上升，占33%。同时，由于来自全国各地大量商品同场竞争，便于比较和按质论价，有利于价格在更大范围内均衡形成。

（四）便于为商品生产者提供综合服务

各种批发市场凭借广泛信息交流，运用多种手段沟通信息，使参与批发市场的企业和个人，能取得所需要的经济信息，避免商品生产和经营上的盲目性，有利于实现国家对市场计划指导和监督。比如，我国最大的两个肉类批发市场分别在成都和上海，实现远距离联姻，逐步实现信息、交易、政策"三通"，扩大"嫁接"交易。这两个市场都安置了传真设备，实现了两大市场计算机远程通信联网。由于计算机联网能迅速发展到交易通、政策通，这就打破了地域上的限制。

（五）能够合理地进行流通，节约流通时间

这是农副产品批发市场最为显著特点。农产品批发市场这种流通形式，促进产销直接见面，代替原来封闭式的多层次批发，既能保证商品质量和鲜度，提高社会经济效益，又能提高经营效益。

（六）促进农村经济结构转化，促进农民进入流通领域，大批农业劳动力得到了转移

据统计，全国从事农副产品长途贩运或为乡镇企业跑供销的人，有的从事仓储业，有的是运输专业户。1980年，只有200万人左右，12年后的今天，已增长近六倍。农副产品长途贩运既是农民参与流通的敲门砖，又是他们的大本营，七万多个城乡集贸市场是这些农民参与流通的前沿阵

地。1991年6万多个农村集贸市场的成交达1500亿元以上,其中有四个集贸市场成交在10亿元以上。而其中农副产品批发市场成交占相当大的比重,而且成交额在不断上升,农民参与农副产品长途贩运的主阵地是最近七八年内兴起的各地农副产品批发市场。

(七) 促使国合商业批发机构转变经营机制

由于国合商业批发机构沿袭过去按行政管辖的几级批发站的旧体制,在鲜活产品的购销上日渐萎缩,在一些大城市中已经起不到主渠道的作用。从调查看,当前他们随着农产品批发市场的兴起,农产品统派购制度的改革,逐步把自己的工作转到支持和参与批发市场建设和经营上来。主要采取以下两种形式。

1. 批发企业自身转变经营机制

重庆市国合商业的"四放开"经验,即在用汇、价格、经营、分配四个方面放开,是一个突破,其原则是"国家放宽、企业管严,放而有度,活而有序"。在国家宏观调控下,把企业推向市场,让国合商业逐步成为自主经营、自负盈亏的商品经营者。重庆市搞得卓有成效的重庆果品批发市场,在经营上全方位放开。一是市场设施及其依附的万吨果品冷库,两条铁路专用线,两个汽车向社会开放。二是地域不分东西,货物不分南北,经营者不分全民、集体、个体,也不分老友新朋,只要愿意,只要依法纳税,遵守市场管理规章,允许货主自销,或委托他人代销,或委托市场代销,价格由买卖双方商定,按货论价,随行就市。把国营批发企业搞得生机勃勃。武汉市武太闸蔬菜批发市场,也是个国营批发机构,由市蔬菜公司主办,1985年前连年亏损。近两三年来,由于转变了经营机制,批发业以服务为主,年经营蔬菜8000万公斤,占全市总批发量的1/4,1990年销售额3200万元,1991年达4500万元,净利润达到100万元。该批发市场对全市蔬菜供应上已经起到了举足轻重的作用。据不完全统计,全国已有近千家"国"字号商业和企业,已经开始自办市场。

2. 积极参加批发市场的建设、经营、管理

参加到工商或其他办的批发市场中去经营吞吐,办理代理业务、租赁

业务和咨询业务，对各种渠道的买者和卖者一视同仁地提供服务。这样，既可以发挥企业的主导作用，也可以提高自己的经营利益。1991年初，成都荷花池市场动员34家积压严重的国营制药厂入场经营，当时压力很大。一些人认为国营药厂到市场上摆摊是"掉价"，千方百计加以阻挠。然而不到半年，这些企业家家扭亏，产品供不应求。

随着我国第二次市场建设高潮的到来，一大批国有大中型企业和国合商业批发机构纷纷前来市场吞吐。据工商部门的不完全统计，仅1991年成交额超亿元、上缴税收额超千万元的全国大专业批发市场，就已有2000多家国有大中型企业和国合商业在那里亮牌经营。

正是由于越来越多的国有企业和国合商业在市场建设中唱起了主角，市场建设也开始仅仅由工商部门一家努力演变为全社会高度重视。市场的内涵、投资的规模等都发生了较大的变化。1991年，全国市场建设总投资达38.15亿元，比1990年增长95.3%。但是，如何充分发挥"国"字号企业在市场流通的主导作用，真正实现"建二座市场，活一项产业，富八方群众"的目标，实在是一篇值得细做的大文章。

二、对策与建议

农产品批发市场近年的兴起，对我国深化农产品流通体制改革，促进商品经济的发展，发挥了巨大的作用。但同其他许多新事物一样，有许多新的问题，需要探索、研究和解决。现提出几点对策与建议。

（一）两类不同类型的农产品批发市场进一步提高水平、活力问题

目前我国农产品批发市场一类是由工商局或农民集体办的，一般是自发形成、因势利导而造就的。另一类是规范性的批发市场，都是经过政府批准正式建立的。除郑州粮食批发市场外，分别在吉林、安徽、江西、武汉建立了粮食批发市场，以及成都、上海肉类，天津、广州糖类等十余个中央和省级批发市场。上述两类批发市场的区别点在于：一是交易品种范围不同，前者既有鲜活品又有干成品，后者只限于粮、油及肉类多；二是

交易方式不同，前者以现货交易为主，后者以看样成交、商流买卖为主；三是价格形成及品种不同，前者价格、品种完全放开，后者是政府尚未完全放开的价格及品种；四是社会参与程度不同，前者任何经营主体都能进场交易，社会参与度高，后者只许会员单位参与且都是计划购销体制下形成的国营商业公司或企业，参与度低；五是经济基础和规范方面，前者有坚实的经济基础和经济环境，但缺乏引导和规范，后者有着系统的规范，但在经营主体的发育、产品价格机制形成方面，还缺乏一定的条件。两类批发市场总的状况是：国家级规范性的批发市场，有规模但是活力不足或未达到预期的效益；自发形成的批发市场，有活力、无规范。如何吸收两方面的长处，建设有中国特色的批发市场，是摆在面前有待解决的重要课题。

1. 规范性批发市场要改变经营机制

重点要解决以下客观方面的问题。一是在经济体制方面，存在政企不分的现象，也就是所有权和行政权不分的状况。有的政府建批发市场，行政干预过多，正常经营得不到保证。或者在接受行政命令对市场进行调节而发生亏损时，没能得到应有的补偿，致使企业承担亏损。二是市场不统一。各地为了保证当地产品有市场，采取行政封锁分割市场，推销条件（如价格、回扣等）又不如其他商业。难度自然要大得多。三是自有资金严重不足。如天津糖业批发市场突出表现"六无"：无资金、无经费来源、无编制、无市场收入、无借鉴模式、无专业人员。四是税收问题。一些规范性批发市场建立以来，国家没有及时给予税收优惠政策，使市场在税收方面缺少吸引力，影响了市场的迅速发育。五是价格方面。购销差率偏下，使经营微利、无利，甚至亏损。在购销差价上，个体和私营是按自由价格经营的。而国营差率是60年代制定的，一般为10%左右。而现在费用率有的已达到89%，购销差率难以补偿正常费用开支。

但是，主观方面的问题也不可忽视。长期依赖于专营所造成的行政垄断以取得市场优势的观念不同程度地存在。依靠政策性补贴来维持经营，旧的一套思想、作风和经营方法没有根除，批发市场经营人员素质偏低，企业管理机关化，层次多、效率低，在收入分配上存在平均主义，缺乏激励机制。

规范市场、增强活力的对策。一是继续深化体制改革，创造条件使行政权和所有权分开，进而使所有权和经营权必要地分开，保证批发市场在商品经济环境中得以独立自主地经营。二是要设法增大批发市场的自有资金，不能做无本生意。在难以增补的情况下，应该免去调节税和减轻所得税，应推进调节基金，如需银行贷款，则要给予贴息。三是税收要平等，如零售代扣税最好取消。四是价格要放开。五是强化批发企业内部管理体制改革，提高管理干部的素质，采用合理的激励手段，在贯彻按劳分配的同时，加强政治思想教育，提倡文明经商，强化服务功能，提供系列化服务，提高服务质量。

2. 自发形成的批发市场的提高问题

这类批发市场是较初级的自由批发市场，虽然社会参与度高，但农民贩运者多数从事独立经营，并不代表产地农民的整体利益，只有出现代表农民整体利益的销售主体或代理商时，获得价格谈判的主动权，才意味着农民真正进入流通。组织农民进入流通，供销社是个很好的中介组织，但必须改变"官商"作风，恢复群众性、民主性、灵活性，才能代表农民整体利益进入批发市场。目前，有一种成立"农协联合社"的设想，也是可行的。其组织性质，是由当地农户和一些能为本区域经济配套服务的专业队、组、户自愿入股参加并具有法人资格的经济实体。"农协联合社"主要设在村一级，是介于行政与企业之间的既接受行政指导，又为直接从事生产经营的农户和联合体（企业）服务的经营型组织，是一种新型的农村合作经济组织。其组织原则是：合作经营，独立核算，然后向联合社报账和按规定上缴利润（联合社本身在业务经营上与其他村办企业分开，自负盈亏），要保本微利便于开展和扩大流通服务，把解决流通不畅问题放在首位。但是，进入批发市场时，是以"农协联合社"面目出现，这是代表产地农民整体利益的较好的组织形式。这类批发市场今后商流、物流可能相对分离，多数看样成交合同。市场合同管理要跟上市场设立专门机构，加强对经营者的资格审查、条件的限制；市场交易和市场设施都逐步现代化，如现金结算改为银行结算为主，并可引进一些现代化的交易手段。

第四篇 "治国安邦的一条基本经验"

(二) 农产品批发市场的创建

目前,一些省、市有一股创建"批发市场热",创建布局和每一个批发市场的建立上,缺乏周密的可行性论证而仓促上马,资金不足形成了上了马不好办,又下不来的局面。因此,农产品批发市场的创建必须经过周密的可行性论证研究。

1. 在宏观上,要把农产品批市场的建设作为农产品流通体制改革的一项重要内容

要把建立一个批发市场为中枢的农产品市场体系作为促进农村商品生产发展,尽快实现兴国富民战略目标的一项重要工作来抓。各级政府要做市场建设的组织主体,调动各方面的积极性,在全国和各省、市范围内建成一批有不同辐射范围,不同服务对象,各具特色,互相关联的农产品交易市场,初步形成一个比较合理、开放型的农产品流通网络。市场建设中,必须坚持因地制宜,量力而行,实行分期分批分层次逐步建设,县、区主要是建设初级交易市场;地、市主要是建设区域性的综合批发市场;省(市)主要是重点扶持建设一批功能比较齐全的骨干批发市场;全国主要是抓好影响协调各大经济区的中央级农产品批发市场。

2. 在微观上,对建每一个农产品批发市场,必须仔细研究它形成的条件

一般来说,应该具备这样几个要素:周围地区农村商品生产比较发达,能源源不断地提供充足的货源;靠近消费集中地的城市或集镇,并且交通四通八达,方便大批量农副产品就地集散或转口远销;城乡经济比较开放和发达;具有一批贩运专业户和个体商贩组成的批发商和零售商队伍,有一个宽敞的交易场地,并附设必要的服务设施,有一个高效率的工商行政管理机构等。农副产品批发市场的建立,一般都是通过交易者一段时期的自然聚集,在已经形成批发市场雏形的基础上,同工商行政管理部门或杰出的市场创办者加以选择、引导、规划、建设而成的。综合或专业批发市场的建立,要具备上述条件,而不是主观臆断的。

3. 市场建设必须给予优惠政策

有关部门要适当安排一部分资金,引导社会资金投向农批市场建设,

以多渠道筹集资金为主，政府扶持为辅，鼓励多种经济成分共同投资，可一家牵头多家投资，按照谁投资、谁受益的原则，实行股份制经营。投资者可按有关规定收取一定的场地租金或其他费用。对建批发市场的贷款，银行应安排相应信贷规模，由承贷单位分别到各归口专业银行贷款。有的省已明确提出，由省政府贴息三年，由省财办统一掌握，省计委按基本建设程序先安排。新建和改建农产品批发市场建设项目以实行税前还贷为妥。市场建设用地上，要尽量利用国合商业及其他经济现有场所，确需新征土地的，土地管理部门要按规定优先审批。

4. 市场建设的一些吸引原则

批发市场要坚持社会主义经营方向，实行企业化经营，通过为进场交易的各种经营实体提供有偿服务，实行市场养市场。各级工商、税务、物价、公安等市场管理部门要共同协作，做好市场的管理和监督工作，但不得直接或变相参与市场交易。

(三) 批发市场与农产品价格形成

从1985年以来，我国农产品价格大起大落，导致生产在周期波动中徘徊，使生产者和消费者的利益受到损害，国家财政补贴加重，市场价格混乱，秩序不良，影响了改革。在新的探索中，就是通过建立农产品批发市场来健全农产品价格形成机制，使之更好地发挥其信号和调节功能。试点场所以郑州粮食批发市场为代表。其价格形成有两种机制：一是拍卖制，一是协商制。两种价格形成机制均在交易大厅协商间内，在国家确定的价幅限制以内进行，成交后当场通过计算机办理合同手续。"拍卖制"更能体现"公开、平等、竞争"的精神，但这种方式要求业务素质高，对大多数交易人员来说，还不适应。协商制比较适合我国传统的交易习惯，虽竞争性不如拍卖制，但在协商者之间互有比较，大厅显示屏显示的上期成交价格、各地行情等价格资料均对协商价格产生影响。

随着市场形势变化，交易人员现代市场意识增强，拍卖制应当成为主要价格形成方式。运用拍卖、协商两种价格形成机制，郑州市场一年中组织近千笔交易，成交各类粮油60多万吨，各品种粮油成交价格基本稳定。

目前我国农产品批发市场，特别是鲜活产品，实行的是灵活的市场调节价，是批发市场价格形成的方向。但是批发市场仍属低级阶段，在价格上尚未形成一个良好运行的调控机制。对市场价格进行适度管理了可稳定物价总水平，保证人民生活安定，维护交易双方利益，促进生产、搞活流通"可以促进市场的进一步繁荣"。

(四) 农产品批发市场治安问题值得关注

由于集贸市场，特别是批发市场（主要指的是自发形成的初级批发市场，国家级或有规范的批发市场治安秩序相对良好），"两劳"人员占一定比例，有的市场治安机构不健全，管理不落实，工作范围和行使权限不统一，警力装备不足，致使市场上欺行霸市，打架斗殴，偷盗扒窃和伤害执法人员，打人致伤、致死现象时有发生，强买强卖等事件屡见不鲜，个别市场还出现类似黑社会组织的现象。

针对上述问题，有的省份由省工商局、省公安厅共同牵头拟定设立市场民警机构规章制度，报省政府批准或经省人大通过，形成省市场治安管理工作地方法，使全省市场治安工作有章可循，有法可依，并逐步走向规范化、法治化。另外，不少批发市场采取综合治理的办法。

(五) 尽早制定农产品批发市场法规

当前，可以考虑在总结专业批发市场成功经验的基础上，分别制定粮食、肉类、蔬菜、果品批发市场暂行条例，然后，再着手制定我国农产品批发市场法规。法规包括市场自律法规和国家管理法规。

健全农产品批发市场的基本思路是：贯彻1991年国务院60号文件中所阐明的"农产品批发市场的兴建，多渠道筹资，调动各方面办批发市场的积极性"精神。坚定不移地实行多渠道搞流通。

农产品批发市场法规应包括以下内容。

1. 性质和组建程序

农产品批发市场是供交易双方从事农产品批发交易场所，以服务为唯一宗旨。批发市场可以由政府或其有关部门筹资主办，也可以由个人筹资或企业出资兴办。中心批发市场应纳入政府建设规划，作为公共事业的一个组成部分，由政府统一安排。小型批发市场只需向有关主管部门申报注册就应允许开办，其兴建不应有排他性，允许竞争和淘汰。主办者按规定进行管理，不得参与场内批发经营。小型批发市场无须无偿投资，所需投资一般应是有偿使用。

2. 交易方式

公开和公正是批发市场的基本原则，公开货源的品种、规格、等级和价格，公正交易。成交后的现货商品不得在场一内二交易（期货和远期合同除外）。在中央或区域的中心批发市场，应实行会员制，对进场交易者进行必要的资格审查，交易活动必须缴纳复约保证金。其他批发市场无须这样做，交易者的规范不应受到限制，不必实行会员制。但实行会员制在我国办批发市场的初级阶段应暂缓实行。农产品流通状况正常后，以及梳理出了相应的管理措施，再实行规范化。

3. 权利和义务

进场者有监督市场管理者行为和市场信息服务的权利，但必须有遵守国家有关法规和市场规则、按期交纳有关税费的义务。权利和义务对每个进场者都是公正的，一视同仁不得歧视。

4. 管理系统和管理者行为准则

一是国家派驻的管理机构，由工商、税务、公安、检疫、邮电、运输、物价、仲裁、金融等部门组成管理小组，进驻市场。二是部门管理机构，根据实际需要灵活组成。但是，对国家管理机构的设置和人员行为准则应有明确规定。

5. 处罚和仲裁

对合同纠纷应有明确的仲裁程序，对违背市场规则和国家法令的交易行为应给予经济制裁或其他处罚。

6. 收费项目与市场服务项目的收费规定

收费项目主要是管理费和摊位出租费，收费率可自定。服务项目，如储运、加工、包装、旅店等设置，服务后可收费，但不得垄断经营。

（原文见《北京社会科学》1993年第2期）

第四篇 "治国安邦的一条基本经验"

对日本农产品批发市场的考察

1992年10月,农业部农村经济研究中心组织考察团,对日本农产品批发市场做了系统考察。通过考察访问,对日本的农产品批发市场的最深印象是:高标准、规范化、规格化、法治化。农副产品从农户生产开始一直到消费者手中,通过批发市场的中心环节,有一套严密的系统,使消费者得到鲜活食品,而生产者进入流通领域又省时、省力。其发展经验确实值得我国借鉴。

一、日本农产品批发市场基本情况

批发市场是日本组织蔬菜、瓜果、肉食、水产等生鲜食品批发的主要流通形式,从1923年日本第一部《中央批发市场法》颁布到目前为止,日本47个都、道、府、县的56个地区已建立中央批发市场88个,地方批发市场1611个,不具备规定面积的市场902个。对日本的农产品批发市场进行考察后,我们作出如下分析和归纳。

(一)政府是开办农产品批发市场的主体

政府职能如下。一是农产品批发市场的开设要经过农林水产大臣或都、道、府、县的批准。中央批发市场,需经农林水产大臣批准开设,开设者为地方政府部门、公共团体。地方批发市场开设也要经都、道、府、县批准,开设者为地方公共团体、株式会社、农协、渔协等。二是把制定法规作为对农产品批发市场管理的根本工作。日本政府为了有效地组织蔬菜、瓜果、肉食、水产等生鲜食品的流通,在1971年修订了1923年颁布的《中央批发市场法》，而改名为《批发市场法》，以后每隔5年修订一次。各地方也要以《批发市场法》为准绳，修订地方批发市场的规定和执行细则。该法严格规定了交易原则，使交易活动具有公共性、公开性、公正性，很少发生违反法规现象。为了进一步提高批发市场的水平，目前日本正在施行自下而上的整备计划，将对其硬件和软件建设，以及进一步改善流通的状况起很大的促进作用，整备计划一经通过，也将起到立法的作用。三是对农产品流通的调控作用。比如，我们所关心的价格问题，日本的物价管理始终以促进市场发育为目的，但又有调控，其直接管理的有米的收购价和卖出价。间接管理的物价有：安定带价格制度，对猪肉、牛肉、生丝等产品实行价格安定制度，这种制度以自由市场机制为前提，由政府和有关机构进行供求管理，以保证市场价格稳定在政府规定的上限和下限之间；安定指标价格制度，以乳制品为例，当现价跌到安定指标价以下10%时，由畜产振兴事业团买进，上涨超过4%时卖出；对麦类、薯类、甜菜、甘蔗采取最低价格保证制度；对蔬菜、子牛、鸡蛋、加工用果实等，由国家、地方政府和生产者团体三者出资建立"安定基金"，在必要时进行价格补差。

（二）批发市场的经营主体是以委托制、拍卖制等竞争机制来运行的

日本批发市场中的经营主体有批发业者（为株式会社）、中间批发商、买卖参加人。中央批发市场中的批发公司（或批发业者）都要经农林水产大臣批准。中间批发商、买卖参加者，一般都经开业者承认，呈报知事。这些批发业者要靠遵守法规、诚实、实力、信誉才能在市场中站住脚，赢得生产者的信任，使其货源可以稳定、多渠道、多品种地得到委托销售。其价格形成主要是靠拍卖制，因其公开、合理，视农产品的鲜度、质量、外形规格的包装进行竞争，由市场管理人员用电子显示板公布产地、品种、质量、数量、价格进行拍卖。中间批发商和参加买卖者进行激烈的竞买，以出价最高者买取某一商品。中间批发商，将购得的商品运到自己店里，进行分门别类的挑选、陈列、加工，进行批发和零售。在激烈的竞争中，批发业者进行分化，有实力、经营得法的发展成批发株式会社（是少

数），多数是以中间批发商出现。我们所参观的批发市场中一个品种一般有两个批发公司，两个公司分别主持拍卖，以利于竞争机制的运行。据统计，参加中央批发市场的批发团体262个，中间批发商6608个，买卖参加者53870人；参加地方批发市场的批发团体1947个，中间批发商2206人，参加买卖者233424人。

（三）农协是组织日本农民进入流通领域的关键社团

这次我们考察了全国性的农业协同组合中央会、经营购销活动的全国性的农业协同组合联合会、县农业协同组合联合会、市町村农业协同组合，以及农户的组合员四层的农民参与流通组织，感到其组织体系非常严密。特别是参观长野等县经济连（县一级农协组织），看到有相当数量的人员在为农民进销的产品购销服务。长野县山内町平稳农业协同组合的选果加工厂，对农民送来的苹果用机械化现代化的手段进行选果、包装，而使产品大大增值，然后送到批发市场委托销售，不仅方便了农民而且又增加了农民的收入，其得到的部分利润还返回给农民支持生产。

日本农协是根据《农业协同组合法》由单独农户自愿联合的群众经济组织，是一个拥有强大经济实力的遍及全国的民办官助的经济团体，是代表农民经济利益的组织，是拥有巨额资金、大量经济管理人员和科技人员的经济实体。日本全国3000多个村，都建立了农协基层组织。据1991年统计，全国综合农协数3574个，专门农协数4023个，合计7597个；正组合员数554.96万人，准组合员数292.94万人，合计847.90万人。全国农协从中央到地方有一套完整的组织系统、组织机构和各种加工厂、公司、仓库等。其基本方针有三条：一是发展农业，包括提供信息，技术指导，经济效益指导，产品流通的合理化，投诉，生产结构调整，开发研究，加工农产品等；二是提高农协会员的生活，包括信用事业、贩卖、购买事业、医疗、卫生事业；三是农协会员间互助，包括投资、保险、养老等事业。政府调控农业发展的一些措施，往往通过全国农协系统来贯彻。农协委托批发市场中的批发业者或直接销售农产品是其主要任务之一。

(四) 批发市场信息和决算系统的建立、健全

日本批发市场以服务为宗旨,以委托业务为主要经营方式,其在农产品流通中发挥了重要的作用。一是集散功能。一方面负责生产者委托加工、拍卖;另一方面负责将产品迅速分散到零售,起到了加速商品流通的作用。二是价格形成功能。以竞买竞卖为基础,反映供需关系,迅速决定公正的价格。三是服务功能。在批发市场外,还设有为商品流通服务的部门,他们称第一事业者和第二事业者。第一事业者,即商品保管、场内运输、仓库、冷库储藏、代客结算。生鲜食品商店、加工食品商店、非食品商店等。第二事业者是食堂、茶室、医药及其他。四是信息和结算功能。东京大田中央批发市场东京青果株式会社,仅仅这一个批发公司(大田市场内共4个)引进计算机系统后,信息和结算功能效率大大提高,同全国50个县的经济连联网,24小时处理信息,通报价格动态,迅速准确传递市场供求信息和价格行情。批发市场一般都在上午10时以后,由开设者公布当日上市的品种、数量、产地和价格,同时通报各地的价格行情。到当天下午2时以后,农协通过计算机系统或电讯传真,使各产地的农户都知道市场的供求价格信息。计算机系统又充分发挥了结算功能,产品拍卖成交后,即能迅速、可靠地结算销货款项,经双方确认后,销货款4天之内必须转到生产者银行账户上,零售店的货款必须在7天之内转入批发市场的银行账户。由于双方遵守规定,没有发生拖欠货款的情况。

日本的农产品批发市场的经验很宝贵,有很多地方值得我们借鉴。但是,有一些做法也值得考虑,比如农产品加工、分割、包装是否要这么精美,即使在日本国内也提出异议。因为这样做,对于消费者来说,意味着加重经济负担。据统计,日本农副产品生产者、流通者的利润分割状况是:农民占28.5%,农协占13.6%,批发业者手续费占4%,中间批发商占10.9%,而大头利润在零售商,占43%。上述比例数字说明,生产者辛辛苦苦生产的产品仅获得不多的利润,而大部分利润在流通环节中流失,特别是零售商获利显然偏高,而最后转嫁到消费者身上。

二、对发展我国农产品批发市场的启示

（一）抓好典型，培育市场，充分发挥批发市场的功能作用

日本的批发市场已有 100 多年的历史。而我国批发市场的历史毕竟只有八九年，因此，一些经验不能照搬。我们必须抓好一些典型市场的建设，借鉴日本市场一些经验搞好我们的批发市场，制定规范、条例，以增进活力，以便取得经验，探索一条具有中国特色的农产品批发市场建设之路。

（二）批发市场配置合理化和资金安排

我国批发市场建设配置合理化的工作已迫在眉睫。比如，有的省会城市，在不足一公里的地方，建设三个同样类型的大型批发市场，这实在没有必要。这需要根据我国的实际情况，以经济发展区域、辐射力为条件，对中央级、省（市）级、地区级、县级四级批发市场统筹规划，由中央主管部门会同省市在布局上作出妥善安排。

批发市场是社会搞活流通，满足消费者需要的公益事业。日本政府资金投入是无偿的，但是投入资金的比例有所区别。新建市场，国家在房屋、仓库、场地、道路等主体设施建设费上出资 2/5，在冷暖房、电气、通信等关联设施上出资 1/3，在加工设施、管理事业等附属设施出资 1/4。其余的通过银行贷款和发行债券以及民间团体集资等办法解决。建议我国政府在批发市场建设上，在国家资金的无偿投入上作出切实的安排，并参照日本集资办法拓宽渠道，筹集资金。在我国市场建设上，特别是中央级批发市场的建设，政府必须提出足够的资金进行硬件创建，并在土地的征用、税收的减免、贷款等方面给予优惠的政策。

（三）抓紧筹备制定中国农产品批发市场法规

筹备制定我国农产品批发市场法规的工作已经势在必行。目前，我国

的批发市场大体分为有规范的（由政府有关部门主办的）和自发形成（自然聚集而成，由工商等部门规划、引导而成的）两大类，由于没有统一的批发市场法规，场外交易、欺行霸市、场内倒卖、哄抬物价、强买强卖、缺斤少两、治安秩序混乱等现象，特别在后一类市场大量发生。就是前一类市场，由于受传统的计划经济体制观念束缚，活力不足，没有达到批发市场的预期效益。因此，根据我国国情，借鉴日本等国家的批发市场法规建设方面的经验，制定一部中国农副产品批发市场法规，以便确定批发市场的性质、规范行为，达到公开、公正、效率的目的，使批发市场在搞活农产品流通上起到应有作用。

（四）以批发市场为依托，建立好中间组织

大力推动农民进入流通领域，农产品走向市场，建立农民进入市场的中间组织是一个迫切而现实的问题。一家一户的农民、个体运销承担不了所有责任，必须建立一个完善的产、供、销一体化组织。目前，我国有的地方成立的"农协联合社"是一个比较好的形式，它是由当地农户和一些能为本区域经济配套服务的专业队、组、户自愿入股参加，以村一级为单位，合作经营，独立核算，具有法人资格的经济实体。这种组织除了支持农户发展生产以外，对农户委托的购销实行有偿服务，不以营利为目的，以把农产品推向市场为首要任务。提倡借鉴日本农协组织系统的建设经验，我国可在建立代表农民自己经济利益的组织上，分别在村、乡、县、省（市）等四级建立起促进购销的中间组织，以便农民省时省力地把农产品推进市场。

（五）大力培育市场内有活力的经营主体

目前，我国有规范的批发市场的经营主体都是计划购销体制下形成的国有企业，自发形成于市的批发市场则任何经营主体都能进场交易。存在的问题是既无规范，又活力不足。实际上，在我国批发市场中，真正的中间批发商或独立地自负盈亏的、具有一定条件的批发业者（或公司）没有很好地培育起来，特别是有的批发市场把开设和经营都混同起来，实际是一个变相的计划体制影响下的批发机构。

另外,为了弥补中国现有市场功能不完善,应不失时机地加强期货市场的培育和发展。要从培育市场体系的建立和健全上,从我国批发市场发育成熟上考虑,根据我国国情,我国应采取初级和发展中的期货市场模式并重的混合型模式。培训场内经营主体的目标是以自主经营、自负盈亏的商品生产者和经营者为主,以投机为辅。交易的商品以大众农产品为主。

(六) 建立信息和决策计算机系统及市场审议会制度

日本批发市场的信息网络和决算系统运营了二三十年,通过信息网络使日本全国形成一个庞大的、统一的市场,便于生产者和经营者的结构调整和资源流向的重新配置。另外,在结算上也快捷便当。我国批发市场正在起步阶段,特别是在中央级大型的批发市场上,首先要考虑这套系统的投资建设,以便起到事半功倍的作用。事实上,各个批发市场也都需要,如果中央有关部门统筹考虑,就可联网,加快社会主义市场经济的建设。

日本批发市场审议会制的做法,也值得我们参考。日本中央和地方都设立审议会,由政府管理官员、大学教授、经营者、消费者、生产者共同组成,作为咨询机构,以现实的生产情况、经济背景等为基础进行调查、研究、讨论并作出预测,提出报告,作为各流通企业的业务经营指南。该审议会对批发市场立法建设和改造计划方面,也要进行审议。这种间接干预流通企业的做法在日本流通产业的发展中起到了重要的参谋作用。建议我国也成立类似的智囊机构,作为市场建设立法程序中不可缺少的组织,以便更好地完善我国的批发市场制度建设。

(七) 对农产品的流通,政府既要完善发育市场,又要进行宏观干预、调控

通过对日本农产品批发市场考察,我们看到日本政府不直接干预民间企业的自由经营活动,但是利用政策和法令来间接地干预经济和企业活动,特别是在"二战"后的流通政策在经济政策中明显地占有重要位置,并在促进流通产业的发展和竞争上起到了很大的作用。仅从食品流通的政

策法规看，其重点在于：一是确保商品流通的顺利进行；二是按特定商品的生产安排流通；三是调整大企业和中小企业的竞争关系；四是振兴中小企业；五是维持竞争秩序；六是制定有关物流的法规；七是保护消费者的利益。

日本政府对农产品的流通，主要精力放在组织和建设一个以批发市场为中心的市场组织体系和流通措施（包括交通运输）上，是为商品流通提供优质服务，而不去包办商业经营。这些做法无疑都值得我们吸取。但是，我们决不能以宏观调控为名，又推行计划购销体制的那一套，要警惕计划购销以宏观管理形式从后门挤进来。要对传统的宏观管理做法重新认识，特别是考虑到我国目前经济运行状况，法治约束力仍然不可或缺的情况，在宏观管理上要避免过去的一些做法。

（原文见《农业经济问题》1993年第4期）

第五篇

公益性批发市场应试点先行

近年来,财政部、商务部等有关部门大力支持农产品供应链体系建设,要求重点抓住跨区域农产品批发市场和干线冷链物流,补齐农产品流通设施短板,打通农产品流通"大动脉";完善产区"最初一公里"初加工设施设备,提升农贸市场、菜市场"最后一公里"惠民功能,畅通农产品流通"微循环"。以建立公益性农产品批发市场为枢纽,建立健全城乡融合发展体制机制,对于完善农产品流通骨干网络,强化长期稳定的产销对接机制,加快建设畅通高效、贯通城乡、安全规范的农产品现代流通体系具有重大意义。

公益性农产品批发市场建设,通过与县域物流网络服务公司的对接,将极大推动农产品进城,实现物流网络的双向流通,提高网络流通效益,进一步畅通农批市场供销渠道,城乡互惠、融合发展,既可以助农增收,又能成为政府调控市场的有力抓手。

加快立法、建设公益性市场是乡村振兴的主推力

——探析当前农产品流通政策环境

近年来，随着农业市场化、国际化程度的稳步提高，农业和宏观经济的互动性增强，农产品市场与国际市场的联动性也日渐增强。目前我国农产品市场体系还不够健全、基础设施总体薄弱、信息不对称、产销组织化低等问题还很突出，鲜活农产品市场价格产生一定的波动，部分地区出现的买难、卖难现象，成为社会广泛关注的热点和焦点。党的十八届三中全会决议、2010年的中央一号文件、"两会"、《政府工作报告》都提出了建立现代市场体系的明确要求：市场在资源配置中起决定性作用的运用，是政府与市场关系的重大理论突破，并急需要实践创新。改革农产品流通体系，尽快推进完善我国农产品市场，已成为当前农产品流通行业进一步发展的重要课题。《中国批发市场》特别邀请20多年潜心专攻农产品流通的国务院特殊津贴专家、农业农村部农村经济研究中心研究员徐柏园，为读者解读当前农产品流通政策环境。期望通过他的解读，使大家对未来农产品流通体系改革的方向和趋势有所认识和把握。

一、公益性农产品市场怎么建

党的十八届三中全会决议提出，建设统一开放、竞争有序的市场体系，

是使市场在资源配置中起决定性作用的基础。必须加快形成企业自主经营、公平竞争，消费者自由选择、自主消费，商品和要素自由流动、平等交换的现代市场体系，着力清除市场壁垒，提高资源配置效率和公平性。

针对农产品市场出现的卖难、买贵等问题，为使农产品市场能够发挥好保供应稳价格的公益功能，公益性市场建设的呼声一直很高。那么要极力推进现代化农产品流通体系建设，公益性市场该如何建？近30年来，各地建了4000多个农产品批发市场，但有的是"有场无市"，或很近的两个市场间恶性竞争。怎么建市场体系任重而道远。强调市场在资源配置中的决定性作用是党的十八届三中全会的重大理论突破，明确了市场与政府的关系。就农产品批发市场建设情况看，改革开放以来，早期的农产品市场建立就是市场在资源配置中的需要，比如山东寿光市场、深圳布吉市场、北京大钟寺市场、北京新发地市场等。当时也出现了农产品的"买难卖难"问题，这些农产品市场的出现都是顺应了当时的市场需要，由计划经济体系逐步转变为市场经济调节，通过改革，农产品由集中经营分散到各地经营，实现了市场的极大繁荣，充分竞争的市场经济体系逐步建立。但是，这种完全充分竞争的市场体系发展到今天，却出现了一些畸形，比如有的市场，就是政府未按市场建设经济规律"造市"，或者由于缺乏政府调控和主导，市场"无形的手"配置作用出现"失灵"，需要政府发挥"有形的手"加以调控。农业受双重风险制约，因此既要发挥市场作用，又要加强政府宏观调控。

对公益性批发市场应该试点先行，公益性市场不能以营利为目的，其经营应该是不亏损略有盈余。公益性试点市场要强调追求社会效益、生态效益，而不是唯一的经济效益。如果只是以经济效益为主，就会出现摊位费过高等问题，农批市场就发挥不到平抑物价的作用，农产品市场的定位应该是平台，不能以营利为目的。

同时，2014年的《政府工作报告》提出强化农业支持保护政策。提高小麦、稻谷最低收购价格，继续执行玉米、油菜籽、食糖临时收储政策。探索建立农产品目标价格制度，市场价格过低时对生产者进行补贴，过高时对低收入消费者进行补贴。农业新增补贴向粮食重要农产品、新型农业经营主体、主产区倾斜。这是农产品市场坚持市场化改革道路要贯彻的配套核心内容。

二、农产品规划先有市还是先有场

长期以来，我国对于批发市场的未来发展及农产品市场体系建设，缺乏统一的政策、规划和目标，特别是国家层面的关于批发市场法律、法规的制定。虽然农业农村部、供销社等部委陆续出台了各式的批发市场发展规划，但由于各部门各自为政，可操作性和落实情况不容乐观。

农产品市场规划呼吁了20多年来尚未有结果，出现这种局面的主要原因是没有明确谁来主导做，农产品批发市场需要"顶层设计"，必须由国家发改委或由中央全面深化改革领导小组指定如商务部等牵头制定，使规划具备权威性和专业性、全国执行的统一性。

2014年的中央一号文件第十三条提出，加强农产品市场体系建设。着力加强促进农产品公平交易和提高流通效率的制度建设，加快制定全国农产品市场发展规划，落实部门协调机制，加强以大型农产品批发市场为骨干、覆盖全国的市场流通网络建设，开展公益性农产品批发市场建设试点。这里明确提到了要加快制定全国农产品市场发展规划，这就要确定规划是市场主导还是政府主导，按照市场决定资源配置的原则，显然应该根据市场的需要来规划某地的市场是该建还是改建，这就是"先有市再有场，还是先有场再有市"的问题，政府在其中发挥着至关重要的作用。徐柏园教授说，如果只是由政府单方面主导，"先有场再有市"，不按照市场建设规律"人为造市"，不考虑产销地需要，给以企业一系列产业政策，扶持市场建立，就会导致恶性竞争问题，这在许多地方已经出现。而如果因城市规划将农产品市场改迁或者受利益驱动将农产品市场所处的所谓"黄金地段"改作他用，又会造成市场"人为消失"，同样违背了市场必须建在交通便捷之处，方便民众生活的规律，加大了农产品流通的成本。他强调做好农产品市场规划，一定要遏制"人为造市"和"人为消失"这两种倾向。

早期的北京大钟寺市场、新发地市场都是顺应农民和城市居民需要应运而生的，发挥了调节供需，稳定价格，解决卖难等作用。但农产品市场建设发展到后来有些"变味"。比如，北京老百姓急需的"大菜篮子"——大钟寺农产品市场由于有关单位从土地的经济效益出发，以影响交通等原因，而使其人为地消失了。而日本的大田、筑地两大批发市场都在市中心，为了降低流通成本，便捷交易，100多年来从没迁过址。

许多地方政府提出"建一个市场，富一方百姓"，盲目建设，市场出现了无序发展，导致了恶性竞争。因此，农产品市场的规划问题，应该由牵头部门依照"先有市再有场"等市场建设经济规律方面的原则，根据实际的市场需要对全国的农产品市场作出科学规划。

三、怎样解决"小生产与大市场"的矛盾

2014年的《政府工作报告》在积极推进农村改革方面，提出坚持家庭经营基础性地位，培育专业大户、家庭农场、农民合作社、农业企业等新型农业经营主体，发展多种形式适度规模经营。健全农业社会化服务体系，推进供销合作社综合改革试点。

农产品市场目前主要关系是供求关系，就发展农业经济专业合作社、专业大户、家庭农场几种形式来看，后两种风险较大，只有农民经济专业合作社发展起来，供应才能稳，农产品规模专业化提高才有保障，质量安全才能得到保障。当前之所以包括农产品在内的食品安全问题频频出现，一方面，与专业合作社发展不强大有很大关系，千家万户的小生产，没有大的监管力量；另一方面，发展农民专业合作社，可以把市场谈判主导权掌握在农民手中。当前农产品市场上，农民价格谈判处于弱势地位，之所以出现买难卖难，关键在于价格谈判权没掌握在农民手里。

2007年国家颁布实施《农民专业合作社法》以来，各地区、各种类型农民专业合作组织快速发展，正逐渐成为发展现代农业、促进农民增收、繁荣农村经济的重要力量。截至目前，我国依法登记的农民专业合作社达到60万家，实有入社农户达到4600多万户，约占农户总数的18.6%。据

中国农产品流通经纪人协会统计，截至2013年底，全国统计在册的农产品经纪人达680万人，比去年增加了80万人，有3000多个农产品经纪人协会，遍布各地。据中国农产品流通经纪人协会调查透露，这些农产品经纪人的整体素质不高，亟须进行相关的培训。因此，培育新型职业农民，培育新型职业农民经纪人，由合作社供销部门来担当职业经理人，同时发挥"米袋子""菜篮子"市长负责制的作用，才能有效解决"小生产"与"大市场"的矛盾问题。

四、公益性市场建设有哪些典型经验

公益性批发市场需要政府的大力投资，政府起码要在经济、硬件方面投资40%，政府投资公益性批发市场，政府才有调控权。这是世界发展批发市场的一条主要经验。

全国或区域性中心批发市场及中型批发市场应纳入政府建设规划，将其作为公共事业的一个组成部分，由政府统一安排，在土地征用、税收、贷款等方面给予一定的优惠。这些批发市场不以营利为目的，对进场客户只收取很低的费用，用以维持市场运转。降低投资成本、减免进场费用，从而降低农产品的价格。

当前，关键是要切切实实找出公益性市场建设的典型经验，对经验加以推广。例如，北京市顺义区市场经营管理中心探索出了一条"政府主导、专业管理、突出公益"的符合顺义区情的农贸市场发展模式。该中心属于该区处级事业单位，市区政府每年给予110万元的人员办公经费，市场升级改造扶持先后给予近7000万元的扶持资金。顺义区政府商务委、市场中心、工商局共同制定区域市场发展规划，科学设计布局，形成了"城区—中心镇—乡村"的三级市场网络体系，从规划上防止市场建设的盲目性和空壳市场的出现，避免造成建设大额资金浪费。同时，要求新小区房地产开发必建配套菜市场。市场建设方案要事先征得规划、商务、市场中心的同意，确保居民入住与市场开业同步。一般新建一个市场，要投资300万元，建设资金采用中央、市、区、企业多方资金。管理中心在市场摊位费、门店费的收取上，充分考虑商户的承受能力，不因市场硬件水平的提高而增加商户经营成本，每年减免摊位费达 355 万元；为低保户、低收入家庭提供限价菜，商户损失由区财政补贴；平日在重大节日、特殊时期菜价波动时期，市场中心会组织多个市场启动惠民菜、低保菜等活动，限价销售蔬菜；对无市场的老旧小区采取见缝插针的形式建设新市场；采取收购、接管、合并的方式，参与社会办市场的建设管理。当前要积极探索公益性批发市场的建立和完善试点问题，尽早、尽快地推行有影响、对各省市辐射面广的公益性农产品批发市场的布点和设立。

(原文见《中国批发市场》2014 年第 2 期"专家访谈")

第六篇

农产品市场建设与乡村振兴典型范例

本篇收录了农产品流通行业协会和农产品产业链相关企业,在助力国家乡村振兴战略实施过程中富有特色和成效的做法,旨在总结展示乡村振兴成果,提供可学习借鉴、可复制推广的经验,发挥典型引路、示范带动作用,推动乡村振兴战略科学有效地实施,促进各项事业可持续发展。

发挥行业优势　整合各方资源

——全国城市农贸中心联合会助力乡村振兴

全国城市农贸中心联合会（简称农贸联）作为农产品流通行业国家级行业协会，政府强有力的抓手，积极发挥农产品流通行业优势和行业协会的组织特点，在协助商务部、国家市场监管总局、最高人民检察院等部门打赢脱贫攻坚战，实现精准扶贫与乡村振兴有效衔接方面积累了丰富的经验，通过战略引导和产业帮扶促进乡村振兴。

农贸联成立乡村振兴促进中心

一、加强组织领导，引导支持农产品流通行业参与脱贫攻坚

农贸联充分发挥协会党支部在产业扶贫等方面对农产品流通业的支持与引导，探索通过农产品流通行业支部开展结对共建活动等形式，以产销对接和培训为抓手，促进项目产业的引进，助力巩固脱贫成果和乡村振兴的有效衔接。为落实中央相关扶贫精神，响应政府号召，切实加强对行业扶贫工作的领导和落实，2020年特成立了全国城市农贸中心联合会精准扶贫领导小组，由协会党支部书记、会长马增俊亲自挂帅，担任组长，党支部支委会成员全部参与，以协会监事会主席、农贸联仲裁专业委员会秘书长黄海为对接乡村基层的主要力量，通过加强组织领导、精密部署、健全机制，推动扶贫工作的有效落实。同时，成立乡村振兴促进中心，由黄海担任中心主任，具体组织开展对接和统筹工作，推动全国农贸行业的交易规范、农产品生产加工和流通的标准化、农业+产业融合和产业扶贫，引导乡村发展立足地方资源，科技兴农，发展特色产业，发挥农产品流通行业协会优势，贯通产销通道，推动农产品流通标准化体系建设，助力乡村产业发展壮大，让农民更多分享产业增值收益。

二、发挥行业协会优势，组织产销对接

农贸联密切联系各地农业、流通和相关行业，积极组织会员市场及经销商结对帮扶。农贸联乡村振兴促进中心主任黄海常年奔走在基层一线，在全国各农产品主要产区、各级农产品批发市场和农贸流通企业的生产现场进行调研，为产地政府、农业企业、合作社和农户等提供指导意见和建议。这些年，他代表协会多次走访河北省张北县的企业、合作社和农户，帮助当地对接国家农业龙头企业，解决张北蔬菜销售难的问题；走访广东、云南、四川的农业企业、农业合作社和农户，帮助解决当地蔬菜水果销售难的问题，并结合国家"一带一路"政策指导当地的蔬果从全内销转变为部分出口，引导产地开拓海外市场，提高农户收益。

此外，农贸联通过在协会会刊、网站、微信公众号等多渠道编发推广信息，发动会员单位优先采购扶贫产品，签订长期合同，建立稳定购销机制。疫情期间，积极解决湖北、新疆、陕西、海南等地出现的滞销卖难问题。与四川省人民政府驻京办、四川省经济和信息化厅、四川省农业农村厅、四川省商务厅、四川省市场监督管理局、四川省扶贫开发局等部门联合举办"买川货助脱贫"，首届四川扶贫产品暨特色优势农产品北京产销推介会，组织北京农产品批发市场经销商与四川企业进行对接，促成北京京源农影文化传播中心与广安鑫农发展有限公司签订龙安柚购销协议等。

三、协助政府部门推进定点帮扶，解决农产品卖难

农贸联促进产业扶贫+消费扶贫，协助商务部、最高人民检察院、国家市场监管总局、教育部等国家部委和中国扶贫基金会等公益组织定点帮扶，畅通地区农产品销售渠道。

农贸联在山西隰县调研

2019—2021 年，农贸联协助商务部建立 52 对 52 定向帮扶机制，建立了 52 个未摘帽贫困县与 52 家农产品流通企业"结对子"定向帮扶机制，推动广西、四川、贵州、云南、甘肃、宁夏、新疆、青海深度贫困地区的农产品产销对接。

同时，农贸联乡村振兴促进中心主任黄海代表协会，积极协助国家市场监管总局、最高人民检察院等部门开展定点扶贫。他自筹资金派出数十人次赴甘肃礼县、黑龙江同江和抚远、云南西畴和文山、盐源等地进行产地调研和对接指导，发动企业和专家 30 多人次赴产地进行扶贫对接，对地方政府、农批市场和企业开展产业扶贫和乡村振兴主题宣讲 50 多次，促进这些地区农产品的持续采购对接、消费扶贫。

2017 年冬，为了帮助南疆解决农产品滞销的问题，他先后走访了喀什、昌吉等贫困地区的大量农业企业、合作社和农户，及时将自己调研掌握的信息上报商务部，并通过协会平台发动采购商与南疆地区进行对接，最终帮助南疆地区对接了 1.1 万多吨的林果，切实化解了南疆林果滞销的问题。

四、组织设立定点销售市场，建立长期帮扶机制

农贸联积极组织在北京八里桥农产品中心批发市场、大庆农批城、兰州高原夏菜农副产品物流中心等农产品批发市场内开辟"扶贫农副产品展销专区""扶贫农副产品定点市场""公益销售专区"，为农副产品进入市场建立稳定的产销机制创造机会，实现长期有效的帮扶。

五、整合协会和各界资源，探索乡村振兴新模式

农贸联以会员资源为依托，充分发挥协会以及国内各农业科研部门和商品流通研究机构的资源优势，联合农业农村部农村经济研究中心、中国乡村发展基金会、中国小康建设研究会、人民网主流媒体、金融机构、互联网企业等社会资源，研究推广城乡融合和乡村振兴新模式，促进乡村产业兴旺。

第六篇 农产品市场建设与乡村振兴典型范例

农贸联联合国务院特殊津贴专家、农业农村部农村经济研究中心研究员、农产品流通行业资深老专家徐柏园推出《乡村振兴战略与农产品流通行业研究》专著，作为全国城市农贸中心联合会理论丛书系列新作。该书梳理了乡村振兴的难点、热点和重点问题，提出了农产品市场建设和产业兴旺是乡村振兴的必由之路，并收录代表性的农产品流通相关企业发展产业、助力乡村振兴的典型范例，为政府有关部门提供决策参考，为高等院校和研究机构提供理论研究成果、乡村基层干部、乡村农业专业合作社和基地、农产品生产和流通龙头企业提供培训教材。

农贸联与中国乡村发展基金会、中国证券业协会、山西隰县总商会联合举办第五届玉露香梨采摘节，组织山西太原市河西农产品有限公司、北京新发地农副产品批发市场中心、北京东方绿达商贸有限公司、北京新发地成易美商贸有限公司、北京京四方供应链管理服务有限公司、河南郑州陈氏阳光果蔬贸易有限公司等农批市场和经销商代表与隰县善品良田种植专业合作社联合社签订合作协议，定点帮扶山西隰县玉露香梨产销对接推广。通过农产品批发市场流通主渠道，帮助隰县玉露香梨在全国拓宽市场，促进隰县玉露香梨农产业发展和品牌提升，巩固脱贫攻坚成果，助力乡村振兴。

农贸联参加《人民日报》"人民网人民优选·百城百品"专题推介联盟，作为首批成员单位，聚合资源，搭建平台，联动社会组织、企事业单位、销售渠道、电商平台以及品牌孵化方，助力优质农产品上行，推动乡村振兴产业发展。

农贸联与中国农业银行湛江分行签署金融服务乡村振兴的战略合作协议。通过"乡村振兴产业贷"等创新的金融产品和服务，支持区域农特产品产业和相关企业的发展。

农贸联与京东战投公司合作企业签署《区域经济乡村振兴战略合作协议》，就加强农产品稳产保供、现代农业产业发展、生态宜居美丽乡村建设、县域幸福产业发展、巩固脱贫攻坚成果、数字农业等方面达成战略合作，协同开展重大项目建设、完善数字化、功能化服务创新、政策研究、信息交流等工作，推动农业农村全面发展和进步。

六、建立标准体系，开展培训帮扶

利用全国农产品购销标准化技术委员会秘书处设在农贸联的专业优势，为扶贫地区的农副产品建立标准体系和产业升级改造提供指导和支持，促进产品的商品化。在协会乡村振兴促进中心主任黄海的组织下，与广东省湛江市农业技术推广中心等地区相关部门签署战略合作框架协议，共建全国农产品购销标准化技术委员会试验基地，在农业产学研、精准扶贫政策等方面给以指导，加强农产品标准体系建设，构建集农产品科研、农产品储运标准研究为一体的合作试验基地，助推区域农产品流通标准体系发展，助力产业扶贫。同时，协助黑龙江省同江市对接水产加工龙头企业，同江渔业资源对接活鱼运输的技术。邀请全国金草帽农技专家赴湖南怀化开展柑橘种植调研和农技指导，为当地的柑橘种植产业发展升级提供指导。为各地市场监管局等部门做《农产品流通与乡村振兴》培训。

为帮扶贫困地区解决农产品销售问题，尤其是将这些地区的优质、特色农产品推向市场，农贸联乡村振兴促进中心主任黄海在新疆、云南、甘肃等地的调研中，多次向产地推广地理标志，并为产地的有关部门、种植协会、农业合作社等深入讲解地理标志对保护产地竞争力和从业者权益的意义，呼吁产地申请"地理标志证明商标"以提高当地特色农产品的价值，提高农业从业者收益。

七、法律服务保障，为乡村振兴护航

农贸联利用协会在行业内首设的为农产品流通行业提供专门法律服务的二级机构——仲裁专业委员会的特点优势，联合甘肃、青海、宁夏、新疆、陕西、西藏等省和自治区的一级批发市场发起成立了西北农产品流通行业自律联盟，发布"西北农产品流通行业自律公约"，组织西北市场代表与农贸联乡村振兴促进中心签署合作协议，在协助定点帮扶地区拓展销售渠道、大宗交易农产品品种流通标准体系建设、食用农产品集中交易市场食品安全管理体系完善、流通溯源和标准化基地建设等领域开展有效合作。

八、参与编制地区农产品流通产业发展规划

农贸联下设全国农产品流通专家委员会，拥有来自国家智囊机构、高校及科研机构、企业管理层的专家团队，涵盖宏观研究、理论研究、实操研究。通过编制农产品流通产业发展规划，将生产与流通紧密结合，以流通带动生产，促进产业扶贫。调动协会专家资源，承担山东临沂农产品流通产业规划、贵州遵义农产品流通规划等编制工作。

发挥肉食品行业龙头企业带头作用

——雨润集团强化产销衔接助力乡村振兴发展

雨润集团是中国肉食品行业龙头、江苏民营企业的一张名片，在确保食品安全、增加就业、扶贫攻坚、带动农民增收致富等方面作出过重要贡献。

雨润集团创立29年以来，受益于党的改革开放政策，已发展成集食品、农产品物流、商业、地产、金融等多产业于一体的企业集团，是中国肉食品加工行业的龙头，中国低温肉制品连续23年市场占有率排名首位的驰名品牌以及生猪屠宰产能位居全球第一的领导者。

食品是雨润集团的主导产业，覆盖种植、饲料、育种、养殖、屠宰、精深加工、冷链储运、生物制药等各个环节，拥有两个中国驰名商标和两个中华百年老字号，是国内首家同时拥有"国家级重点实验室""博士后工作站""院士工作站""国家级肉品工程中心""国家级企业技术中心""国家级研发中心""国家级检测中心"的民营企业。

农产品物流作为食品产业的延伸，已成为集团支柱型产业，目前已布局西安、成都、哈尔滨、沈阳、石家庄、徐州等10多个区域中心，年交易额近2000亿元，带动数万户菜农、果农实现增收致富，为保证全国农产品供应、稳定市场物价、推进农业产业结构调整作出了重要贡献。

雨润集团成立于1993年，受益于党和国家改革开放和大力扶持民营经济发展的良好政策，经过20余年艰苦创业，从一家小作坊逐步成长为中国肉类行业的龙头企业。雨润集团是国家八部委共同认定的首批"国家级农业产业化重点龙头企业"之一，推行"政府+公司+基地+农业经纪人+农村合作社"五位一体的订单农业发展模式，在推进农业产业化进程，制定、健全肉类行业国家标准，保障食品卫生安全，带动农民增收致富，推动行业进步和承担社会责任等方面，积极履行企业公民职责，为国家和社会做出了一定贡献。雨润集团向社会提供十多万个就业岗位，累计上缴税收数十亿元。

一、积极响应国家政策号召，发挥龙头企业带动作用

雨润集团积极响应国家政策号召，按照《全国生猪屠宰行业发展十二五规划纲要》要求，投入巨额资金在全国范围内新建星级屠宰工厂，新增先进产能，淘汰落后产能，完善产业布局，专注实体经济，深耕农村、服务农民、促进农业，为带动地方经济发展不遗余力。

雨润集团全力践行"一带一路"倡议，集团旗下西安、成都两大农产品物流基地成功入选相关金融机构首批"丝绸之路经济带"建设重点项目名单，助推西部实现农业产业结构调整。雨润西安、成都物流项目积极响应国务院关于"物流业调整和振兴规划"的号召，推行农产品从产地到销地的直销配送，有效减少中间环节，提升流通效率，对加速农业的产业化、标准化和现代化，进而带动农民增收致富具有深远意义。目前，该两大物流基地已经成为辐射西北、西南地区规模最大的农副产品交易中心之一。

雨润集团也是最早响应"西部大开发""振兴东北老工业基地"以及"南北对接"发展战略的民营企业之一，在四川内江、甘肃武威、贵州毕节、新疆石河子、辽宁开原、黑龙江绥化等西南、西北、东北以及"老、少、边、穷"地区，累计投资超过300亿元，建厂超过100家。雨润集团积极响应"资源枯竭型城市转型升级"战略，在湖北大冶、甘肃白银、安徽铜陵等地发展农产品加工、物流以及现代商业项目，助推城市实现产业结构调整和转型发展。

雨润集团全力践行"乡村振兴"政策，贯彻落实习近平总书记重要讲话重要指示批示精神和党中央决策部署，聚焦乡村产业振兴、人才振兴、文化振兴、生态振兴、组织振兴，深化东西部协作和定点帮扶。积极响应全国城市农贸中心联合会的号召，与来自甘肃、陕西、青海、宁夏、新疆、西藏等省、区的一级农产品批发市场代表共同举行西北农产品流通行业自律联盟成立大会。

为西北地区农产品流通企业之间加强信息共享、产品流通、经验交流、助力乡村振兴、推动农产品流通等方面提供很好的合作平台，对于发掘西北规模市场优势和内需潜力，发挥好西北地区作为中亚、西亚、中东欧的陆上通道的地理优势，共同参与国内国际双循环的发展方面必将发挥巨大作用。同时，雨润集团还将积极参与在陕西西安隆重举行的"2022西部乡村振兴博览会暨东西部协作成果展"，以"共建合作平台，促进乡村振兴"为主题，同各行各界共话"乡村振兴未来"和"未来乡村振兴"。

二、企业做强实现企村对接帮困，积极承担社会责任

雨润集团始终坚守"食品工业是道德工业"的核心经营理念，视食品安全为企业生命线，从荷兰、德国、丹麦、日本、瑞士等食品机械大国引进成套自动化设备，打造饲料、养殖、屠宰、精深加工、冷链物流等全产业链经营模式，率先建立"全程可追溯体系"，确保食品质量和安全，提升行业发展水平。

在科技研发方面，雨润集团成为我国食品行业首家同时拥有"国家级重点实验室""博士后工作站""院士工作站""国家级企业技术中心""国家级研发中心""国家级肉品工程中心""国家级检测中心"的民营企业。依托以上科研平台，雨润集团在食品关键技术领域取得上百项专利，牵头制定数十项国家标准，承担了包括"十五""十一五""十二五"期间肉类行业大部分重大科技攻关和支撑项目，并两次荣获"国家科学技术进步二等奖"。

雨润集团怀着慈心为民、善举济世、反哺社会之心，不断参与各类社会公益和慈善事业。在抗震救灾、扶贫济困、捐资助学、关爱弱势群体、企村对接帮困等方面，累计捐赠超过4亿元，赢得了社会各界的肯定与好评。

三、守护好"菜篮子""果盘子"里的民生

"菜篮子""果盘子""米袋子""肉案子"，一头连着城市居民，一头

第六篇　农产品市场建设与乡村振兴典型范例

连着基地农民，要守护好两头的民生，中间流通环节是关键。2021年11月，强冷空气席卷我国北方大部分地区，面对暴雪低温冰冻等极端天气，雨润集团要求位于西北、华北、东北地区的西安雨润、赤峰雨润、石家庄雨润、沈阳雨润、鞍山雨润及哈尔滨雨润南极等批发市场，在确保安全生产的同时，开辟绿色通道，动员商户加大耐储蔬菜、新鲜水果、米面粮油和肉禽蛋奶的上市量，确保供应不间断和价格稳定。

西安雨润农产品全球采购中心（下称"西安雨润"）承担着西北地区一级水果批发的重任，交易品种多、辐射范围广。西安雨润依据市场动态监测，每日调运各类进口水果、国产精品水果及地方特产水果不低于5000吨。同时，利用西北农产品流通联盟与西北五省市场建立沟通协调机制，发挥集采优势，确保供应不断档。推行商户明码标价和挂牌公示，联合市场监管部门加大巡查力度，防范和严厉打击利用疫情、气候等原因哄抬物价、囤积居奇的行为。

赤峰雨润农产品物流批发市场（下称"赤峰雨润"）是辐射蒙东和辽西地区的重要农产品流通集散中心。2021年10月19日，赤峰市委领导视察赤峰雨润，实地调研市场防疫防控和经营管理等工作。为确保市场经营安全，赤峰雨润成立疫情防控专项小组，全面落实扫码、测温、消毒、查证等工作，同时做好每一批次的食品安全检测工作，守护市民"菜篮子"安全。土豆作为冬储菜大宗单品，内蒙古也是主产区之一。赤峰雨润动员土豆经营大户利用自有种植基地优势，加大产地存储库备货力度，储存规模超过万吨。

保供应就是保民生，稳物价就是稳民心。在疫情、天气、物流等多重不利因素的影响下，在全体雨润农批人的艰辛付出下，每天有数万吨各种各样安全优质的农产品，通过雨润市场源源不断地输送至全国，极大地丰富了市民的餐桌，保障了百姓的营养和健康。雨润农产品把保供稳价作为常态化疫情防控阶段的重中之重，构建起覆盖全国的农副产品应急保供体系。全面推行"市场储备一批、在途运输一批、源头订购一批"的采销策略，确保供应不断档。通过强化产销对接、加强采购储备、实时价格监测、检测食品安全、完善分拣配送、提升流通效率等举措，保供应、保安全、保质量、保服务，确保农副产品有序、高效流通，积极践行企业社会责任。

乡村振兴战略与农产品流通行业研究

充分发挥国家级公益性市场优势

——兰州国际高原夏菜中心全力助推乡村振兴发展

习近平总书记指出，要树立大食物观，从更好满足人民美好生活需要出发，掌握人民群众食物结构变化趋势，在确保粮食供给的同时，保障肉类、蔬菜、水果、水产品等各类食物有效供给，缺了哪样也不行。兰州国际高原夏菜副食品采购中心有限公司（以下简称"公司"）作为市属国有企业，先后被商务部评为"国家级公益性市场"，农业农村部评为"农业农村部定点市场"，被商务部、农业农村部、甘肃省政府联合推荐为"国家级区域性大市场"。公司承担着甘肃省及周边省市老百姓"米袋子""菜篮子""果盘子"公益性保障职能，始终从服务区域产业扶贫、乡村振兴的发展大局出发，紧扣"六稳"工作，聚力"六保"任务，充分发挥国有企业在助推产业扶贫、乡村振兴发展中的优势和作用，在常态化疫情防控中跑出加速度，奋力推动企业高质量发展。

一、发挥区位优势，搭建综合平台

公司位于甘肃省兰州市定远镇，距离兰州市主城区14公里。规划总占地面积4838亩，建设面积287万平方米，计划投资约100亿元。2015年启动建设以来，已累计完成固定资产投资约48亿元，已逐步完成枢纽服务中心、粮油交易区、蔬菜交易区、水果交易区、水产交易区、副食品交易区、物流配载分拨区、商业配套区等多个功能区的建设，建成各类交易及配套服务面积67万平方米。正在建设国际物流区、肉类交易区、应急仓储区、展销中心、循环处理中心及信息化管理平台等，建筑面积约 43.79 万平方米。公司致力于打造一个现代化、国际化、多功能、强辐射的大型综合性一级农产品批发、集散、物流、园区和农业综合体平台。

二、发挥主体优势，助力乡村振兴

"实施乡村振兴战略，要把产业培育、企业发展同群众就业、乡村振兴、民族团结更好统筹起来，相互促进、相得益彰。"公司建成后，年交易量将达到 500 万吨，年交易额达到 250 亿元以上，带动周边农村劳动力就业 10 万人以上。为进一步助力产业扶贫、乡村振兴发展，面对疫情影响，公司除了直接招聘部分村民进入企业从事保安、保洁等工作外，还积极引导市场商户在招聘店员时优先考虑周边村民。目前，公司现有商户 1100 余户，已初步形成了较为完备的全业态农副产品集散交易链条，直接提供就业岗位超过 5200 个，带动就业人员超过 5 万人，受益于市场的蓬勃发展，周边村民的收入至少翻了 10 番，周边村社、楼盘以及经济体的价值同时也在不断增长，真正成了全省菜农的"钱袋子"，全国人民的"菜篮子"。市场内水果、蔬菜两大区域 2021 年全年交易总量 130 万吨，交易额 90 亿元，其中 40% 销往兰州地区各大商超等终端市场，满足我市需要；30% 销往省内其他地州市，补齐省内各地州市供应种类及缺口；30% 销往青海、宁夏、新疆、西藏等省份，可以说，公司的高质量发展，为甘肃省乃至西部地区其他省份的市场供应提供了较为有力的保障。

三、发挥品牌优势，保障稳定经营

充分发挥品牌效应，结合实际情况，将市场的稳经营与保市场主体深入结合，积极响应国家、省市三级稳物价保供应部署要求。一是积极申请政府政策性资金补贴，并抽调大量资金，对市场水电费用、商铺租金、交易佣金、停车费用、滞纳金等进行相应减免。二是通过与甘肃银行、邮政银行、兰州银行等金融机构协调合作，以"小额贷款信用免担保"的金融支持模式，以国有企业信用作保，为园区经营商户争取到了金融机构提供的 3000 万元小额信用贷款，为园区健康成长的民营企业提供了良好的经营环境。三是公司正部署设立成品粮储备库，建立成品粮储备监管、装卸、物流、调拨等功能，同时加强市级储备成品粮管理，确保兰州市级储备成品粮质量良好、储存安全、调用高效，为安民心、稳市场、保民生提供坚实的基础，同时完善粮食应急储备体系，确保粮食安全、市场供应充裕，最大限度地减少紧急状态时期的粮食安全风险，从国家战略层面保障区域社会稳定和经济快速发展。四是公司结合疫情防控及运行实际，在园区内建立应急物资中转接驳站，并按照疫情防控管理中的风险等级集中进行防控，执行闭环管理，实行"提前预约、人车分离、集中接驳"的"全接驳"模式和"不接触交易"模式。通过建立物资中转接驳站，将真正实现园区内硬隔离、零接触，有效消除外来货运司乘人员疫情传播风险，保障各类重要生活物资在园区能进能出、快进快出，对甘肃省统筹疫情防控、保障物资通畅提供有力支撑。四是 2021 年西安和西宁发生疫情后，公司积极调运 5000 吨蔬菜支援西安，3000 吨支援西宁。在刚刚过去的 5 月，紧急向上海支援了 6 万箱蔬菜，为了减轻上海分发的困难，按照"一户一箱"的标准打包成箱，采取商贸型和陆港型物流枢纽联动，公铁联运的方式，利用冷链专列将援沪物资顺利发往上海，得到了上海市民的好评。

四、发挥资源优势，助推产业振兴

"要积极推进农业供给侧结构性改革，全方位、多途径开发食物资源，开发丰富多样的食物品种，实现各类食物供求平衡，更好满足人民群众日益多元化的食物消费需求。"甘肃作为农业大省，农产品资源丰富，目前已有 275 个地域特色农产品通过了省级地理标志资源评审。特别是兰州高原夏菜，在农业农村部的质量监测中连续 6 年名列前茅，占全国市场份额排名第一，目前已有 20 多个种类，200 多个品种，全省种植面积超过 200 万亩，年产量超过 250 万吨；发挥甘肃农业资源优势，创新思路，助力产业振兴发展，计划与国内知名食品企业强强联合，打造品牌食品园区，着力推进农产品深加工项目建设,以特色农产品+产品深加工+品牌效应带动甘肃农产品发展,增加西北地区优质农产品销售附加值。

五、发挥政策优势,助力转型发展

甘肃省成功创建中国特色农产品优势区、全国特色高原夏菜知名品牌示范区、"甘味"农产品区域公用品牌。莲花菜、娃娃菜、菜花3个优势品种被认证为全国地理标志产品。公司成功协办四届甘肃特色农产品贸易洽谈会,培育专业蔬菜经销商200多家,每年往全国60多个城市80多个批发市场外销蔬菜130多万吨。以"夏秋季买西北卖全国、冬春季买全国卖西北"的经营模式,承担着兰州市、兰西城市群的农产品流通和生活物资保供功能，带动了全省 50 多个县区，青海、宁夏部分县区的夏季蔬菜产业，已成为我国"西菜东调""北菜南运"的商品蔬菜交易基地。近年来，借助国家、省、市三级政策性支持，公司创新发展思路、扩宽发展渠道，以实现企业高质量发展为目标，正在积极部署申请《兰州国家骨干冷链物流基地》和《兰州商贸服务型国家物流枢纽》，通过物流基地和物流枢纽的建设，将实现货物干线运输、集散、存储、分拨、配送等多种功能，优化全国物流枢纽布局，降低商贸流通成本，构建运行高效的供应链产业链，打造成辐射区域更广、集聚效应更强、服务功能更优、运行效率更高的综合性物流园区，支撑构建以国内大循环为主体、国内国际双循环相互促进的新发展格局，让"甘味"农产品运得出、运得快，进而助推乡村振兴发展，实现企业强，产业旺，"钱袋子"鼓，共同富裕。

（作者：张志勇 兰州建设投资（控股）集团有限公司总经理）

爱乡助乡　致富一方

——湛江千护宝生物有限公司的乡村振兴之梦

在乡村振兴之路上，产业兴旺发挥着不可忽视的关键作用。广东湛江千护宝生物有限公司作为省级农业龙头企业，近年来积极帮扶当地农民发展地方经济，培养技术创新人才，大力研发水产科技，借助地域特色优势资源，大力发展中草药和水产品生产加工促进乡村振兴，打造水产品全产业链条带动地方经济发展，助力当地农民脱贫致富过上好日子。

一、鸿鹄之志成就地方经济发展

早在学生时代，千护宝生物有限公司董事长车振翅就立志要成为一个能为社会做贡献的人。他考入大学学习外语，接触和学习国外的发达市场信息后，内心就想着有朝一日能够走出国门，引入先进的国外技术来改变家乡农村经济落后的状况。

大学毕业后，他放弃了稳定的外贸系统工作下海经商。在与韩国做贸易时充分利用湛江当地特色中药材资源，以广东藿香、香附子等中草药出口为切入点，带动湛江的南草药开拓国外市场。

20世纪90年代初，在相关部门的支持下，他首先组织了当地农村生产资料部门，主要是供销合作社系统，把从社会上筹集的资金用于农药、化肥和有机肥等生产资料的购买，然后提供给家庭困难的农户，让他们进行南草药的种植，再将南草药收回进行加工，提高附加值后出口到韩国、日本等国及中国台湾、香港地区。这是车振翅人生迈出的对外贸易的第一步，也是他帮扶湛江中药材走出国门的最早期的经历。

一方水土养一方人。每个地方的乡村结合当地产业优势，立足地方特色资源，成为脱贫致富的核心力量，当地企业在这之中则是关键助推器和重要参与者。千护宝公司在全面打造特色产业链条，推动农产品深加工，促进一、二、三产业融合发展，形成特色产业链方面也有其独特的实践经验。

水产养殖业是广东雷州半岛地区的重要支柱产业之一。20世纪初，历经商海锤炼的车振翅开始进入水海产品加工贸易行业，相继注资珠联冷冻公司、湛江四宇水产和雷州北部湾水产品发展有限公司，逐步带动雷州半岛东西海岸的人们在当地养殖南美白对虾、罗非鱼、扇贝、生蚝等水产品。同时，他也是第一批带领当地的水产从业者走出国门，到缅甸养殖加工罗非鱼和对虾等，将供应链延伸向"一带一路"国家的企业家。经过精细加工、科技赋能、品牌打造后的水产品，被出口到日本、美国、加拿大和东南亚国家及地区，公司逐步扩大了市场占有率，进一步把产业链做强做长。

企业引入科技延伸产业链，从水产养殖、科研、生产加工、贸易，再到开发医美产品和预制菜，千护宝公司现在当地已实现并形成了一、二、三产业深度融合、协同发展的水产产业生态链，不仅让农民能够养好鱼、卖好价，又能把副产品、边角料变废为宝。作为中国水产流通和加工协会的一员，千护宝生物主动与中国科学院理化研究所等团队一起研发罗非鱼鱼皮鱼鳞等下脚料废弃物的高值化利用，做成鱼鳞鱼胶出口日本、泰国和印度等国家和地区。目前，又与东宝生物等企业联合攻关，把鱼鳞鱼皮做成明胶胶原蛋白，甚至做成医美产品，如面膜、眼膜等产品增加其附加值。除了开发医美产品，公司的预制菜产品也走在行业前列，仅鱼皮产品，公司就研发开发了十几个风味。公司也从最初的单一罗非鱼养殖加工发展为形成了集生产、加工、售出、销售于一体的水产品全产业链企业；几年间，公司员工从开始的几十人发展到旺季的八百多人，联农带农解决几万人的就业问题。近几年，公司更是累计上缴国家税收超亿元，成为带动地方农业现代化的一股强劲力量。

千护宝深海网箱养殖场

二、勇挑共同富裕责任重担

爱家乡、富家乡是车振翅从业30年以来的梦想，他一直秉持"农家的孩子教会农家人"的理念，毫不吝啬、毫无保留地将自身学到的技术和知识传授给身边的农民们。

从20世纪90年代初的草药种植到2000年后的水产养殖；从原始种植到科学种植，再到对口市场销路的种植、养殖销售，车振翅欣慰地看到了身边人的慢慢脱贫致富，从无到有，从有到强。他相信这就是乡村振兴的实际意义所在。

千护宝—水产加工车间

万亩甘薯种植基地

湛江千护宝生物有限公司 2011 年成立，是一家集水海产品养殖、加工、贸易、水产资源高值利用产业化为一体的企业。公司依托雷州半岛的优势海洋资源，抓好的原料、用好的工艺、生产好的产品。2021 年，千护宝公司获得广东省农业龙头企业、清洁加工企业、高新科技企业等荣誉。一路走来，作为一个有社会责任感的企业家，车振翅在带领企业创造商业价值的同时，也努力实现其对社会的一份担当和责任。不忘初心，牢记使命，就是他担当起个人和企业社会责任的具体实践，从经商到社会办学捐助，车振翅从不缺席。

2013 年，车振翅和当地爱心企业家一同发起创办了北京大学湛江附属学校。学校提供 1 万个优质学位，开办以来已培养出一大批北大、清华的学子；他还和学校董事们一起捐赠了 1800 万元作为优质学子的奖励和困难学生的扶贫教育奖学奖教资金。

2003 年非典时期公司将广藿香以低价出售，2008 年汶川地震期间，2007 年雷州几个乡镇遭受洪水灾害，2020 年新冠疫情期间，公司都为受灾地区无偿捐献资金和物资。2022 年 3 月，车振翅带领千护宝公司向雷州市政府捐赠了价值 100 万元的防疫抗疫物资。

三、走共同富裕发展之路

乡村振兴不是一句空话，是靠企业利用各种资源优势实实在在地作出来的。车振翅希望凭自己和公司员工的不断努力，把湛江，特别是雷州贫穷落后的面貌逐渐改变，让当地老百姓能够走上一条从数量到质量的转变、从原始状态到机械化生产，以及科学高质量发展的乡村振兴之路。

在谈到近期的工作时，车振翅兴奋地介绍他最近参与的甘薯产业园建设——把甘薯苗培育以运送、派送、销售等多种形式送到 1 万多个农户手中，帮助农户把甘薯种植面积从几千亩扩大到 30 万亩；联合农民合作社、乐田公社，源果汇科技等把种植水稻面积扩大了 1 万多亩，把优良品种带到每家每户，把小面积种植扩大到几万亩的面积，要把粮食饭碗牢牢地端在自己手里，藏粮于地，藏粮于库，藏粮于老百姓手中。

在我国南方最传统的乡村中成长起来的车振翅对乡村健康医疗资源不足和农村因病返贫的情况感受十分深,为了能给乡村健康献一份力,他参与成立了两家医药器材公司,把智能化的健康驿站下沉到乡村农户身边。未来在乡村,就可和三甲医院或者更高级别的医院连线,将患者的身体指标及时传输、咨询,能让当地老百姓在家门口就可以得到上级医疗的服务,积极参与基层医疗卫生体制改革。健康驿站同时配套自动化药品售卖机,老百姓不出远门就能方便就医买药。通过健康服务前移,提供更易获得健康知识,让乡村百姓更重视慢病预防和健康管理,为振兴乡村,实现共同富裕提供健康服务支持。

(作者:晓溪)

昔日"农批人" 今日"追梦人"

——中蓝三农实业成都有限公司架乡村振兴桥梁

实施乡村振兴战略,是党的十九大作出的重大决策部署。乡村振兴,关键在人,重点在干。其中,相关产业的企业家参与中国乡村振兴最多的就是产业振兴。中蓝三农实业成都有限公司执行董事刘科就是这样一位企业家,他积极履行企业社会责任,主动参与乡村振兴工作,帮扶带动身边贫困群众脱贫致富,生动诠释了新时代农批企业的使命与担当。

一、服务基层需求 助推乡村振兴

民族要复兴,乡村必振兴。乡村振兴一线是展现担当作为的战场,更是书写精彩人生的舞台。刘科认为,只有深耕基层一线,全面了解民生民情才是落实乡村振兴工作的前提。从2019年开始至今,刘科和相关企业家就跟随国务院参事、中国消费者协会和全国城市农贸中心联合会的专家团队等远赴黑龙江、广东湛江、广西北海、云南昆明、四川凉山州等地针对乡村振兴考察学习、慰问关怀。

他们走进乡村与村干部们深度交流,走进农家与农民朋友促膝长谈,走进田间地头了解基层一线民生民情。他们用一颗颗为"农"真心助推乡村振兴,用自己的切身的体会记录乡村的变化、发展的需求和成功的经验;从个性中找到共性,从细节中总结成败。经过在一线的长期探索中,他们总结出只有通过一、二、三产深度融合,以产业发展助力乡村振兴才能持续解决乡村振兴的根本问题。

思路有了，基层也有需求，那么产业就要跟上。刘科是这样想的，也是这么干的。2020年12月7日，农产品流通行业法治建设（眉山）研讨会在圣丰国际农批市场举行，第十三届全国政协常委、国务院参事甄贞，农贸联监事会主席、仲裁委秘书长黄海出席会议。会后，礼县、抚远和同江扶贫农副产品定点市场在圣丰国际揭牌。当天，与会领导在刘科陪同下，调研了圣丰国际农批城项目，在了解市场交通区位和工程建设情况，并查看走访业主经营状况后，均对圣丰农批的发展规划表示肯定。

二、资源铺路，专业为"媒"，搭建乡村振兴"致富桥"

通过全国城市农贸中心联合会的资源平台，中蓝三农实业成都有限公司连接了全国各大中城市的批发市场供应链系统；并常态化与当地的饲料、种养殖、生产加工等龙头企业进行乡村振兴一、二、三产业融合的工作座谈交流。刘科带领市场运营团队为生产加工企业对接销路、为种养殖企业推荐基地，充分发挥节点市场的渠道优势为基地和企业做好桥梁，并将市场的需求信息反馈给基地和企业,作为落实种养殖和生产的基础参数。

2020年9月,刘科随全国城市农贸中心联合会、中国消费者协会党建扶贫调研团赴黑龙江省同江市、抚远市进行农产品流通调研。在抚远蔓越莓种植基地,刘科和调研团一行了解了国内蔓越莓消费市场的情况,以及该品种在抚远种植、加工以及蔓越莓产业对当地经济的拉动效果;他当即表示,中蓝三农成都公司和圣丰市场将为抚远蔓越莓的扶贫系列产品进入市场提供便利,为着力打通龙江产品流通"大动脉",帮助农民朋友铺出"致富路",架稳乡村振兴的桥梁。

三、技术做支撑 推动大数据与乡村振兴深度融合

加快数字化发展和全面推进乡村振兴是"十四五"规划的两个重大战略。特别是伴随着网络化、信息化和数字化在农业农村经济社会发展中的应用,数字乡村也在不断发展进步。因此,在"互联网+"农产品出村进

城的过程中，如何更好地助力乡村振兴呢？面对这样的问题，刘科也有自己的思考。

为实现农业信息化建设，适应市场的发展，刘科率公司团队专程去往深圳腾讯总部，在数字化农业的发展方面与腾讯进行深度的沟通和学习。同时，为了更好地为种养殖、加工产业提供农业技术的支持，中蓝三农实业成都有限公司与西南大学、农业大学的农业科技公司也在农副产品生产加工技术等方面建立了深度的沟通并建立合作机制。

中蓝三农成都公司执行董事——刘科

刘科认为，从农村电商到直播带货，从人工智能种植到智慧农业，都让我们看到了大数据的大有可为；要推动乡村振兴战略的落实，也需要我们用好"大数据"，让"大数据"转变为"新动能"，成为农民、农村、农业发展的重要一环，奋力谱写乡村全面振兴的新篇章。

多年的践行，中蓝三农成都公司蓄积了实施乡村振兴的各环节工作准备。2021 年，中蓝三农成都公司结合了农业技术、信息数据、种养殖、生产加工等专业服务资源和农批市场全国的供销资源，在四川省凉山州多个乡村振兴县开始落地基地和生产工厂，从种苗、饲料到畜牧养殖、农产品种植再到生产加工、仓储物流最后到全国各地市场，提供产、供、销一体的产业链服务。

四、长风破浪会有时，直挂云帆济沧海

农批人的情怀就是对三农的热爱，对民生的责任和对国家的奉献。在中国巨大的农业市场需求和国家良好的政策环境下，刘科认为只要能踏踏实实为一产解决技术和产品的问题，为二产解决原料、基地、销路，并做好三产的服务工作，一定能够通过产业振兴，铺出"致富路"，架稳乡村振兴的桥梁。

"我一直以自己作为一个中国的新农批人而骄傲！"刘科表示，在乡村振兴的大道上，农批人大有可为。

守正笃实　久久为功

——广东犹九集团站在时代潮头助力乡村振兴

一缕袅袅炊烟在山间氤氲开来,这浓得化不开的乡愁,曾是故乡美丽乡间小路延伸为在外游子的牵绊。5年前,国家《乡村振兴战略规划(2018—2022年)》实施以来,建设美丽富饶的乡村振兴蓝图已渐渐实现,广大村民过上了天蓝水清、生活富裕的美好日子。

在振兴乡村的道路上,全国各地的许多企业为此作出了重要贡献。

广东犹九投资集团利用资源优势,在有效推动当地农业生产高质量发展,促进一、二、三产业深度融合方面,交出了一份亮眼的成绩单。犹九集团在实际运作过程中,就先进技术、人才管理、助力乡村振兴,制定并采取有效具体措施,形成了一套具有可供借鉴意义的成功经验。

一、授人以渔：孵化基地带动地方经济发展

在犹九集团董事长赵莉瑜看来,授人以鱼不如授人以渔。"犹九集团成立电子商务创业就业孵化基地,以电子商务实操培训为主要切入点,为学员提供电商创业项目优化、电商创业实操指导、创业咨询等服务,贴身辅导学员持续创业,创造性地提出将大学生'互联网+创业'与地方经济发展、地区产业转型升级与乡村振兴相结合的新型运营模式,把各地特色产品作为大学生创业的载体之一,运用大数据分析各种产品在线上的竞争力,从而制定相应的线上营销策略,把各地的名优特产通过各类电商平台销往海内外。"赵莉瑜如是介绍。

广东湛江徐闻县是"中国菠萝之乡",全县菠萝种植面积约35万亩,年产量70万吨,种植面积、产量均居全国第一。徐闻菠萝果大、甜、香、靓,菠萝罐头、菠萝酒、菠萝饮料、菠萝果脯、浓缩菠萝汁等产品远销世界各地。

菠萝是湛江的地方特色农产品,但每年菠萝丰收采摘后,菠萝叶通常被遗弃,无人问津,曾是采摘季垃圾处理的一大难题。2016年,犹九集团与中国热带农业科学院农机所合作,对菠萝叶纤维(俗称菠萝麻)提取技术及专利产品进行产业化运营。从菠萝叶片中提取的纤维,经国家权威检测机构检验证明,菠萝叶纤维含有天然杀菌、抑菌物质,可有效杀灭细菌、抑制真菌和微生物的生长。纤维组织内部特殊的超细微孔结构,具有良好的快速吸收和蒸发水分性能,是一种优异的天然保健新型纺织材料,可与其他纺织原料混纺,做成菠萝叶纤维织物的袜子、T恤、毛巾、麻席、内裤等产品。

犹九集团成功将菠萝麻产品导入大学生创业体系,充分发挥团队的专业技能,对菠萝麻产品进行优化设计重新包装,利用网络众筹、社群电商等多种方式推广扩大了菠萝麻产品的知名度,拓宽产品的销售渠道,大大提升了菠萝麻产品销售,为有效助力乡村振兴作出了积极努力和推动。

为了充分利用菠萝全身的"宝"造福地方,2021年9月,犹九集团投资成立广东九豪生态农业有限公司,建设加工厂将原来废弃的菠萝皮、菠萝水进行深加工,做成饲料供应给正大集团等企业饲养"菠萝猪",进一步提升了菠萝的可用性,让菠萝为地方经济产生更多价值。

二、借资源优势:助力水产品深加工发展

农产品增收是帮助农民致富脱贫的最直接方式,犹九集团在结合当地产业优势,立足地方特色资源,全面打造特色产业链条,在推动农产品深加工,在形成多产融合的特色产业链方面也做了有益探索和尝试。

赵莉瑜表示,犹九集团坚持"以商养善、商善互动"的经营理念,形成实业投资和公益事业一体双翼共同发展的独特经营模式。在一产方面,

集团旗下水产加工企业从水产品的源头开始建立安全合格的产品质量标准体系，严把产品质量关，为水产养殖户提供种苗及饲料，并高薪聘请水产专家，培训水产养殖户进行科学养殖，然后按标准定向收购水产品进行深加工。企业大力引进专业技能人才和技术人才，让科学技术为农产品生产加工助力，短短的几年时间，犹九集团旗下水产加工企业就拥有了柴油热能水煮机、可变级的多用输送带装置、活动滚轴装置等多项专利设备以及其他专利技术，能够快速锁住产品新鲜度，并拥有了盒装熟虾、单冻熟虾等先进的生产流水线。

从2014年起，犹九集团响应国家双创号召，与高校合作，以湛江为基地、以广州为中心、面向全国，在11个城市建立23个为树创新创业孵化基地，联合人社局、教育局等九个相关部门实施"牵手工程"，共投入3000万元，免费培训大学生的跨境电商、国内电商技能，通过挖掘地方特色产品，进行产品优化，助力乡村振兴，累计培训1万多人，成立线上店铺1019个，125名大学生团队成立公司经营，帮助农民扩大产品销售渠道，帮助解决农产品销售难问题。

"为了解决产业链上下游中小微企业融资难问题，犹九集团经广东省科技厅批复成立粤西科技金融服务中心，试点实施普惠性科技金融，为107家中小微企业提供2.2亿科技信贷，解决企业融资难问题，并形成省、市、区三级联动创新机制。"赵莉瑜在中小微企业融资难问题方面也付出了很多的努力。

三、区域经济：提供就业岗位促增收

乡村的广大农民是乡村振兴的主体，调动农民积极性，让农民深度参与建设工作，招聘员工以当地农民为优先，通过务工就业等方式促进农民增收，同时鼓励在当地合作社参股，让农民既有工作也有分红，犹九集团在这些方面所做的各项工作可圈可点。

利用当地水产品资源优势，赵莉瑜在2012年投资建设了水产公司，之后又建起了占地50亩的加工厂，后又涉足餐饮界，这些对当地经济发展及乡村振兴起到了重要作用和积极影响，也解决了许多当地人的就业问题。

民以食为天，食以安为先，安以质为本，质以诚为根。赵莉瑜认为，她所经营的水产加工企业，涉及食品质量安全，因此她情愿花大价钱和精力也要从水产品的源头开始建立安全合格的产品质量标准体系，把好食品质量关。

公司不仅为水产养殖户提供种苗及饲料，还高薪聘请水产专家，培训水产养殖户进行科学养殖。"考虑水产加工作为劳动密集型产业，我们又专门从当地贫困村中招聘了大量劳动力到我们杰能食品公司就业，该公司在高峰作业期间，能为当地提供超过500个就业岗位机会。广东杰能食品有限公司也因此被评为广东省重点农业龙头企业，成为广东省传统产业转型升级成功的标杆企业之一。"赵莉瑜的脸上浮现出欣慰的笑容，"我个人对于企业发展和产业布局的考虑，除了是在发挥自身产业优势、促进地方经济发展的同时，更希望能够与乡村振兴、精准扶贫等工作相结合，因此我专门从当地贫困村中招聘了大量劳动力到公司就业，该公司在高峰作业期间，为当地提供超就业岗位机会，并为他们提供一系列培训学习机会，开展爱国爱党爱家乡的党建活动，希望能够帮助乡亲父老通过学习将来有更多的机会走出去并走得更远。"从集团的多项业务中，处处体现出赵莉瑜对故乡深厚的情结。

四、社会责任：企业家的家国情怀

作为有社会责任感的企业家，如何在创造商业价值的同时实现社会价值？在两者之间如何平衡实现双赢？秀外慧中的赵莉瑜有自己的追求和实现路径。

她认为，一个优秀有社会责任感的企业家，在经营企业、耕耘市场的同时，实际上也是在以社会成员的角色承担其责任，这就需要企业家不能只将目光局限在自己的企业，局限在企业自身利益的扩张，而是要有全局的眼光，站在时代的潮头。

"我们企业家要以新时代的使命担当和家国情怀，将公司的发展融入国家发展、社会发展的大局,紧跟国家发展步伐,坚定不移地去做有需求、有意义、有价值的事情。"她认为有需求意味着会创造商业价值,有意义意味着能够实现更大的社会价值,进而可以将自己的商业理想与伟大的中国梦融汇在一起,成己达人、利国利民,这也是值得她为之奋斗一生的快乐、光荣的事业。

(作者:晓溪)

2015年12月11日,赵莉瑜董事长与湛江市领导、省科技厅及省人社厅领导为集团旗下为树孵化基地荣获"国家级众创空间""广东省众创空间""青创空间"揭牌

第六篇　农产品市场建设与乡村振兴典型范例

赵莉瑜董事长，参加"政协委员进百村助推乡村振兴"活动，对口帮扶廉江上山祖村，并捐赠30万元用于支持乡村振兴

赵莉瑜董事长为岭南师范大学捐赠10万元设立为树大学生创新创业基金帮扶贫困大学生创业就业

主动作为　全力助推乡村产业振兴

——云南龙城农产品经营股份有限公司精准定位服务三农

农产品市场是实体经济的血脉，农业农村的发展离不开农产品市场的有力支撑。在全面推进乡村振兴的过程中，更需要农产品市场发力助推。

云南龙城农产品经营股份有限公司20世纪90年代成立以来，始终贯彻落实党和国家号召，精准定位，积极承当企业社会责任，以服务"三农"，构建现代农业产业体系为公司发展目标，以涉农商贸流通为核心，打造涉农商贸流通平台，实现农业产业深度融合发展。

公司自2003年至今连续17年被原农业部评定为"农业产业化国家级重点龙头企业"；省、市级龙头企业；2005年公司产品获得了国际HACCP食品安全管理体系认证，同年获得"云南省著名商标"认证证书；"龙城蔬菜"被认定为云南省著名商标；被原农业部、原外经贸部评为"全国园艺产品出口示范企业"；被原农业部指定为"鲜活农产品中心批发市场"以及"国家农业部信息中心价格信息采集点"。连续13年被省市级消费者协会评定为"诚信单位"。2006年被省农业厅、市商务局作为市政府突发公共事件物质应急蔬果重点储供单位，承担每天储备5000吨蔬菜、1000吨水果任务。

党中央提出乡村产业振兴以来，公司服务政府工作大局，主动作为，体现担当，以其优势项目助力脱贫攻坚，积极参与中华民族百年奋斗的伟大事业。

2020年以来，为稳定市场，保障疫情期间的蔬菜供给，作为经营农副产品20多年的重点企业，公司本着"以人为本，服务保障于民"的精神，在疫情期间，对市场内经营户给予了最少两个月的租金减免。公司还发挥龙头企业的带头作用和资源信息优势，深入周边县区蔬菜种植大户的田间地头，调查了解情况，以稳定市场供给为目的，采取"高收低出"的方式，确保种植大户收益，保障农产品市场货源充足稳定，为昆明地区农村产业发展做好引领，为稳定云南蔬菜种植做出了贡献。

2020年以来，公司依托昆明建设成为中国向南亚、东南亚开发的辐射中心和重要的区域性国际中心，城市的发展目标和区位优势，凭借泛亚货运铁路网络和昆曼国际大道的交通优势，通过完善市场体系建设，实现跨区域，国际化农技产品物流配送，2021年，公司在泰国成立亚太国际农产品集团有限公司，充分依托公司下设的冷链加工公司，使云菜走向世界、走向全国。日均向陕西、浙江、海南、广西、广东、江西、湖北、贵州、重庆各省、市供应蔬菜30余个品种160吨，交易额近100万元。西蓝花、西生菜、西芹、荷兰豆等远销加拿大、泰国、新加坡、日本以及我国港、澳、台地区。公司在服务保障昆明市广大市民日常生活需要的同时，极大地带动了周边20万农户的生产，推动了周边地区农业经济的发展。

2020年以来，为实现农业地域专业化，公司在自然条件、经济条件适合的云南建水县建设蔬菜生产基地3万亩，采取公司+合作社+基地+农户模式。采用先进的技术装备、科学的生产方法和管理方法，实行专业化、集团化经营，提高了农产品产量和高品率，直接带动当地农户脱贫致富。

2020年以来，公司多次配合最高人民检察院和商务部的工作人员深入定点扶贫县云南西畴县开展扶贫活动。

龙城农产品经营股份有限公司作为最具影响力的农产品市场之一，中央提出乡村产业振兴以来，辐射带动了周边县区25万农民增收致富，有效解决了大批失地农民及下岗职工再就业问题，为乡村产业振兴作出了较大贡献。

炽热年华投身流通事业
满腔热血促进乡村振兴

——无锡天鹏菜篮子工程有限公司巾帼展担当

无锡天鹏菜篮子工程有限公司是一家以生猪养殖、屠宰加工、荤冻食品市场交易、生鲜肉类市场交易、海鲜水产市场交易和放心食品配送专卖为主的食品生产加工、流通型企业,是无锡市"菜篮子"工程主要实施单位,也是农业产业化国家重点龙头企业,农业农村部"定点市场",商务部"万村千乡市场工程"试点企业和"双百市场工程"实施企业。

公司每年向无锡市场供应生鲜猪肉120万头左右,约占无锡市场的60%,供应畜、禽、水产(海鲜)等鲜冻荤食品50多万吨,约占无锡市场的80%,有效地保障了无锡市场生鲜荤冻食品的供应。公司位于无锡市梁溪区通沙路88号,目前运营管理华东地区较有影响力的农产品交易中心——天鹏食品城,占地350亩,经营面积28万平方米,拥有6万吨智能化管理的低温冷库,2万平方米常温仓储区,以农副产品销售为主体,上游向农村、农业拓展,衔接生产基地和农户,下游向产品深加工及终端销售,形成养殖、生产、加工、市场交易、仓储、物流、进出口、投融资等产业链、多业态经营形式。

公司凭借规范化管理、人性化服务、科学化模式、信息化技术充分发挥天鹏在引导农业生产、促进农产品流通、保障农产品消费安全方面的积极作用,全力打造"天鹏食品城"集食品生鲜集中采购、集中分销、加工、仓储、物流、供应链金融等为一体的一站式农产品供应链服务平台;构建农产品流通全程管控、可追溯的绿色、优质、安全的生鲜食品供应链体系，努力促进消费升级，不断满足人民群众日益增长的消费需求，取得了经济效益和社会效益的双丰收。

天鹏集团副总经理许伟芳理想信念坚定，工作上尽职尽责，以饱满的热情和积极的心态认真对待每一件事，在乡村振兴事业中更是展现了当代职业女性与时俱进、拼搏进取，自立、自尊、自强的高度事业心和责任感，彰显了巾帼不让须眉的精神风貌。

一、深入农产品生产基地，指导农产品改良

许伟芳总是放弃周日休息时间，深入生猪养殖基地和大型屠宰场，对其养殖品种及加工规格按市场要求提出改良建议，如姜堰种猪场姜曲海猪深受消费者喜爱，但其缺点是膘太厚。许伟芳多次来到姜堰种猪场对猪源品种提出改进，提高瘦肉率，但仍保持姜曲海二元猪肉质醇香、肥而不腻的特点，大大提高了苏中地区在市场的成交量。充分发挥对农业生产的指导作用，使农业生产中的市场风险和政策风险最小化，有效地引导基地进行农业产业结构调整，直接或间接带动苏中、苏北地区、安徽、山东等地养殖农户4万户脱贫致富，实现乡村振兴。

二、勇于开拓创新，敢于担当作为

许伟芳作为天鹏菜篮子工程有限公司副总经理并多年兼任天鹏食品商城分公司经理，具有强烈的开拓创新精神和敢于担当作为的勇气，她敬业奉献，经常放弃休息时间，深入一线掌握第一手资料和市场动态，为规范天鹏食品城市场管理及食品安全管理摸索出一套行之有效的管理经验，为提升企业经营业绩殚精竭智，使天鹏食品城成交量逐年大幅提升，知名度和影响力不断扩大。2021年，市场成交量达60余万吨，成交额达180亿元。天鹏食品城的繁荣兴旺，一方面带动周边区域仓储及物流业务的发展；另一方面吸纳近7000人就业，有效地促进农业增效，农民增收。

三、关注市场动态，引领做大做强

许伟芳坚守依法诚信经营准则，为引导天鹏食品城近千家个体经营户树立"诚实守信、顾客至上"的经营理念，近几年来，她每年主持开展"市场星级经营户评比活动"，对评选出的星级经营户公开挂牌表彰，起到示范带领作用；她时刻关注市场经营户的思想动态，认真倾听他们的诉求，积极为他们排忧解难，并不断引领他们做大做强，回馈社会，回馈家乡振兴。如干货调味品市场彭仁强，来到天鹏食品城创业近三十年，长期从事香菇、木耳批发业态，通过努力积累了一定经济实力，在许伟芳的鼓励下，彭仁强没有满足现状，而是选择乡村振兴之路，他毅然投资近千万元在货源基地东北创办的香菇、木耳人工养殖企业，带动当地农民脱贫致富，也使自己的生意越做越大。

四、打造扶贫平台，支援边疆建设

许伟芳深入贯彻落实习近平同志为核心的党中央治疆方略，努力推动对口支援促进新疆阿合奇县社会经济发展。2021年，在无锡市商务局、无锡市发改委的大力支持下，许伟芳积极动员经营户参与产业援疆、民生援疆。2021年12月9日，市场牛肉经营大户与阿合奇县签订原产地生态牛羊肉特约经销，12月28日产品正式进入天鹏食品城进行销售，本次签约推动了新疆产品进入无锡市场，促进乡村振兴。

第六篇 农产品市场建设与乡村振兴典型范例

助力乡村振兴与共同富裕

——沈阳地利农副产品有限公司扛鼎时代担当

为全面贯彻沈阳地利集团有关"助力乡村振兴与共同富裕"的会议精神，沈阳地利农副产品有限公司（以下简称"沈阳地利"）响应号召，扛鼎时代担当，践行企业使命，充分发挥农批市场集散优势，积极开展"助力乡村振兴和共同富裕"的工作。

近年来，沈阳地利在全面落实疫情防控措施的同时，发挥行业优势，多措并行，在扶贫、乡村振兴、农产品流通三个方面取得了卓越的成绩。

一、精准扶贫，深入中房社区

为实现精准扶贫，每到年底，沈阳地利都会实地走访中房社区，携浓浓的关切之情，带着米、面、油、水果等进行慰问扶贫活动，用实际行动让温暖在寒冬中传递。

二、心"梨"有你，爱心助农

2021年8月，沈阳地利积极响应国家号召，开展帮扶辽宁省海城市王石镇下沟村南果梨产区的活动。

经营部门为该地区的水果业户在2021年9月至2022年2月提供约200平方米的经营面积，以供其销售南果梨。预期帮助销售果品400吨，并在此期间帮助业户树立品牌形象，完善经营渠道，让销售不再困难。

作为果品流通端的沈阳地利，依靠全国的销售渠道助力助农，展现沈阳地利对扶农助农事业的关注与支持，有效提升农产品销售量，帮助农户获得更多实惠。

三、助力乡村振兴，践行企业使命

2021年9月11日，沈阳地利与新民市柳河沟镇滕甲河村签署战略合作协议，滕甲河村提供特产西瓜，沈阳地利提供场地销售并给予一定优惠政策。

双方以战略合作协议的签署为契机，本着优势互补的原则，推动深化合作，建立合作机制，有效提升合作的层次和深度，拓宽涉农渠道，探索乡村振兴新模式。

四、赋能食品流通,组织多场推介会

沈阳地利深耕农产品流通,立足内需,畅通循环的同时,积极与各市县,品牌方,供应商进行合作,组织并召开多场专题推介会,取得了卓越的成效。

五、举办"宜昌蜜橘"推介会

2020年10月20日,由宜昌市夷陵区政府主办的湖北夷陵"宜昌蜜橘"(沈阳站)推介会在沈阳地利农产品批发市场开幕。推介会期间,现场免费派送出1万斤夷陵柑橘,并邀请众多客商群众现场品尝,得到了大家的一致认可。推介会现场签订了货值1.8亿元的销售订单,沈阳推介会取得圆满成功。

六、周至猕猴桃专题宣传推介会

2020年10月28日,沈阳地利联合周至县举办周至猕猴桃专题宣传推介会。本次周至猕猴桃沈阳宣传推介会,立足沈阳桥头堡,组织了产业发展专题推介、签订鲜果销售合同、现场发售、回馈新老客户等活动,西安昇美园现代农业有限公司与沈阳光明果业公司现场签订猕猴桃鲜果销售合同5000吨,价值6000余万元。

七、徐闻菠萝推介会

2021年4月11日,广东菠萝甜蜜中国行(沈阳站)在辽宁沈阳地利水果批发市场举行。此次推介会将以广东菠萝为媒,加强两地农业交流合作,助力广东特色农产品在东三省建立销售"根据地"。沈阳地利辐射多家连锁超市,让徐闻菠萝直接走进商超,增加徐闻菠萝销售渠道。

沈阳地利以"赋能食品流通,畅享品质生活"为企业使命,坚持稳中求进的工作基调,在持续保障民生供给的同时,秉承实业报国情怀,回馈社会,扶贫助农,开启建设现代化生鲜流通服务领军企业的新征程。

第六篇 农产品市场建设与乡村振兴典型范例

任务艰巨 使命光荣

——百大周谷堆公司为全面推进乡村振兴贡献力量

乡村振兴工作是一项功在当代、利在千秋的伟大事业。合肥百大周谷堆公司认真贯彻落实中央和安徽省委、省政府各项决策部署，以农产品流通为抓手，促进农业产业化发展为全面推进乡村振兴贡献力量。

由合肥百大集团投资建设的合肥周谷堆大兴农产品国际物流园位于瑶海区大兴镇，总占地1262亩，总建筑面积110万平方米，总投资51亿元，经营区域包括蔬菜、水果、水产品、畜禽肉类、粮油、副食品、冷冻品等交易中心和冷库仓储中心、加工配送中心等，同时建立配套的农产品信息系统、检验检测系统、质量安全可追溯体系等。2021年，周谷堆大兴物流园实现综合成交量467.6万吨，交易额329.3亿元，辐射范围不仅包括合肥周边及省内各地，还延展至上海、福建、浙江、江西、湖南、河南、江苏等20多个省、市。

以农为主，立足安徽，面向全国，周谷堆大兴物流园充分发挥农产品流通枢纽的关键作用，以本省特色农产品加外省调入品种，形成品类丰富、价格平稳、物流便捷、服务周到等优势，成为区域最重要的农产品集散中心、价格形成中心、信息发布中心，并分别获得"农业产业化国家重点龙头企业""全国公益性农产品示范批发市场""全国诚信示范市场""全国农批行业最具影响力品牌市场""全国企业管理现代化创新成果一等奖""全国和谐商业企业""安徽省卓越绩效奖""合肥市政府质量奖"等诸多国家、省、市级荣誉。作为全国首批公益性示范市场、安徽省的"大菜篮子"，百大周谷堆以农业增效、农民增收、保障供应和食品安全为宗旨，始终致力于促进农产品现代流通、推动乡村振兴产业发展、解决农民卖难等问题。

一、整合农产品资源，发挥平台优势，助力合肥市农业产业化发展

构建协会之家。 公司先后牵头成立合肥市蔬菜、水果、水产流通与加工协会及合肥市副食品商会，协会、商会会员涵盖蔬菜、水果、水产、粮油、干货调味品、禽蛋、畜禽肉类和冷冻品等众多品类，逐步带领合肥市各品类农产品行业走上组织化、制度化、规范化的发展轨道。近年来，四大协会充分发挥着政府与企业、企业与基地之间的桥梁纽带作用，并组织带领协会会员多次开展活动，重点加强与农产品基地的沟通交流，积极对接滞销农产品销售，并大力促进了农业新品种、新技术、新成果和新设备的推广和应用。

平抑物价作用。 自2014年起，公司陆续发布蔬菜、水果、白条肉、水产、粮油等批发价格指数，是全国首家同时发布多品类价格指数企业，也成为国家发改委价格监测中心采用农产品行情数据仅有的两家企业之一。批发价格指数的编制，为政府决策提供准确可靠的数据支持，也为生产者、经营者和消费者提供了及时可信的行情信息。一是便于政府精准管理和调控，宏观指导生产，促进流通，降低市场风险；二是为当地种植户提供最为科学、有效的价格行情分析，指导其种植销售方向，保障农户稳定效益；三是为广大消费者和经销商，提供实时价格、数量变化，增强对市场趋势动态的预判能力，引导绿色消费，平抑物价的剧烈波动。

完善流通体系。 为丰富民生所需，拓宽流通渠道，公司先后前往黄山、阜阳、宿松等省内重要县市，进行考察调研活动。在了解到周边地区对相关农产品需求后，积极组织冷链物流服务商及冻品副食品经销商，于2017—2019年先后开通了四条始发合肥终至黄山、阜阳、宿松、宿州、淮北等地的冷链物流专线，为省内各地提供便捷、低成本、个性化的生鲜冷链专线服务。目前，百大周谷堆冷链物流专线沿途各地并有业务往来，两

天一往返，降低流通成本22%，月运量约400吨。

发挥企业优势，全面开展对接。针对省内部分地区农产品销售问题，百大周谷堆市场积极对接、主动联系，为滞销农产品划出专销区（如金寨、寿县、霍邱等地），促进市场与产地的有效衔接，切实助农助销。通过产销对接（金寨、霍邱等地），与百大周谷堆市场联结的农民经纪户100余户，销售品种近百种，实现年成交量4万吨，成交额近1.7亿元，带动农产品生产基地近百个，面积近2万亩，农户4000余户。

二、贯彻精准对接，助力颍上农产品产业发展

自2012年起，即与颍上县结成合作帮扶关系，每年不定期组织场内经营大户，前往颍上县走访调研，考察当地各类有机蔬菜、优质水产品的购销意向，推动颍上县名特优产品直接进入合肥市乃至全省市场；为颍上县种养殖户提供及时、有效的价格行情分析，指导其种养殖销售方向，降低市场波动风险，帮助解决其农业发展中"品种趋同、技术粗放"等问题；充分发挥百大集团优势，通过网上平台加大颍上县名牌农产品的宣传力度，并通过专业的百大合家康物流配送公司把颍上县农产品配送至合肥市更多的超市、酒店、食堂等企业，初步形成了颍上牌农产品的经营供应链条；周谷堆市场内设立颍上县基地专销区，安排专人重点关注颍上县特色农产品在场经营情况，并适时制定相关举措，确保颍上农产品销量的稳步增长。据统计，2021年颍上县季节性果蔬在场销售量1.15万吨，销售额约4800万元，同比分别增长2.20%、2.56%；颍上粉丝销售量1.41万吨，同比基本持平，销售额约8170万元，占全市场粉丝销售量的90%以上。

三、推动庐江项目开业，乡村振兴互促互进

公司2020年4月正式接管庐江物流园业务运营以来，即以"服务三农""造福民生"为出发点，致力于搞活庐江县及周边乡镇的农产品大流通。在托管过程中，公司一方面加强与庐江县政府联系对接，配合推进划

行归市行动；另一方面持续开展招商活动，与县区商户建立联系沟通机制，储备客户资源。经不懈努力，2021年6月30日百大周谷堆庐江农产品物流园迎来正式开业，开启了庐江县农产品现代化流通新征程，在丰富城市农副产品供应、保障农产品物价平稳、解决庐江农民卖难、群众买难、买贵等民生所需提供了强力保障。开业至今，庐江物流园已入驻蔬菜、干调、禽蛋、冻品、肉类、水产品、活禽、豆制品等经营户约210户，交易量3.3万吨。

四、协同创新营销模式，全面助农助销

2022年，公司进一步丰富营销宣传方式，协同园区广大经营户，以短视频形式分享农产品流通领域的所见所闻以及物流园优势特色品类，突出物流园资源整合及产销对接的集散功能，展示公司品牌价值，协同带领经营户共同感受新型营销模式带来的强大能量。随着曝光率的增加，众多农产品经销商感受到新型营销方式带来的机遇，纷纷主动要求参与宣传，进一步促进带动农产品销售。2021年，共拍摄抖音18篇，总浏览量达51.15万次，关注量2936人次，点赞达6989次，其中《菠菜卖得比肉贵》获得较高的浏览量，并推送至实时热点新闻。

五、疫情期间，扛起国企责任担当

2020年以来，面对突如其来的新冠肺炎疫情形势，百大周谷堆党委主动迎难而上，全力以赴保供应、增储备、稳物价。一是加强货源调运组织。动员组织园区各业态品牌经销商，畅通进货渠道，加大产销衔接力度和农产品调运量，在保障市场供应及价格稳定的同时，大力解决周边农产品滞销问题。二是建立农产品应急储备。制定翔实保供预案，主动与省内二级市场及周边生产基地保持密切联系，及时调剂货源，同时场内4万吨大冷库不间断运行，保障供应储备充足稳定。三是加强市场价格监测。做好农产品价格、品种、货源等信息的监测分析和报送工作，及时掌握价格

动态，统计库存储备量，每日上报政府职能部门。同时，注重强化依法经营，打击哄抬物价，囤货居奇等行为。四是同舟共济，驰援武汉、上海。受合肥市委、市政府委托，公司先后于 2020 年 1 月 29 日、2022 年 3 月 31 日分别组织总重量约 300 吨、350 吨的新鲜优质蔬菜驰援武汉、上海，以最快速度和最高效率保证武汉、上海人民吃上新鲜安全的蔬菜，用实际行动证实共同抗疫的决心和信心。

附录 1

徐柏园主要成果

徐柏园，男，汉族，浙江省绍兴市人，1937年9月出生于天津市，1962年毕业于北京农业大学农业经济系。农业农村部农村经济研究中心研究员，市场流通研究室原主任，1993年被评为国务院特殊津贴专家。现为北京农业经济学会名誉会长（原会长）。多次参与专家审定的食品安全的国家及部颁标准，其中担任5个国家标准的专家审定组组长。主要研究方向为农业现代化、新农村建设、农产品批发市场、农产品流通和消费、农产品质量安全等。

主要业绩：撰稿278万字、260篇、专著4部、编著2部、中央刊物发表论文55篇；国际会议3篇。主持国家（部）课题12项，3项获委、部奖，13项获各类优秀奖。

研究课题方面：

主持承担"九五"国家社科基金课题"确保（解决）粮食生产中的问题与对策研究"课题。新华社《内参》《光明日报》、规划办《成果要报》发表该成果。《成果要报》指出：农业部农村经济研究中心研究员徐柏园同志负责的1995年度一般项目《确保粮食生产中的问题与对策研究》，其阶段性成果是课题组今年4月初赴上海、浙江、江苏3省市就粮食生产购销体制改革进行调研的调研报告《1997年粮食产销体制改革中的新探索及几个突出问题和解决思路》。这项成果在新华通讯社《国内动态清样》摘要刊登后，国务院领导同志批示，分送国家计委、财政部、国内贸易部有关负责同志阅。该课题被全国社科规划办评为最终成果免于专家鉴定项目。

主持承担"八五"国家社科基金《农产品批发市场研究》课题。以该课题为基础，写成专著28.6万字，由时任农业部部长刘江撰写序言，中国农业出版社出版。该书获农研中心一等奖、中国优秀图书二等奖。全国社科规划办检查2121项目，重点表扬9项优秀成果之一。

中共中央政策研究室、国务院研究室主办的《学习、研究、参考》主编的《政策 研究 荟萃》一书，由当代中国出版社出版。该书选录徐柏园两篇研究报告：一是"建立健全农副产品批发市场的研究报告"，二是"对日本农产品批发市场的考察"。全国社会科学规划办公室文办厅《成果要报》1996年8月20日发布："由徐柏园主持的《关于建立健全农副产品批发市场制度的实证研究和政策分析》课题成果受到实际工作部门重视与好评。"徐柏园担任农产品批发市场国家标准专家审定组组长。

著作、论文方面：

专著《中国现代化农业雏形》，中国农业出版社出版，获北京社科院优秀成果二等奖。

编著《笼养鸡综合实用技术》，31万字，中国农业出版社出版。

专著《中国农村改革20年》，由李铁映同志作总序，由中央党校、国家体改委编写，38.1万字，三名作者之一。中州古籍出版社出版。

编著《期货交易方略和技巧》，农业出版社1994年出版，全国发行1万册。

专著《面对WTO海峡两岸农产品批发市场的二次创业》，与台湾大学教授刘富善合著，45万字，中国物价出版社2003年出版。该书得到"美国温洛克国际农业发展中心"资金支持出版，并定为该中心国际农业MBA教材；全国城市农贸中心联合会定为该中心理论丛书第一本。此书获得中国商业联合会2009年"中国服务业科技创新奖二等奖"。

专著《绿色农副产品生产、流通、消费——21世纪的食品安全》两名作者之一，41.8万字，化学工业出版社2005年出版。全国城市农贸中心联合会定为该中心理论丛书第二本，由该会会长马增俊作序。此书获中国商业联合会2009年"中国服务业科技创新奖一等奖"。

专著《新农村建设与市场热点研究》，中国商业出版社2012年12月出版，全国城市农贸中心联合会理论丛书。

"我国粮食经济宏观层面的几个问题和对策分析"，国家发改委宏观经济研究院主办的《宏观经济研究》2006年第8期刊登（上封面要目）。

"我国农产品质量安全管理问题分析"《宏观经济研究》2007年第3期要目第二篇，并加了"编者按"。"积极创建绿色农产品市场——坚决打好食品安全整治特殊战役"一文，由北京市委宣传部、北京市社科联主编的北京同心出版社于2008年8月出版的《北京周末大课堂集萃》选用。同时，《中国商品交易市场》2008年10月号刊登。

"公益性——农产品批发市场性质正本清源"《中国农村研究》农业部农村经济研究中心第26期2011年5月12日刊登；《中国商品交易市场》2011年分三期连载。其简要学术论文"公益性：农产品批发市场性质的正本清源"《中国流通经济》2011年第5期刊登。

"批发市场在农产品流通体系的龙头地位不可动摇——制约农产品批发市场发展的因素探讨"《中国批发市场》2012年第1期发表；《中国批发市场》2012年第1期、《经贸参考》2012年第8期登载或转载。

"全面创新农产品流通方式——对2012年中央一号文件农产品流通部分解读浅析"在《中国商品交易市场》2012年第3期发表。

《乡村振兴与农产品批发市场建设——农产品市场建设是乡村振兴的"总开关"》在《中国批发市场》2018年第8期登载。

其他相关的科技贡献：

一、五个实施的国家标准的专家审定组组长

1. 《农副产品批发市场技术与管理规范》20041001发布实施。
2. 《农副产品绿色批发市场》20031001发布实施。
3. 《农副产品绿色零售市场》20031001发布实施。
4. 《超市畜禽产品准入制度》20041001发布实施。
5. 《农副产品销售现场危害管理规范》20080401发布实施。

二、参与专家审定的国家及部颁标准

《农贸市场技术管理规范》《农产品批发市场食品安全操作规范》及商业联合会制定的《农产品市场食品安全员条例》。同时，被商务部有关认证机构聘为绿色农产品市场国际标准审核员。参与现场培训、审核、文审国内30多家绿色批发和零售市场的审核工作，大多担任审核组长职务。

2004被年国家标准化管理委员会聘为"农业标准清理结果复审专家",于2004年4月参与清理蔬菜、水果组国家标准400余项工作。

三、培训、报告

2004—2006年连续三年五次为商务部全国三绿工程办公室全国大型绿色市场标准及认证培训班作培训报告。

2003—2006年九月连续四年四次在国家图书馆由北京社联、《北京晚报》共同举办"社科科普周"作有关"21世纪食品安全与北京实例""创办绿色市场、绿色消费"等题目报告。

2007年在北京周末社区大讲堂平台上,以"积极创建绿色农产品市场——坚决打好食品安全整治特殊战役"分赴延庆、平谷、房山三区四地讲课,人最多的一次是在延庆,有500多人,其他三地每讲均有200人左右。在商务部中食恒信绿色市场认证中心主办的培训会上讲了三讲。在北京的石门市场、广州的江南市场、西安的陕西商务厅组织的培训会讲课。讲课部分内容收录在《北京周末大讲堂集萃》(第一辑)(同心出版社,2008年7月第一版)中。

附录 2

我与共和国农业风雨六十年

20世纪60年代初的我们这一代大学毕业生,经历了世间的风风雨雨,真正干事业的黄金时代是在党的十一届三中全会以后。改革开放以来的几十年,国家为我们提供了施展才华的舞台,我非常珍惜。

扎实学习立"三观"

1957年我考上北京农业大学农业经济系,纯属偶然。我报的第一志愿是医学,当时医农是一类。被北京农业大学录取后,我对学农感到新鲜,想通过农村锻炼过好劳动关和生活关。我到农大农场,特别是到大兴县、延庆县参加劳动。1958年到大兴农村参加劳动,一个城市学生感觉实属不易,晚上劳动到八九点钟,第二天早上四五点钟又要起床,到地里参加深翻。1961年冬天,我到延庆参加劳动,情况也一样,经常累得腰酸腿疼。由于生活不习惯,吃白薯、窝头,经常上吐下泻。我当时号召大家要咬紧牙关,过好"生活关""劳动关"(后来都挺过来了),以及向贫下中农学习的"群众关"。这"三关"过后,我初次接触了农村的生产和生活,为以后学习专业知识打下了基础。

在1957年、1958年、1959年这三年中,我每年都要下乡参加劳动和整风整社。1957年大学基础课学得比较扎实,还开设有高等数学、物理、有机化学等课程。我们班40多人,到第二年淘汰了10多人。1958年、1959年在学习基础课和专业课的同时,还要频繁地参加一些政治运动。现在看,当时把一些科学的东西都批判了,如"基因学说""小麦科学生长规律"(小麦专家蔡旭提出小麦亩产不可能是"几万斤",被当作反动学术权威批判)。1960—1961年,学校强调又红又专,我专业课学得比较扎实(但现在看,农业经济知识需要全面更新)。毕业时,我在学业上还是较好的。班上淘汰了近一半人,最后毕业的也就是20多人。当时课程负担相当重，有很多人因身体不好或基础欠佳而离开学校。在大学期间，我曾担任学生会宣传部副部长，主抓校内广播室，办得很活跃，也由此萌生毕业后做新闻记者或搞科研、教学的想法。当时强调服从组织分配及下基层，最大遗憾的是未能实现自己最初的愿望。通过大学学习，我掌握了一些学习的规律和方法，以及做人方面的道理等，为后来的工作和学习打下了基础，并且牢固树立了尊重科学规律、实事求是的观念。

京郊风雨 17 年

1962 年 9 月，怀着莫大的遗憾，我很不情愿地来到北京市房山县，在县级农办和科办工作。初到工作岗位，我极其不适应。这里工作条件非常艰苦，办公室是一间平房，冬天要自己生煤球炉，经常熄火，半夜里非常冷。下乡时，每人背一个铺盖卷，步行到各公社。下农村蹲点，不是住在老乡家，就是住在大队部；冬天用的多是砖砌的炉子，没有烟筒，真怕被一氧化碳熏着；吃的不是户里派饭，就是公社食堂。后来条件好一些，配了自行车，下乡时一般要骑 30~60 里路，两三个小时。遇到暴雨或狂风，前不着村，后不着店，浑身和铺盖都淋得很湿，大风能把在大渠上推着的自行车连人带车吹刮到渠底（还好渠里没有水，把眼镜都吹掉、刮坏了），可以说是风风雨雨 17 年。

但是，在这 17 年里，我了解到了中国农业、农村的现状，了解到了县、乡、村基层政权的状况，这为我以后研究中国农村经济打下了坚实的基础。县、乡、村基层干部大多兢兢业业，不畏艰苦，不图名利，其中我最钦佩的人是北京市乃至全国的典型——北京市房山区窦店村党支部书记仉振亮。由于蹲点跟踪研究多年，我对中国广大农区实现农业现代化之路有深刻认识，并写成专著。2003 年 4 月 8 日，我又造访该村，此面红旗依然鲜艳夺目。1977 年这里人均纯收入 379.6 元，2002 年达到 7250 元。这里过去是"破集烂镇"，今天是楼群林立、风景秀丽，农业已经走上"为牧而农"的发展之路，农牧业劳动力由 1977 年的 1300 人，到 2003 年仅四五十人，全面实现了农业机械化。

当时县里农业院校大学生较少，我被分配到县人民政府科技办公室工作（后称科委），是业务骨干。在当地党政部门的领导下，我创建了北京市农村的第一个科技小组，速测土壤肥力、培育优种、腐殖酸肥料、生物防治病虫害等。北京市科委当时在全市进行推广，大大减轻了农业劳动的强度，增加了产量，节约了成本。

改革开放迎发展

党的十一届三中全会后，因为我有搞科研的夙愿，组织上将我调到北京市农机局，两年后被评为农业经济师，参与或主要研究北京郊区和全国的农业机械化工作。其中，有一项突破性的工作，就是参与了全国笼养鸡的研究开发工作。我以"农户笼养鸡大有作为"为题（此篇文章1985年被中国农业机械学会评为全国科普一等奖），应邀于1984年11月和1985年1月两次在中央人民广播电台"对农村广播"节目播讲。我陆续收到来自全国各地的上百封来信。不少农村青年在来信中说，笼养鸡是一条劳动致富的路，听了很受鼓舞。放入笼里养鸡，不仅饲养条件可以控制，更重要的是饲养密度高，产蛋率稳定、高产，是传统散养的几倍甚至几十倍。推广后，可以从根本上改变城区市民吃鸡蛋难的问题。在来信呼声的激励下，我编著出版了《笼养鸡综合实用技术》，该书是中国农业出版社在养鸡业第一本将现代化生物技术、工程技术以及经济科学融为一体的著作，很受市场欢迎，共发行35550册。

由于酷爱研究工作，我1987年被调入北京社会科学院任农村经济研究组组长。在北京市委市政府、市社科院的领导下，我于1987年10月6日组织200多名专家、学者参加"窦店农业现代化发展道路"研讨会，并做了主报告。10月8日《北京日报》一版以《"窦店道路"引起经济理论界的关注》为题做了报道，全国十余家报刊对会上提供的窦店经验做了转载。事后，又组织部分专家进行实地考察。原农业部于1989年7月31日将我撰写的以《中国现代化农业雏形——窦店》为题登在《农业情况》39期，并上报中央，送有关部委和新闻单位。中共北京市委主办的《学习与研究》杂志从1988年开始分四期连载该文章；国内农经中央一级刊物也予刊载。其中《窦店高产、优质、低耗农业生态系统初探》一文，被选入"1988年国际农业生态工程学术会议"论文。

投身"三农"出成果

1991年,我调至原农业部农村经济研究中心,被聘为副研究员、研究员,任市场流通研究室主任。我感到特别"自豪"(所谓"亮点")的事有以下几件。

一、改变国家"定粮价"的建议。我是国家社科规划"九五"项目"确保(解决)中国粮食生产中的问题与对策研究"课题的主持人,针对20世纪90年代《人民日报》头版头条刊登"收购粮价全国统一定价,不限量,不拒收"等报道,经深入调研后,我认为这个政策不符合市场经济的规律,提出应该"市场定价""按质定价",并撰写出报告,刊登在新华社《国内动态清样》上,引起中央领导的关注并批示有关部委阅读。全国社科规划办1997年11月10日(84期)《成果要报》刊出,正式上报中央领导。《光明日报》1998年1月8日全文发表。该课题最终成果报告获全国社科规划基金办公室免专家鉴定待遇。

二、两个"绿色农产品市场"国家标准的专家鉴定组长。我负责"农副产品绿色批发市场""农副产品绿色零售市场"两个国家级标准文件的审定工作,被商务部全国三绿工程办公室聘为由17名全国流通专家组成的审定组组长(于2003年2月20日通过),为全国食品安全做了一份工作。

三、由我主持的国家社科基金"八五"项目,最终形成《农产品批发市场研究》课题。该课题是全国规划办检查2121项目中重点表扬的9个优秀成果之一,获原农业部农研中心优秀成果一等奖。中共中央政策研究室、国务院研究室主办的《学习 研究 参考》主编《政策 研究 荟萃》专著,由当代中国出版社1995年5月出版。该书选中我的两篇研究报告:一是"建立健全农副产品批发市场的研究报告";二是"对日本农产品批发市场的考察"。全国社会科学规划办公室1996年8月20日发布《成果要报》第24期,由我主持的《关于建立健全农副产品批发市场制度的实证研究和政策分析》课题成果受到实际工作部门的重视与好评,我也担任了相关农产品批发市场国家标准专家审定组组长。

四、亳州报告。2000年12月8日，我应邀在安徽亳州市做了一场"加入WTO对中国农业、农产品市场的影响和对策分析"的学术报告，听众是市、县、乡（镇）党政班子的领导，共400多人。第二天《亳州日报》一版报道："市政府举办农产品市场发展学术报告——国家农业部农研中心研究员徐柏园教授作学术报告""徐老长达3个多小时的学术报告受到了与会人员的高度评价，他的报告将对亳州农村经济、农副产品市场的发展产生积极作用"。

五、香港媒体报道。2000年3月，我应邀参加在我国香港举办的"WTO需要中国，中国需要WTO"国际研究会。我就农业加入WTO问题和影响作了演讲，会后接受了若干媒体的采访。2000年3月3日香港媒体以《学者献策保护农业》标题，进行了要点报道。

六、中央领导表扬讲话。1993年末到1994年初，我国粮价猛涨，随即中央领导带三四位专家到天津、四川、贵州等省市做为期一个月的调查，其中有我。在天津市委市政府汇报后，没想到中央领导点名让我发言。在重庆，中央领导安排两名专家发言，我是其中之一。散会后，中央领导走到我座位前，主动握手说：你讲得不错！

七、当选北京农经学会会长。2002年9月14日，"北京农经学会第四次代表大会暨建设延庆生态产业区研讨会"在延庆召开期间，我当选北京农经学会会长。这是我在退休后四年，又担负重要社会职务。我感到欣慰，这也是我本人专业研究继续发展的延伸阵地。

八、出版农批市场行业理论研究丛书。作为全国性农产品流通行业协会——全国城市农贸中心联合会专家委员会专家，从2003年至今，共出版了《加入WTO，海峡两岸农产品批发市场的二次创业》《绿色农副产品生产、流通、消费指南——21世纪的食物安全》《新农村建设与市场热点研究》等理论著作，被列入全国城市农贸中心联合会农产品批发市场理论丛书。其中，2003年与我国台湾教授合著出版的《加入WTO，海峡两岸农产品批发市场的二次创业》一书，由美国温洛克中心国际农业开发中心资助，并被列为该中心和中国农科院研究生院共同创办的中国国际农业MBA班教材读本。

坚定使命不退休

虽然我从工作岗位上退休了,但坚定做好"三农"工作的责任感、使命感,使我做到精神上不退休,继续用自己的专长为社会作出有益的事业。

一、退休后被北京农经学会推选为会长,依然在为"三农"做工作。2003年、2004年、2005年连续三年为北京市农委、北京市妇联、全国妇联培训致富能手,授课内容为"农民专业合作组织与产业化经营",人数共达1000多人。2005年北京市农委组织300多名郊区致富能手、2004年北京市妇联组织300多名致富能手分别请我讲课,特别是妇联班上,全场鸦雀无声,大家听讲十分认真,会上或休息时提问很多,报告受到热烈欢迎。会后,大兴、丰台妇联都邀我到该区典型调研、考察或做报告,顺义科协也邀请我做报告。这三年每年主持举办"贯彻研讨中央一号有关促进'三农'工作精神"的农经学会会议。

二、退休后与全国城市农贸中心联合会合作。作为专家委员会专家参加行业调研、行业咨询等工作,并合作出版三部著作《加入WTO,海峡两岸农产品批发市场的二次创业》《绿色农副产品生产、流通、消费指南——21世纪的食物安全》《新农村建设与市场热点研究》,并被列为协会理论丛书,在全国发行。我陆续撰写并发表"我国农产品质量安全管理问题分析""积极创建绿色农产品市场——坚决打好食品安全整治特殊战役""公益性——农产品批发市场性质正本清源""批发市场在农产品流通体系的龙头地位不可动摇——制约农产品批发市场发展的因素探讨""全面创新农产品流通方式——对2012年中央一号文件农产品流通部分解读浅析""乡村振兴与农产品批发市场建设——农产品市场建设是乡村振兴的'总开关'""供给侧结构性改革与公益性农批市场建设要以立法为前提""海南蔬菜批发市场被罚1000多万元的警示:公益性农产品市场立法刻不容缓""公益性——农产品批发市场性质正本清源——建议尽快出台《国家批发市场法》及法规部分要点设计分析""市场决定政府作为——国务院特殊津贴专家、农业部农村经济研究中心研究员徐柏园探析当前农产品流通政策环境""深化改革创新推动试点建设——农业部农村经济研究中心研究员徐柏园谈公益性农产品市场问题和如何创建""农产品质量安全管理全方位分析与对策——三鹿奶粉事件后的深层思考""积极创建绿色农产品市场""大力推行农产品批发市场标准化"等专业研究文章。

三、在国家图书馆于2003年、2004年、2005年9月做了"21世纪的食品安全"的科普报告,向北京市民宣传、普及食品安全方面的新知识,受到欢迎。部分内容在网络或杂志上刊载。

四、2003—2004年,国家标准委、商务部制定了国家标准《农副产品绿色批发市场》《农副产品绿色零售市场》两个文件,并于2004年颁布施行,我担任专家审定组组长。同时,我被商务部认证机构聘为绿色市场审核员,仅2005年就参与了北京、上海、广州、南京、大连、新疆等地的绿色市场审核工作,工作量很大,但都能尽心尽责地完成。我于2005年9月参与国家认证认可的干部培训,以便他们检查监督绿色市场的认证工作。

五、撰写有关食品安全方面的内参,供有关领导部门参考。撰写了"民以食为天、食以安为天——北京食品问题和建议"先后在"北京工商内参""中国批发市场""北京日报内参"上发表,得到了北京市有关领导的批示。

六、推进农产品批发市场标准化工作。国家标准委、商务部、原农业部于2003年制定了《农产品批发市场管理技术规范》(GB/T 19575—2004颁布施行),我是这个国家标准的专家审定组组长。国家标准委、商务部、原农业部、国家税务总局四部门决定全面宣传和贯彻《农产品批发市场管理技术规范》(GB/T 19575—2004),推动农产品批发市场的改造、规范和升级,用三年左右的时间培育2000个标准化市场。2005年,我应国家标准委培训部之邀,先后在乌鲁木齐、大连做了两场培训班的报告,学员200多人,以质检局、工商局、贸易局、部分批发市场领导等为主。其间我应大连工商局之邀,为该市300多名科级以上干部做报告,2005年12月,应鞍山市质检局邀请对该市两大批发市场的标准化文件进行评审。

七、为我国超大型市场做咨询评审。我应原农业部中国农产品市场协会之邀,对北京最大的批发市场——新发地批发市场提档升级改造规划提出意见和建议;应中国市场学会之邀,为郑州商品交易所2005年上白糖新品种以及广东东莞江南批发市场、深圳南山批发市场做了评审、研讨和咨询演讲。

与年轻朋友共勉

中华人民共和国成立70多年来，也是我在中国农业之路上风风雨雨工作的70多年。结合我多年的人生经验，与年轻朋友共勉的是：家庭是生活中休憩的港湾，健康是一切快乐的源泉，要成就事业，两者不可缺。

我之所以能出成果，是与老伴、子女的照顾有直接关系，因为家庭琐事和负担都由老伴、子女承担了。老伴是1966年大学生物系毕业的本科生，高级工程师，已退休，是一个勤俭持家、对全体家庭成员照顾爱护有加、无微不至呵护的贤妻良母。女儿、女婿、儿子、儿媳也都有一份很好的工作和稳定的收入，这些都是我坚强的后盾。

健康是一切快乐的源泉，健康是第一位的，其余诸如事业、家庭、财富等都是"1"后面的零，这个既浅显又深刻的道理大家都懂。我的健身方式，首先是冬泳，已经坚持近三十年，一年365天，几乎天天到室外游泳，在北风呼啸、滴水成冰的三九天，当我从冰洞中游回上岸，我感觉浑身充满活力。其次是散步，每天最少1小时，手拿收音机听着国内外新闻，漫步在宽敞的大街上，尤其是冬天，越走身上越热乎，心情无比舒畅。

人生信条：

一、健康快乐是成就事业、提高生活质量的源泉，一定要找到适合自己的健康生活方式。

二、先做人，做好人。

三、对事业要坚毅，不要懈怠，同时探索合适的策略。

四、对友谊要诚，事业每一步，离不开真诚朋友的帮助。

五、珍惜家庭，它是人生休憩的港湾，是事业成功的助推器。

无论是伟大的人物还是平凡的普通人，每个人的前途命运都与国家和民族的前途命运紧密相连，不可分割。祝愿每个人都能在人生道路上，既能与国家、时代同进步，也能收获幸福快乐的美满生活。

附录3

我与农研中心

我所在的单位农业农村部农研中心,其前身是中央农研室。1979年党的十一届三中全会后,在尊重知识尊重人才的大环境下,杜润生主任创建了该研究单位,我是1991年调入的。这里是每年起草中央一号文件之地,有丰富的研究资料和前辈的指导。这里不拘一格地发挥研究人才的积极性,有尊重知识、提倡研究的宽松环境。其继任者段应碧、杜鹰、缪建平主任都如此,非常看重能力和成果。

在此期间,我先后完成了"八五"和"九五"菜篮子和米袋子国家社科基金两大课题,并得到国家权威部门的充分肯定。研究成果在新华社国内动态两次清样由国家领导人签字批转有关部门或领导。多部专著由原农业部、原国内贸易部、原国家经贸委主要领导作序推荐。原农业部、原内贸部、原国家工商局、全国供销合作总社等部委多次邀我在系统内作报告。福建省委省政府邀我在扩大会议上讲话,我以农业市场化和宏观调控为题目,作了农业市场化和农业现代化的报告,得到福建省委领导的肯定。后来,又应邀到福建农业大学作了学术报告,座无虚席。

我完成的相关课题都得到了农研中心领导的支持和重视。杜润生主任对我的研究课题予以大力支持和指导。段应碧主任创造条件,与原农业部市场司沟通,组织人员听我讲课;在召开十大典型批发市场会议时,邀请刘中一、陈耀邦两位部长参会。杜鹰主任及时拨款补助《农产品批发市场研究》一书的出版,该书被评为农研中心一等奖。缪建平主任先后联系两位农业部部长为《农产品批发市场研究》作序和签名,为北京新发地农产品批发市场书写牌匾。

北京市委市政府多次邀请我就农产品批发市场研究和绿色市场问题作专题报告。我被聘中共北京市委教授讲师团成员,以"组织和走农民专业合作社共同致富道路"为题在北京培训二三百人致富能手，为全国妇联培训六七百人"三八红旗手"，会后到大兴、平谷、延庆、房山等地多次作报告。

　　农研中心尊敬知识、人才蔚然成风。我到农研中心报到时，段应碧主任征求我的同意，任命我为流通室主任。1993年正值评国务院特殊津贴专家，段主任鼓励我好好干，说明年第一个就是你。每年就一个指标，第二年我就被评上了。农研中心相应地给我解决了职称和住房问题。退休后，农研中心老干部处无微不至地关心我，在医药费报销上给予方便。对农研中心所有部门和帮助过我的同事一并感谢！我所以取得有些成果，都是大家帮助的结果。

附录 4

全国城市农贸中心联合会

全国城市农贸中心联合会（中文简称农贸联，英文简称 CAWA），成立于 1986 年，是经民政部批准的 4A 级全国性行业协会，党建工作归口领导和管理机构为国务院国资委党委，是国资委首批行业协会党支部标准化、规范化建设试点单位，业务工作接受商务部指导。

作为中国农产品流通领域具有广泛社会基础的权威行业组织，农贸联以"当政府助手，作政企桥梁，成企业之家"为宗旨，致力于推进中国农产品供应链发展完善和农产品流通行业国际交流与贸易对接。

农贸联会员遍布全国 22 个省、5 个自治区、4 个直辖市，目前拥有年交易额亿元以上的农产品批发市场会员 300 多家，品牌化、规模化农产品零售市场会员 100 多家，密切联系全国各地农产品市场和流通相关企业。全国农产品通过批发市场的经由率超过 70%，协会会员单位年交易额占全国农产品流通市场交易额总额的 65%。

农贸联的业务合作政府部门有国务院参事室、国务院研究室、国务院发展研究中心、商务部、农业农村部、发改委、市场监督管理总局、国家统计局、全国供销合作总社等。业务合作组织有中国商业联合会、中国物流与采购联合会、中国农产品市场协会、中国国际商会、中国国际贸易促进委员会、中国国际经济贸易仲裁委员会、中国出入境检验检疫协会、中国食品土畜进出口商会、中国标准化研究院、中国检验检疫科学研究院等。作为政策推手，为各地各级政府部门提供落地指引和产销衔接等专项服务。

农贸联具有丰富的国际资源，与全球 50 多个国家驻华使领馆、政府、商协会建立了友好关系，与多国相关农协机构签署谅解备忘录（MOU）。2005年，农贸联正式加入世界批发市场联合会，2018—2021年，农贸联马增俊会长担任世界批发市场联合会主席，现任世界批发市场联合会理事会理事、亚太地区工作组主席。农贸联每年组织行业代表参加国际会议，并推荐论坛演讲者登上国际舞台，举办中国国际农产品贸易对接会、国际农产品流通产业大会、亚太批发市场大会和中国国际农产品贸易对接会，促进国际交流合作与贸易对接，推动优质农产品的"走出去"和"引进来"。

附录 5

全国城市农贸中心联合会乡村振兴促进中心

为全面推进乡村振兴，引导乡村发展立足地方资源，发展特色产业，发挥农产品流通行业协会优势，贯通产销通道，推动农产品流通标准化体系建设，助力乡村产业发展壮大，让农民更多分享产业增值收益。全国城市农贸中心联合会积极响应实施国家"乡村振兴"战略，2020年10月，发起成立了乡村振兴促进中心。

中心以落实中央一号文件关于促进乡村产业振兴的指导意见等文件精神为指导，以培育壮大乡村产业、合理优化乡村产业布局、促进产业融合发展、增强乡村产业持续发展、增强乡村产业发展新动能为目标，发挥农产品流通渠道在产业振兴方面的重要作用，联合各地方政府相关部门、全国各农业流通企业、科研部门和相关机构的资源优势，整合社会资源，开展乡村振兴和城乡融合项目，研究推广城乡融合和乡村振兴新模式。中心将弘扬伟大脱贫攻坚精神，支持脱贫地区特色产业发展，打造农产品产销对接长效机制，加快推进乡村振兴。

中心主要职能有咨政建言、咨询培训、发展规划、经验交流、解读政策、贸易促进等。

/ 后记 /

1984年，在山东寿光，农民自己创造的寿光江北第一家农产品批发市场出现。随后，北京大钟寺、新发地、深圳布吉、广州江南批发市场陆续出现，并开始迅速发展，至今已近40年时间。

20多年前，我还未退休。全国城市农贸中心联合会的马增俊会长、纳绍平副会长找到了我，表示愿意一起合作，共同推进中国农产品流通事业研究与发展，合作至今。在马增俊会长领导下，全国城市农贸中心联合会经历30多年的发展历程，已经成为政府主管部门的得力助手和市场联系的桥梁，促进了中外农产品批发市场的交流加强，更加丰富了我国的"菜篮子"和"果盘子"。我曾和马增俊会长被中央电视台邀请做嘉宾拍摄了《东边太阳西边雨》等多集专题片，共同推动市场经济中农产品批发市场的发展和建设。而此书作为列入《全国城市农贸中心联合会农产品批发市场理论丛书》的第四本专著（此前三本是：2003年出版的《面对WTO海峡两岸农产品批发市场的二次创业》；2005年出版的《绿色农副产品生产、流通、消费指南——21世纪的食物安全》；2012年出版的《新农村建设与市场热点研究》），正是我与全国城市农贸中心联合会并肩作战，积极参与改革开放，推进农业产业化进程，建设绿色农产品批发市场，保证食品安全，促进乡村振兴的真实记录。

近几年，农产品流通行业助力的精准扶贫和乡村振兴工作也得到了何建锋、吴梦秋、黄海、凌云、唐旭峰、张晓虎、戴渊涛、张志伟、秦湘、林修建、叶灿江、杨凤仙、罗跃、姚广华、梁慧、华玲、黄悦峰、张世伟、薛章旺、郑晓玲、孙茂余、罗磊、苗静等一线人员的大力支持，正是这些富有社会责任感和公益性的协会组织以及无私奉献为农付出人员的共同努力，我们国家的乡村振兴才大有希望。

2021年2月21日，中央一号文件《中共中央 国务院关于全面推进乡村振兴加快农业农村现代化的意见》发布，聚焦乡村振兴。文件指出，"十四五"时期，是乘势而上开启全面建设社会主义现代化国家新征程，向第二个百年奋斗目标进军的第一个五年。民族要复兴，乡村必振兴。要坚持把解决好"三农"问题作为全党工作重中之重，把全面推进乡村振兴作为实现中华民族伟大复兴的一项重大任务，举全党全社会之力加快农业农村现代化，让广大农民过上更加美好的生活。文件提出，要把乡村建设摆在社会主义现代化建设的重要位置，全面推进乡村产业、人才、文化、生态、组织振兴，充分发挥农业产品供给、生态屏障、文化传承等功能，走中国特色社会主义乡村振兴道路，加快农业农村现代化，加快形成工农互促、城乡互补、协调发展、共同繁荣的新型工农城乡关系，促进农业高质高效、乡村宜居宜业、农民富裕富足。2021年1月18日，中央农办主任、农业农村部部长唐仁健主持召开部党组会议，传达学习习近平总书记在省部级主要领导干部学习贯彻党的十九届五中全会精神专题研讨班开班式上的重要讲话精神。会议强调，要学深悟透习近平总书记重要讲话精神，加深对准确把握新发展阶段、深入贯彻新发展理念、加快构建新发展格局、加强党对社会主义现代化建设的全面领导的认识，切实把思想和行动统一到党中央决策部署上来，认真谋划"十四五"农业农村发展，抓紧抓实今年农业农村工作，确保开好局起好步。此书的出版完全符合此精神。

2020年新冠肺炎疫情突如其来，武汉、北京的农批市场出现了聚集性疫情，一些媒体对农产品批发市场存在疑问。在党中央的坚强领导下，我们一步一步取得了抗疫的胜利，这是全国全社会的举力而为，农产品批发市场在抗疫中也发挥了保供稳价和解决卖难等重要作用，并加快转型升级。防疫必须要动员全社会的力量，比如2020年12月5日，北京市疾控中心发布了《农贸市场环境卫生防疫指引》，规定所有进入农贸市场的人员均应佩戴口罩，要求所有人员必须遵守制度。同样，市场的发展也离不开政府的重视和社会的认可。我们一直在倡导的绿色农产品批发市场的闪光点，就是在农品市场建设上建立诚信机制，今后加强诚信是全社会的

/ 后记 /

重点。

饮水思源。我在我国农产品批发市场发展、农产品流通和乡村振兴研究上作出的一点贡献，有很多人需要感谢。首先，要感谢我所在的单位——农业农村部农研中心。它的前身是中央农研室。1979年党的十一届三中全会后，在尊重知识尊重人才的大环境下，杜润生主任创建该研究单位，我是1991年调入的。这里是每年起草中央一号文件之地，有丰富的研究资料和前辈的指点。这里不拘一格地发挥研究人才的积极性，有尊重知识、提倡研究的宽松环境，其继任者段应碧、杜鹰、缪建平主任都如此，非常看重能力和成果。感谢他们。原商业部部长胡平也曾直接邀请我面对面座谈，并同意我的意见，请农民兄弟进城卖菜，参与批发市场销售，参与农产品价格竞争。1992年，原农业部市场信息司请我到农研中心上农批市场课。召开十大批发市场典型会议，由我室负责，刘中一部长和陈耀邦部长等出席会议。我邀请大钟寺、新发地、布吉、寿光、南京白云亭、成都站前、郑州粮食批发市场，广州江南等企业参会，两位部长对批发市场的发展给予很大的期望和鼓励。后又交给我任务：在南京举办海峡两岸农口高层专家交流会，大陆专家由我负责，并主持会议。后来与原农业部市场信息司的合作越来越多，全国菜篮子办公室就设在这个司，举办全国菜办工作会议邀我在广东等地作农批报告，并共赴山东寿光等批发市场作升级改造的评估；在广西桂林研讨农业投资法的制定，共同完成国务院的课题，研究农产品流通体制和安全的制度等。1996年应原农业信息司邀请，参加中国农产品批发市场的发展、对策报告的评审；应原国家工商局邀请，在井冈山给全国工商局长讲批发市场的研究课；给全国供销总社培训批发市场管理干部；原商业部部长胡平邀请我给全国200多家批发市场干部讲课，均获得好评。

1993年底、1994年初粮价突涨，我得到通知，随国务院领导同志调研并分析对策。第一站天津市。在听取天津市委市政府领导汇报后，领导同志先请专家发表意见，我讲了几条。领导同志第一句话是，完全同意专家的发言。我的一颗心落了地。第二站成都、重庆。我在会议上发言后，领导同志同我握手，说讲得不错。第三站贵州省。有关领导问专家，全国粮食工作会议哪个典型好？我意郑州期货交易所。1996年由国务院直派调查组调查粮食供应问题，其中之一由我任组长赴湖北。该省粮食厅提前一星期准备了材料，到后，我们听有关部门三天汇报，随后到孝感、仙桃两市县及到农户调查，一星期后交了湖北调查报告。

2017年7月30日下午4:30，一场意外车祸改变了我的命运，司法鉴定是伤残10级，我无责。农业农村部农研中心老干部处的李晓东处长及该处人员，到医院看望，带来了院里领导及所在党支部书记贾晓红的慰问。全国城市农贸中心联合会马增俊会长委托纳绍平副会长和张娟副秘书长到医院看望，还到家慰问，在此一并致谢。2018年，中共北京市委教授讲师团还邀我去北京讲课，就以此书作为回报吧！

在这里，要感谢与我并肩一路走过来的同事马玲玲、杜珉，还有我的得力助手及合作者李蓉对我工作的帮助和配合。迄今为止，我们仍保持着深厚的友谊。

还要感谢我的家人，我老伴江家琴，因我受伤住院担惊受怕，由初期阿尔茨海默病到现在病情越来越重，但心中还是对我牵挂、关心。我女儿徐雪梅、儿子徐志伟，都是单位的骨干，更是每日分出时间精力，对我们无微不至地照料。我的外孙子吴宇行是首都经贸大学经济管理专业2020年应届毕业生，在找工作和考研的情况下，还给我讲解智能手机的实用知识。

中华人民共和国成立前，国家贫穷落后。记得小时候，三九寒冬早上起来，天津街头有倒卧尸体，到处是无家可归、无处住的贫民。而现在我们国家已全面建成了小康社会，到处是高楼大厦，人民的生活一天比一天好。记得1957年，我第一次下乡时，北京大兴榆垡大队是一片盐碱地，而现在是大兴国际机场。在以习近平同志为核心的党中央坚强领导下，我国已胜利完成脱贫攻坚的历史重任，在中华大地上全面建成了小康社会，正在向着全面建成社会主义现代化强国的第二个百年奋斗目标迈进。

本书的读者对象是：各级政府特别是主管乡村振兴、农业发展和流通宏观决策部门的领导和工作人员；批发市场、农贸市场、超市管理者和工作人员；大专院校，特别是农业经济类院校师生和有关研究单位研究人

后记

员。培训人员包括农村基层干部、致富能手、三八红旗手、农村经纪人、农村专业合作社工作人员。本书适合作为培训上述各类人员的教材之用。

保尔·柯察金说，人最宝贵的是生命，生命对于我们只有一次。一个人的生命应当这样度过：当他回忆往事的时候，他不因虚度年华而悔恨，也不因碌碌无为而羞愧。在临死的时候，他能够说：我的整个生命和全部精力，都已献给世界上最壮丽的事业——为人类的解放而斗争。这是我一直以来奋斗的动力。

作者于北京
2022 年